Anneli Ute Gabanyi
Die unvollendete Revolution

Serie Piper
Band 1271

Zu diesem Buch

Keine der Diktaturen in Osteuropa war so total und so gewalttätig wie die des Nicolae Ceausescu in Rumänien – und keine endete so dramatisch vor den Augen von Millionen von Fernsehzuschauern in aller Welt. Anneli Ute Gabanyi zeigt die Wirklichkeit hinter diesen Fernsehbildern, beantwortet die tiefergehenden Fragen: War der Sturz Ceausescus ein Staatsstreich oder eine echte, vom Volk getragene Revolution? Wie war die Struktur des Regimes? Wer sind die neuen Machthaber der »Nationalen Rettungsfront«? Wie sieht die neue Außen-, Innen- und Wirtschaftspolitik Rumäniens aus? Eines scheint sicher: Die Revolution geht weiter, sie ist – im positiven wie im negativen – unvollendet.

Anneli Ute Gabanyi, in Bukarest geboren, lebt seit über zwanzig Jahren in der Bundesrepublik. Sie gilt auch international als eine der führenden Experten für Rumänien. In dieser Funktion schreibt sie in zahlreichen Zeitungen und Fachzeitschriften und ist mit Kommentaren in Funk und Fernsehen präsent. Anneli Ute Gabanyi arbeitet am Südost-Institut in München.

Anneli Ute Gabanyi

Die unvollendete Revolution

Rumänien zwischen Diktatur und Demokratie

Piper
München Zürich

Meiner Mutter

ISBN 3-492-11271-4
Originalausgabe
Juni 1990

Umschlag: Federico Luci,
unter Verwendung eines Fotos aus Temesvar (dpa)
Foto Umschlagrückseite: Foto Sexauer
Gesamtherstellung: Clausen & Bosse, Leck
Printed in Germany

Inhalt

1. Der Sturz Ceausescus: Eine Tele-Revolution

Ich glaube, wir sind ein Volk der Pflanzen
Woher sonst die Ruhe
Mit der wir das Fallen des Laubes abwarten
Woher der Mut
Uns auf dem Schlitten des Schlafes hinabgleiten zu lassen
Bis in die Nähe der Nacht
In dem sicheren Bewußtsein, daß es uns gelingen wird
Noch einmal geboren zu werden?
Ich glaube, wir sind ein Volk der Pflanzen –
Wer hat jemals einen Baum gesehen, der sich auflehnt?
(Ana Blandiana, »Ich glaube« 1984)

»Wir sind *kein* Volk der Pflanzen«: Mit diesen Worten widerrief die rumänische Lyrikerin Ana Blandiana Minuten nach dem Sturz Ceausescus im rumänischen Rundfunk ihre eigene poetische Umschreibung der jahrelang geübten passiven Leidenshaltung der Rumänen. Die Situation, in der Blandiana dieses Gedicht – das in Rumänien als Zeugnis des Widerstandes von Hand zu Hand gereicht wurde – geschrieben hat, schildert sie selbst:

»Damals glaubte ich, es gebe keine Hoffnung mehr. Doch die Hoffnung lebt, damit wahr wird, daß die Letzten die Ersten sein können. Wir müssen jetzt beweisen, daß wir das friedlichste Volk der Welt sind. Diese Eigenschaft, deren wir uns jahrzehntelang geschämt haben und die wir als einen Makel angesehen haben, kann jetzt unser großer Vorzug werden. Laßt uns nun, wo wir gesiegt haben, friedlich sein; wir wollen uns der Menschlichkeit, die wir, solange wir gedemütigt wurden, unter Beweis gestellt haben, jetzt würdig erweisen.«[1]

Für die Rumänen, so Blandianas Dichterkollege Marin Sorescu am ersten Weihnachtsfeiertag 1989,[2] sei der Zweite Welt-

1 *Radio Bukarest*, 22. 12. 1989.
2 *Radio Bukarest*, 25. 12. 1989.

krieg erst vor wenigen Tagen zu Ende gegangen. Erst jetzt werde das rumänische Volk aus den Vernichtungslagern entlassen.

Der rumänischen Revolution, die so pathetisch begann, haftet immer noch ein Element des Unfaßbaren, des Unwirklichen an. Die Menschen in Rumänien – und wir mit ihnen – wissen, *daß* es passiert ist – doch das Wissen darüber, *was eigentlich* geschehen ist, ist äußerst unsicher. Kein Zweifel: In vielen Städten sind Bürger, vorwiegend junge Leute, auf die Straße gegangen; sie haben den Diktator Ceausescu gestürzt, der Tyrann mitsamt seiner Frau wurde hingerichtet. Nun regieren neue Männer in Bukarest. In der Rückschau gibt es aber immer noch mehr offene Fragen, als man im Überschwang der Freude und der Furcht stellen mochte. Die Menschen haben »ihre Revolution« in den Medien miterlebt. Bis zum Sturz Ceausescus am 22. Dezember 1989 hatte man die Nachrichten der Rundfunk- und Fernsehsender der benachbarten Staaten sowie der westlichen Rundfunksender verfolgt, nach der Übernahme des rumänischen Rundfunks und Fernsehens durch die Aufständischen boten die heimischen Medien »Revolution live« rund um die Uhr. Die Art und Weise, wie sich diese »Tele-Revolution« vor den Augen der Öffentlichkeit, vor Rundfunk- und Fernsehmikrophonen vollzog, ist in der Geschichte bisher ohne Beispiel. Das Rundfunkgebäude wurde zum Hauptquartier der Armee, die sich an die Seite des Volkes gestellt hatte, umfunktioniert, das Sendestudio wurde zur Bühne, auf der die Revolution wie ein klassisches Drama ablief: Militärische Aktionen wurden abgesprochen und koordiniert, Aufrufe verlesen, die Führer der sich formierenden neuen Führung traten auf und wieder ab, Boten berichteten vom Schicksal der geflohenen Diktatoren, Dichter wandten sich Volkstribunen gleich an die Zuhörer. Gelegentlich wurde die Szene auch zum Tribunal, wenn verhaftete Mitglieder des Ceausescu-Clans vorgeführt, Szenen des Kampfes und Bilder der Zerstörung in Bukarest, der siegreichen Jugend, der Gefallenen gezeigt wurden. Und schließlich die Hinrichtung der Protagonisten der Diktatur. Während der heißen Phase der Kämpfe in Bukarest, als das Fernsehstudio selbst stark umkämpft war, verwischten sich gelegentlich die Grenzen zwischen Berichterstattung und Wirklichkeit. »Das Fernsehen hat die Revolution gemacht; das Fernsehen *ist* die Revolution«, sagte der erste, inzwischen aus dem Amt geschiedene Direktor des Freien Rumänischen Fernsehens der Stunde Null, Aurel-Dragos Munteanu.[3]

Selbst Tage nach dem Umsturz war die rumänische Revolution immer noch eine Tele-Revolution. Nicht nur, weil das Land auch weiterhin vorwiegend über und durch die elektronischen Medien, besonders das Fernsehen, regiert wurde: Das Fernsehen blieb auch weiterhin die wichtigste Waffe der neuen Führung im Kampf um Hirne und Herzen der Bevölkerung. Bilder des Grauens, Bilder der Freude – sie wurden zielgerichtet eingesetzt, nicht selten auch manipuliert. Künstler, Vertreter der wissenschaftlichen Intelligenz, Studenten und Schüler und nicht zuletzt die Soldaten der rumänischen Armee nutzten die neue Redefreiheit, die sie sich so teuer erkämpft hatten, zu Auftritten im rumänischen Funk und Fernsehen, das nicht länger den während der Ceausescu-Ära verhängten Beschränkungen unterworfen ist. Mit Genugtuung erlebte die Fernseh-Nation das Ende der außenpolitischen Isolierung Rumäniens mit. Fernsehauftritte und Interviews mit ausländischen Journalisten verliehen der neuen Führungsmannschaft, die sich nicht nur auf russisch, sondern auch in französischer, spanischer und englischer Sprache gut zu artikulieren wußte, das in Bukarest so lange vermißte Flair der großen Weltpolitik. Und endlich brachte das Fernsehen nach so vielen Jahren der von Ceausescu auch aus Gründen der Stromersparnis verordneten TV-Enthaltsamkeit Unterhaltung, von Walt-Disney-Filmen über Videoclips mit den Beatles bis hin zu der Fernsehkost, die den revolutionären Gaumen am meisten reizt: Pikantes aller Art über jene, die die Fernsehschirme der Nation bis vor kurzem monopolisiert hatten. Noch, so scheint es, rangiert der Ceausescu-Clan auf der Beliebtheitsskala des rumänischen Fernsehens vor dem Denver-Clan.

---

3 *UPI*, 28.12.1989.

Daß die rumänische Revolution per Fernsehen nicht zuletzt eine logistische Leistung der Leute darstellt, die den Umsturz aktiv mitgestaltet haben, betonte auch der neuernannte Minister für das Fernmeldewesen, Stelian Pintilie. Pintilie, ein ehemaliger hoher Securitate-Funktionär und im Dezember 1989 Stellvertretender Minister für das Fernmeldewesen, war es, der vom 19. bis zum 31. Dezember dafür sorgte, daß die Sendungen von Hörfunk und Fernsehen nicht nur in Rumänien, sondern auch im Ausland empfangen werden konnten. Dank der Zusammenarbeit mit den vier Sendern und mit »direkten Fernsehkanälen nach Moskau, Sofia, Belgrad und Budapest sowie durch die Fernmelderaumstation« sei »diese erste Direktübertragung einer Revolution« möglich gewesen.[4]

Doch das, was im rumänischen Fernsehen als Wirklichkeit präsentiert wurde, war nicht immer wahr. Vieles von dem, was in den kritischen Tagen der Revolution an »Information« dargeboten wurde, entpuppte sich später als gezielte Desinformation zur Manipulation der Gefühle der Menschen. Dafür gibt es viele Beispiele: Die im Fernsehen gezeigten Leichen von angeblichen Opfern der Securitate auf dem Armenfriedhof in Temesvar etwa waren, wie sich nachher herausstellte, schon einige Zeit vorher eines natürlichen Todes gestorben. Das zweite Beispiel zielt auf die Zahl der Opfer des Umsturzes. Seit Beginn der Unruhen in Temesvar hatten sich die zuerst von ungarischen und sowjetischen, nach dem Sturz Ceausescus auch von rumänischen Journalisten kolportierten Zahlenangaben über die Opfer der Kampfhandlungen ständig gesteigert; es wurden bis zu 80000 genannt. Dabei hatten rumänische und französische Experten bereits am 28.12.1989 übereinstimmend festgestellt, daß die Zahl der beklagenswerten Opfer 746 nicht übersteigen kann. Doch diese Aussage der Experten wurde aus dem rumänischen Text des Interviews gestrichen.[5] Die letztgenannte Zahl der Opfer lautet 689 Tote[6], 270 davon

4 *Romania Libera*, 19.1.1990.
5 *AFP*, 28.1.1990 und *Romania Libera*, 30.1.1990.
6 *Adevarul*, 29.1.1990.

aus den Reihen der Armee.[7] Ceausescu wurde unter anderem wegen »Völkermords« an 60000 Menschen hingerichtet, wobei jedoch offen blieb, ob diese Menschen während der Revolution oder im Verlauf der gesamten Amtszeit des Tyrannen ums Leben gekommen waren. Auf diese Unstimmigkeiten angesprochen, zeigte sich Präsident Iliescu in einem Zeitungsinterview[8] ziemlich ungerührt. Auf die Frage, ob die im Fernsehen dargestellten, angeblich gefolterten und offensichtlich gefesselten Kadaver von Temesvar möglicherweise getürkt gewesen seien, antwortete er lakonisch: »Mag sein«. Auf die Frage, weshalb man die Anzahl der Opfer künstlich in die Höhe geschraubt habe, sagte Iliescu, die Führung habe nie Zahlen genannt, auch habe man »keine Zeit für Buchführung« gehabt.

Sieben Tage, die das Land verändert haben

Wenn hier dennoch versucht wird, einen Überblick über die wichtigsten Ereignisse innerhalb der sieben revolutionären Tage zu geben, die Rumänien verändert haben, dann nur unter der Maßgabe, daß die Wahrheit hinter dem, was bisher als Wirklichkeit ausgegeben wurde, möglicherweise noch ergründet werden muß.

Sonnabend, 16. Dezember 1989

Am Nachmittag versammeln sich in der westrumänischen Stadt Temesvar vor dem Hause des der ungarischen Minderheit angehörenden reformierten Pastors Laszlo Tökes mehrere hundert Menschen, um gegen die für den Sonntag angedrohte zwangsweise Umsiedlung des Geistlichen in das nordsiebenbürgische Dorf Mineu zu protestieren. Sie bilden eine Menschenkette. Der streitbare Geistliche hatte seit Jahren gegen

---

7 *Radio Bukarest*, 20.2.1990.
8 *Figaro Magazine*, 8.1.1990.

Ceausescus Religions-, Minderheiten- und Menschenrechtspolitik protestiert – zuletzt in einem vom Ungarischen Fernsehen im Juli 1989 ausgestrahlten Interview. Er hatte die Menschen und nicht zuletzt auch die Geistlichen und Intellektuellen zur Selbstbefreiung von Angst und Unterwürfigkeit aufgerufen. Am 28. November hatte das Temesvarer Kreisgericht dem Ersuchen des Bischofs der reformierten Kirche stattgegeben und entschieden, daß Tökes die Kirche räumen müsse. Das war die Initialzündung für die rumänische Revolution, der Funke, der das übervolle Pulverfaß zur Explosion brachte.

Sonntag, den 17. Dezember 1989

Pastor Tökes soll von Sicherheitskräften gewaltsam verschleppt werden. Daraufhin kommt es zu ersten Zusammenstößen zwischen seinen Anhängern und der Polizei. Die aufgebrachte Menge setzt sich in Richtung auf das Rathaus der Stadt und den Sitz des Kreisparteikomitees in Bewegung. Demonstrationsteilnehmer zerschlagen Schaufensterscheiben, werfen Bücher Ceausescus in die Bega, rufen Parolen gegen den verhaßten Diktator.

Der rumänische Rundfunk sendet um zwölf Uhr mittags eine Durchsage, die danach noch dreimal wiederholt wird. Darin werden die Bürger des Landes aufgefordert, das geltende Recht zu achten. Jede Überschreitung der bestehenden Gesetze, so heißt es in dem Aufruf warnend, werde als Anschlag auf die »Interessen des Volkes« gewertet. Wer sich den Ordnungshütern widersetze, müsse die Konsequenzen tragen.

In Bukarest findet am Nachmittag eine Sitzung des Politischen Exekutivkomitees der Rumänischen Kommunistischen Partei statt. Generalsekretär Nicolae Ceausescu führt den Vorsitz. Von seiner Frau Elena sekundiert und gelegentlich aufgestachelt, macht er Verteidigungsminister Vasile Milea und Innenminister Tudor Postelnicu schwere Vorwürfe, weil diese entgegen seinen Anordnungen bisher keine scharfe Munition eingesetzt haben. Er erwägt, die Minister zu entlassen, auch bietet er seinen Rücktritt an. Als einige seiner Getreuen ihn auf

Knien bitten, zu bleiben, übernimmt er selbst den Oberbefehl über die Streit- und Sicherheitskräfte und gibt den ausdrücklichen Schießbefehl für Temesvar. Ion Coman, Mitglied des Ständigen Büros des Politischen Exekutivkomitees, ist in Temesvar, um den Einsatz zu überwachen.

Daraufhin kommt es zu blutigen Zusammenstößen mit bewaffneten Einheiten (wahrscheinlich der Polizei). Es wird anfangs mit Übungsmunition geschossen, danach – so berichten Augenzeugen – wird scharf geschossen. Es gibt erste Opfer – über ihre Zahl wird auch heute noch heftig diskutiert. Doch der Bann der Angst ist gebrochen. Die Armee selbst, so wird häufig behauptet, habe zu keinem Zeitpunkt geschossen. Vielmehr hätten die Sicherheitskräfte der Securitate die Uniformen der Armee angezogen, um die Menge irrezuführen.[9] Anderen Berichten zufolge haben Securitate-Angehörige auch auf Soldaten und Offiziere geschossen, die sich weigerten, in die Menge zu feuern.

Unruhen sollen auch in anderen Städten, allen voran im benachbarten Arad ausgebrochen sein.

Montag, den 18. Dezember 1989

Trotz der angespannten Lage entschließt sich Nicolae Ceausescu, seine seit Wochen öffentlich angekündigte Reise in den Iran anzutreten. Begleitet von einer großen Delegation trifft er in Teheran ein.

Angesichts der fortschreitenden Isolierung Temesvars kann der Nachrichtenfluß eingedämmt, aber nicht gestoppt werden. Die Medien der osteuropäischen Staaten, insbesondere die des benachbarten Ungarn und Jugoslawien, übernehmen die Berichterstattung; sowjetische und westliche Journalisten berufen sich auf diese Quellen.

Rumänien schließt die Grenzen zu seinen Nachbarstaaten Ungarn und Jugoslawien.

---

9 *Curierul Romanesc*, Nr. 1, 30.12.1989.

Dienstag, den 19. 12. 1989

Rumänien schließt seine Grenzen auch für sowjetische Touristen. An Grenzübergängen zu Bulgarien kommt es zu Zusammenstößen.

Über Einzelheiten der tragischen Ereignisse in Temesvar gibt es noch keine genauen Angaben. Es soll Streiks der Arbeiter in den großen Werken in Temesvar gegeben haben, die Arbeiter sollen gedroht haben, die Fabriken zu besetzen, wenn das Militär sich nicht zurückzieht.

Mittwoch, den 20. 12. 1989

Die Weltöffentlichkeit ist empört über die blutige Unterdrükkung der Demonstrationen von Temesvar. Die Regierungen der Vereinigten Staaten, der Staaten der Europäischen Gemeinschaft und Österreichs protestieren. Vor der Nationalversammlung seines Landes erklärt Frankreichs Premierminister Michel Rocard, man würde ein baldiges Ende des Regimes Ceausescus begrüßen. Der sowjetische Außenminister Schevardnaze betont, die Sowjetunion sei kategorisch gegen die Anwendung von Gewalt und bedauere die Vorfälle in Rumänien, wenn sie sich als wahr erweisen sollten. Die Regierungen Bulgariens, Polens, Ungarns, der DDR und der Tschechoslowakei bekunden ihre Ablehnung, oppositionelle Gruppierungen in einigen osteuropäischen Staaten protestieren. Prominente rumänische Vertreter im westlichen Ausland, allen voran der im Schweizer Asyl beheimatete rumänische Ex-König Michael, äußern ihre Betroffenheit. Der Bund der Jugoslawischen Kommunisten bricht seine Beziehungen zur Rumänischen Kommunistischen Partei ab.

Nicolae Ceausescu kehrt am Nachmittag aus dem Iran zurück. Um 19 Uhr wendet er sich in einer von allen Rundfunk- und Fernsehanstalten übertragenen Ansprache an die Nation.[10] Darin wird die Bevölkerung erstmals über die Ereignisse

---

10 *Scinteia*, 21. 12. 1989.

in Temesvar informiert – die Medien hatten bis dahin absolutes Stillschweigen bewahrt. Demnach seien Militäreinheiten von »terroristischen, antinationalen Gruppen«, die zusammen mit »reaktionären, imperialistischen und chauvinistischen Kreisen sowie mit Spionagediensten verschiedener fremder Staaten« agierten, angegriffen worden; es seien Anschläge auf öffentliche Gebäude verübt worden. Ceausescu beschuldigt Rundfunkstationen Ungarns und anderer Länder, eine Kampagne angezettelt zu haben mit dem Ziel, die territoriale Einheit Rumäniens in Frage zu stellen sowie die Unabhängigkeit und Souveränität des Landes zu zerschlagen. Er erinnert an das Jahr 1968, als – wie er sagt – Rumänien sich in einer ähnlich gefährlichen Lage befunden habe. Ausdrücklich stellt sich Ceausescu vor die Streitkräfte, denen er ein vorbildliches Verhalten bescheinigt. Die Soldaten hätten auch dann nicht reagiert, als sie von »terroristischen Banden« mißhandelt und als staatliche Institutionen im Kreis Timis angegriffen wurden. Er ruft die Bürger auf, sich so zu verhalten, daß ein Eingreifen der Armee unnötig sei. Die Rede schließt mit einem flammenden Aufruf, keine Opfer zu scheuen, um die Unabhängigkeit des Vaterlandes und den Aufbau des Sozialismus in Rumänien nicht zu gefährden.

Im Kreis Timis wird der Notstand ausgerufen. Entsprechend der rumänischen Verfassung bedeutet dies: Alarmzustand für die Streit- und Sicherheitskräfte, Verbot von öffentlichen Versammlungen, nächtliche Ausgangssperre nach 23 Uhr.

Arbeiter in den großen Industriebetrieben Bukarests werden zu Versammlungen zusammengetrieben, auf denen sie ihre Zustimmung zur Politik der Staats- und Parteiführung bekunden sollen.

Auch die Synode der Orthodoxen Landeskirche schickt dem »Führer« eine Solidaritätsadresse.

Donnerstag, den 21. Dezember 1989

Für neun Uhr ist auf dem Platz des Palastes eine große Volksversammlung angesagt, die offenbar die Loyalität gegenüber dem Diktator unter Beweis stellen soll. Die Veranstaltung wird auf zwölf Uhr Mittag verlegt, Zehntausende von Arbeitern, Studenten und Angestellten werden herbeigeholt. Wenige Minuten, nachdem Ceausescu zu einer Rede angesetzt hat, wird er von Buhrufen und Pfiffen aus den Reihen der Teilnehmer an der von ihm selbst bestellten Demonstration unterbrochen. Die live übertragene Kundgebung wird für kurze Zeit unterbrochen. Der Schock auf Ceausescus Gesicht gilt landesweit als Signal, daß die Barrieren aus Unterdrückung und Angst gefallen sind. Erhöhte Mindestlöhne und verbesserte Sozialleistungen, von Ceausescu nach Wiederaufnahme seiner Rede versprochen, beeindrucken niemanden mehr. Die Demonstration löst sich auf. Große Gruppen Jugendlicher ziehen daraufhin durch die Stadt und rufen zum Sturz der Diktatur auf. In der Nacht kommt es nicht nur in Bukarest, sondern auch in anderen Städten zu Demonstrationen und Zusammenstößen mit den Sicherheitskräften.

Auf seiner letzten Sitzung beschließt das Politische Exekutivkomitee der noch regierenden Partei die von Ceausescu versprochenen Leistungserhöhungen; in den Betrieben werden Kampfbrigaden gebildet.

In Temesvar konstituiert sich eine »Rumänische Demokratische Front«. Ein Flugblatt dieses Komitees ist im Umlauf, das ein Porträt Ceausescus zeigt mit dem Aufdruck »Der Verbrecher!«. Sie wünscht in einen Dialog mit der rumänischen Regierung nach dem Sturz des Diktators Ceausescu einzutreten. Sie fordert freie Wahlen, Pressefreiheit, die sofortige Öffnung der Staatsgrenzen, die Achtung der Menschenrechte, die Freilassung aller politischen Häftlinge, das Demonstrationsrecht etc. Wie es heißt, hat der in Temesvar anwesende Premier Constantin Dascalescu einen Vertreter dieses Komitees empfangen.

Bereits am Vorabend des Sturzes signalisiert die sowjetische Presse, daß die Führung in Moskau nicht nur auf Distanz zu

Ceausescu geht – nein, daß sie den Diktator bereits abgeschrieben hat. In Interviews mit *Radio Moskau* sagt ZK-Sekretär Lev Zaikov, der Gang der Ereignisse sei zu erwarten gewesen: Das rumänische Volk wünsche Demokratisierung und einen Umbau der Gesellschaft nach dem Muster der Perestrojka. Roy Medvedev nannte das Regime des noch amtierenden Ceausescu ein »totalitäres Regime«, der Abgeordnete David Koltunow qualifizierte es als »Stalinismus« ab.

Freitag, den 22. Dezember 1989

Um zehn Uhr morgens wird der Ausnahmezustand über das ganze Land verhängt. Unmittelbar danach meldet der rumänische Rundfunk den Selbstmord des Verteidigungsministers Vasile Milea, der zuvor als »Verräter« entlarvt worden sei.

Eine große Menschenmenge, vor allem Jugendliche, stürmt den Sitz des Zentralkomitees der RKP. Während die »Revolutionäre« in das Gebäude eindringen, flieht Ceausescu in einem Hubschrauber von dessen oberer Plattform. Außer ihm sind noch seine Frau Elena sowie zwei seiner engsten Mitarbeiter, Emil Bobu und Manea Manescu, an Bord – sie müssen wegen der Überlastung des Hubschraubers bald abgesetzt werden.

11 Uhr 50: Im Studio des rumänischen Fernsehens beginnt eine neue Ära mit den Worten des Ansagers: »Brüder! Gott sei Dank!« Dann tritt »unser Held, der Dichter« Mircea Dinescu vor die Kameras und proklamiert den Sieg der rumänischen Revolution mit folgenden Worten:

»Liebe Rumänen, ich komme soeben aus dem Zentrum unserer Hauptstadt, der Hauptstadt Rumäniens. Liebe Rumänen, es war eine friedliche Revolution, unser aller Revolution, nicht nur die Revolution der Kinder, nicht nur die der Jugendlichen, es war auch die Revolution der Eltern, der Großeltern. Ich bin zum rumänischen Rundfunk gekommen, um zu euch zu sprechen, um euch mitzuteilen, daß der Diktator gefallen ist, um euch mitzuteilen, daß das Land frei ist, um euch mitzuteilen, daß wir alle freie Menschen sind, daß wir unser Schicksal in unsere eigenen Hände nehmen müssen!«

Um 13.30 Uhr tritt erstmals Ion Iliescu an die Mikrophone. Er wird vorgestellt als »der Sohn eines Revolutionärs und Patrioten und selbst ein Patriot«.

14.25 Uhr: Rundfunk und Fernsehen geben bekannt: Nicolae und Elena Ceausescu sind bei der Stadt Tirgoviste gefangengenommen worden.

16.30 Uhr: Generalstabschef Stefan Gusa erklärt, die gesamte Armee stehe auf der Seite des Volkes. Zuvor hatte ein Sprecher gesagt, die Securitate existiere nicht mehr. Die Truppen des Innenministeriums seien der Armee unterstellt worden.

16.00 Uhr: Es wird angekündigt, daß im Laufe des Abends ein Komitee der nationalen Rettung zusammentreten werde, um Maßnahmen zur Aufrechterhaltung der öffentlichen Ordnung in der Periode des Übergangs von der Diktatur zur Demokratie zu beschließen.

16.00 Uhr: Die Angestellten des Außenministeriums erklären sich als erste Behörde solidarisch mit einer provisorischen Regierung aus »kompetenten Patrioten«. Die neue Führung wird mehrere Tage beim Außenministerium amtieren.

18.00 Uhr: Radio Moskau meldet, daß die Staatsmacht in die Hände der »Front der Nationalen Rettung«, angeführt von Corneliu Manescu, übergegangen sei. Und: »Die Existenz dieser Organisation war seit dem Herbst des vergangenen Jahres bekannt.«

Der Sender »Freies Temesvar« stellt die »Demokratische Rumänische Front« Temesvars vor.

22.30 Uhr: Ion Iliescu verliest das »Kommunique des kürzlich konstituierten Rates der Front der Nationalen Rettung an das Vaterland«. Iliescu, der Sprecher der Front, bezeichnet es als das Ziel ihrer Politik, Demokratie, Freiheit und die Würde des rumänischen Volkes zu sichern. Entsprechend sieht ihr Programm den Verzicht auf das Machtmonopol einer einzigen Partei vor und die Einführung eines demokratischen Mehrparteiensystems, ebenso die Abhaltung freier Wahlen im April, Gewaltenteilung, die baldige Ausarbeitung einer neuen Verfassung. Auf wirtschaftlichem Gebiet sieht diese erste Programmplattform der Front den »Umbau« von Industrie und

Landwirtschaft gemäß den Prinzipien von Rentabilität und Wirtschaftlichkeit vor, die Förderung der Kleinlandwirtschaft und die Beendigung der Dorfzerstörung. Der Versorgung der Bevölkerung und der Befriedigung ihrer elementaren Grundbedürfnisse soll absoluter Vorrang eingeräumt werden; der Export von Lebensmitteln soll gestoppt, die Ausfuhr von Erdölprodukten eingeschränkt werden. Weitere Programmpunkte: Das Ende aller ideologischen Dogmen, die Neuorientierung des Unterrichtswesens auf der Grundlage demokratischer und humanistischer Prinzipien, der Übergang der Medien »in die Hände des Volkes«, die Wahrung der Menschen- und Minderheitenrechte. Auch wurde die Reise- und Ausreisefreiheit in Aussicht gestellt. Zu den erklärten Zielen der Außenpolitik der selbsternannten neuen Führung gehört die aktive Mitarbeit Rumäniens am Bau des gemeinsamen europäischen Hauses, die Pflege gutnachbarlicher Beziehungen sowie die Erfüllung aller internationalen Verpflichtungen des Landes, allen voran jener, die Rumänien im Rahmen des Warschauer Pakts eingegangen ist.

Am Montag, dem 25. Dezember 1989, werden Nicolae und Elena Ceausescu in einem Schauprozeß summarisch abgeurteilt und sofort danach durch Erschießen hingerichtet. Am Dienstag, dem 26. Dezember 1989, werden Auszüge des Films von Prozeß und Exekution im Rumänischen Fernsehen gezeigt. Es konstituiert sich der Rat der Front der Nationalen Rettung (FNR) als neue Macht im Staate.

Regimewechsel oder Elitenwechsel?

Seit ihrem Machtantritt sehen sich die neuen Führungspersönlichkeiten – der Vorsitzende des Rates der FNR Ion Iliescu, sein erster Stellvertreter Dumitru Mazilu, der neue rumänische Ministerpräsident Petre Roman und der Chefideologe der Front, Silviu Brucan – immer häufiger gezwungen, den von rumänischen Oppositionellen und westlichen Berichterstattern geäußerten Verdacht zu entkräften, daß sie nicht, wie sie behaupten, spontan von den Wogen der Revolution ins Zentrum der politischen Macht gespült worden seien, sondern daß die Vorkommnisse dieser wenigen Tage die vorab geplante Aktion einer politischen Gruppierung sei, die damit klare Ziele und Absichten verfolgte.

Die Tatsache, daß der mit Recht so verhaßte Ceausescu selbst diesen Verdacht geäußert hat, wird von den neuen Männern als das überzeugendste Argument gegen Putschgerüchte und Dolchstoßlegenden dieser Art vorgebracht. Wenn man einmal von der gelegentlich kolportierten Erklärung absieht, die heute ernannten Führungspersönlichkeiten seien ganz einfach die ersten Demonstrationsteilnehmer gewesen, die das Fernseh-Macht-Zentrum nach dem Sturz Ceausescus erreicht hätten, so basiert die Legitimation der neuen Männer vorwiegend auf dem Widerstand, den sie, wie sie behaupten, dem Regime Ceausescus entgegengesetzt hätten. Ihren Anspruch auf die inzwischen errungenen Machtpositionen begründen sie mit ihrem langdauernden Widerstand gegen die Diktatur und dem Mut, den sie im revolutionären Kampf der letzten Tage an den Tag gelegt hätten. Mit Entrüstung werden Spekulationen zurückgewiesen, bei der Führung der Front handle es sich um eine Gruppierung innerhalb der Rumänischen Kommunistischen Partei, die eine andere Gruppe ausgeschaltet habe. Jene Mitglieder der Front, die der KP angehört hätten, seien nicht aufgrund ihrer Parteizugehörigkeit in diese Führungspositionen gelangt, sondern im Gegenteil gerade deswegen, weil sie die Partei bekämpft hätten.

Mit dem Machtantritt der Front hat sich innerhalb der Rumänischen Kommunistischen Partei ein Fraktionswechsel vollzogen, wie er im Verlauf ihrer bald 70jährigen Geschichte mehrmals stattgefunden hat. Die über Jahrzehnte hinweg von der KPdSU unternommenen Versuche, ihren Einfluß auf die Arbeiterbewegung im benachbarten Rumänien mittelbar oder unmittelbar geltend zu machen, haben diese Geschichte nachhaltig und negativ beeinflußt. Es waren nicht zuletzt die von der Sowjetunion erzwungenen Stellungnahmen der RKP zur Frage der nationalen Einheit Rumäniens und der Minderheiten, die dazu geführt haben, daß die Partei 1924 verboten wurde. Im Untergrund wüteten in der Folge die Flügelkämpfe um so ungestörter, wobei unter dem Deckmantel ideologischer Auseinandersetzungen zumeist auch handfeste und nicht selten blutige Rivalitäten ausgetragen wurden. Nach dem Staatsstreich vom 23. August 1944 und dem Einmarsch der Roten Armee in Rumänien bestimmte der Machtkampf zwischen den Vertretern der zwei Hauptrichtungen – der Nationalkommunisten einerseits und der sowjetloyalen Internationalisten andererseits – jahrzehntelang die politische Szene. Erst nach dem 1958 erfolgten Abzug der sowjetischen Truppen aus Rumänien konnte sich die nationalgesinnte Gruppierung um den ehemaligen Eisenbahner Gheorghe Gheorghiu-Dej im Dezember 1961 endgültig durchsetzen. Die Entscheidung für eine von der Sowjetunion relativ unabhängige Politik wurde im April 1964 vom Zentralkomitee der RKP besiegelt und von Nicolae Ceausescu nach dem Tod seines Vorgängers Gheorghiu-Dej im darauffolgenden Jahr fortgesetzt. Es hat somit fast 30 Jahre gedauert, bis die Fraktion der Internationalisten in Gestalt der damals verdrängten Funktionäre (Silviu Brucan) oder von deren Söhnen (Iliescu, Roman) wieder die Macht in Partei und Staat ergreifen sollte.

Den Vorwurf, sie seien nichts anderes als die Gegenelite zur Ceausescu-Clique, können die neuen Männer um Ion Iliescu nicht so leicht entkräften. Tatsache ist, daß sie über eine Allgemeinbildung und Spezialkenntnisse verfügen, wie sie unter den Funktionären der Ära Ceausescu zunehmend rar geworden war. Auch in ihrem äußeren Erscheinungsbild suchen sie sich vom biederen Funktionärstypus der Ceausescu-Ära abzusetzen: Man gibt sich jung, intellektuell und urban, trägt »freundliche Pullover im Stil Vaclav Havels«[11]. Sie alle, die Iliescus, Romans, Brucans, Celacs etc., fühlen sich der Vorkriegs-KP Rumäniens mittelbar oder unmittelbar zugehörig, einer »roten Aristokratie«, die sich durch die rohen, bäuerlich geprägten Ceausescus und Petrescus ihrer Privilegien und ihres revolutionären Prestiges entledigt sah. Und natürlich kennen sich die neuen Männer seit Jahren und Jahrzehnten, sind teilweise mit-

11 *La Stampa*, 29.12.1989.

einander verwandt oder verschwägert, hatten beruflich miteinander zu tun oder nahmen gemeinsam an Gesprächskreisen teil. Die Autorenverzeichnisse bestimmter Sammelbände aus den 70er und 80er Jahren zu Fragen der wissenschaftlich-technischen Revolution, der Informatik, der Zukunftsforschung oder der Elitenforschung lesen sich stellenweise wie ein »Who's Who« der neuen Führung.

Auffallend ist auch ihr besonders enges Verhältnis zur Sowjetunion: Der Anteil derer in der neuen Führung, die in der Sowjetunion studiert haben, ist überdurchschnittlich hoch – in einem Land, dessen Führung im Verlauf der vergangenen 20 Jahre Sorge getragen hatte, »unzuverlässige« Kader – und als solche wurden die in der Sowjetunion ausgebildeten Funktionäre vorwiegend angesehen – aus einflußreichen Stellungen zu entfernen. Zu diesem Kreis gehören nicht nur die Älteren unter den neuen Männern wie Verteidigungsminister Nicolae Militaru und der Vorsitzende Ion Iliescu, sondern auch Ministerpräsident Petre Roman und Außenminister Sergiu (»Sergej«) Celac. Letzterer fungierte bis vor wenigen Jahren als Ceausescus Chefdolmetscher für Russisch.

Der Mann, der von Anfang an – zuerst als Sprecher, dann als Vorsitzender – an die Spitze der FNR getreten war, ist *Ion Iliescu*, geboren am 3. März 1930 im südrumänischen Städtchen Oltenita, Ingenieur für Hydroenergetik. Herkunft und Werdegang sind wie maßgeschneidert für eine politische Persönlichkeit, die als Alternative zu Ceausescu und Integrationsfigur nach Ceausescu gelten kann: ein Mann der alten Garde, aber zugleich auch des neuen Apparats, ein Politiker, der den Bonus der Macht mit dem Image des Widerstandes gegen die Allmacht Ceausescus auf sich vereinen kann. Iliescu sieht sich nicht als Politiker von des »Führers«[12] Gnaden, sondern verweist mit Nachdruck auf seinen eigenen roten Stammbaum, der

12 Nicolae Ceausescu und zuletzt auch Elena Ceausescu wurden als »Führer« – rumänisch »conducator« – tituliert; Marschall Ion Antonescu, der rumänische Militärmachthaber in den Jahren 1940–1944, wurde ebenfalls mit diesem Titel belegt.

sich sehen lassen kann – bedenkt man, daß die Rumänische Kommunistische Partei bei Kriegsende kaum mehr als 1000 Mitglieder zählte. Sein Vater, so erklärte Iliescu in einer Fernsehansprache,[13] sei ein »Kämpfer« der Gewerkschaftsbewegung und der illegalen RKP gewesen, die Mutter sei ebenfalls in der »Illegalität« aktiv gewesen. Nicht ohne einen deutlich klassenkämpferischen Akzent beschreibt er, was seine Eltern von den Sicherheitsbehörden während der »politischen Unterdrükkungsregimes der 30er Jahre« sowie der »Diktatur König Carols«[14] zu erleiden hatten. Doch Iliescu hat neben dem ererbten »Adelspatent« auch eine eigene kommunistisch-revolutionäre Laufbahn aufzuweisen, die der von Nicolae Ceausescu in nichts nachsteht: Bereits im Alter von 12 Jahren sei er im Zusammenhang mit der politischen Tätigkeit seiner Mutter von den Sicherheitsbehörden verhaftet und verhört worden. Iliescu definiert auch die Fraktion, der sein Vater innerhalb der – seit ihrer Gründung im Jahre 1921 ständig von Fraktionskämpfen erschütterten – RKP angehörte, nämlich der der Gegenspieler Gheorghe Gheorghiu-Dejs (Ceausescus Mentor und Vorgänger), der 1944 seinen Ausschluß aus der Partei veranlaßt habe.

Seine eigene Karriere kann man nur als vorbildlich bezeichnen: Frühe Tätigkeit in der Schüler- und Studentenbewegung, Vorsitzender der Rumänischen Studentenorganisation UASR, von 1967 bis 1971 Vorsitzender des Rumänischen Kommunistischen Jugendverbandes UTC. Danach – so Iliescu – sei er mit Nicolae Ceausescu auf dem Ideologieplenum vom Juli 1971 in Konflikt geraten, sei »entlassen« und »nach Temesvar und Jassy geschickt worden«, wo ihn die Securitate ständig überwacht habe. Beginnend mit dem Jahre 1979 sei er beim Staatlichen Amt für Wasserwirtschaft tätig gewesen, wo er gegen Ceausescus Pläne zum Bau des Donau-Schwarzmeerkanals protestiert habe, was zu seiner neuerlichen Entlassung geführt habe. Die letzten acht Jahre habe er »beim Technischen Verlag

---

13 Der Text wurde in der Tageszeitung *Adevarul*, dem Sprachrohr der FNR, am 26. 1. 1990 veröffentlicht.

14 1938–1940.

gearbeitet«. Sein Konflikt mit Ceausescu, seine öffentlich vorgetragene Kritik sowie seine Weigerung, den Personenkult mitzutragen, seien vielen Menschen bekannt gewesen.

Fast ebenso interessant wie die Angaben Iliescus zur eigenen Person sind jene, die er nicht der Rede wert findet – Hinweise auf seine enge Beziehung zur Sowjetunion beispielsweise sowie darauf, wie hoch er in Ceausescus Hierarchie gestiegen war und wie lange er sich dort trotz wachsender Mißstimmung gehalten hatte. Unerwähnt bleiben die Studienjahre am Moskauer Institut für Energetik zwischen 1950 und 1953, wo er als Leiter der Gruppe rumänischer Studenten in der Sowjetunion fungierte; die Tatsache, daß er zwischen Februar und Juli 1971 als ZK-Sekretär für Ideologie und Propaganda fungiert und in dieser Eigenschaft mit Ceausescu in Konflikt geraten war; die Tatsache, daß er als Kreisparteisekretär zwar in die Provinz, aber doch in die beiden wichtigsten Groß- und Universitätsstädte außerhalb Bukarests versetzt worden war;[15] Iliescu verschweigt weiter, daß er trotz dieser Versetzung im Jahre 1974 zum Stellvertretenden Mitglied des Politischen Exekutivkomitees des ZK und noch 1979 zum Mitglied des Staatsrats ernannt wurde – Positionen, aus denen er erst Ende 1979 bzw. 1980 entlassen wurde; Iliescu erwähnt auch nicht, daß er seine langjährige Mitgliedschaft im Zentralkomitee der RKP erst im November 1984 verlor; und beim Technischen Verlag in Bukarest hat er – was er ebenfalls verschweigt – als Direktor gearbeitet.

Daß Iliescu in der Sowjetunion studiert hat, hat er in Gesprächen mit der westlichen Presse[16] nicht verleugnet, und auch die »Pravda« bestätigt es.[17] Daß er fließend Russisch spricht, bewies Iliescu bei seiner ersten Pressekonferenz nach dem Sturz Ceausescus. Als die Gerüchte über Iliescus langjährige Be-

---

15 Für Iliescu, der eine Zeitlang als aussichtsreicher Prätendent für die Nachfolge Ceausescus gegolten hatte, stellte diese Versetzung zweifellos einen Karriereknick dar; allerdings wurde Ceausescus Sohn Nicu, der in den 80er Jahren zum »dynastischen« Nachfolger aufgebaut wurde, ebenfalls zum Kreisparteisekretär in Hermannstadt ernannt.

16 *Die Welt*, 8.1.1990.

17 26.12.1989.

kanntschaft mit Gorbatschow anläßlich des Besuchs des sowjetischen Parteichefs in Bukarest erstmals kolportiert wurden,[18] hieß es, das Interesse, das der sowjetische Politiker für ihn bezeuge, stelle für diesen einen gewissen Schutz dar. Iliescu bestreitet, Gorbatschow jemals vorher begegnet zu sein.[19] Iliescu, in der rumänischen Fachwelt durch Beiträge zur Wirtschafts- und Umweltproblematik gut bekannt, hat bereits im Jahre 1987 einen Artikel in der meistgelesenen rumänischen Literaturzeitschrift[20] veröffentlicht, in dem er sich als Anhänger von Gorbatschows Perestrojka und Befürworter einer Umgestaltung der rumänischen Gesellschaft im Einklang mit dessen Modellkonzeption zu erkennen gab. Dies geht aus den in seinem Aufsatz vorgebrachten Forderungen nach einer Liberalisierung der Informationspolitik, mehr politischer Transparenz, einer grundlegenden Demokratisierung der Gesellschaft und schließlich auch aus seiner Wortwahl hervor: Entgegen der vorgeschriebenen Sprachregelung verwendete Iliescu den Begriff »restructurare« – die unter Ceausescu verpönte wörtliche Übersetzung des russischen »Perestrojka«.

Ebenso unbezweifelbar ist die Tatsache, daß Iliescu sich zu diesem Zeitpunkt, 1987, inner- und außerhalb Rumäniens als Kandidat für eine wann und wie auch immer zu erwartende Nachfolge Ceausescus ins Gespräch gebracht hatte, als einer zudem, der genau den Vorstellungen und Wünschen zu entsprechen schien, die der Kreml in bezug auf die neuen Führungseliten in Osteuropa hegte.[21] Und er war ein Freund der

---

18 *The Economist*, 15.5.1987.

19 *Figaro Magazine*, 8.1.1990.

20 Der Aufsatz trug den Titel »Kreativität und Information« und erschien in der Wochenschrift des Schriftstellerverbandes *Romania Literara* vom 3.9.1987.

21 Die Verfasserin nimmt für sich in Anspruch, seit Herbst 1987 in ihren Veröffentlichungen konstant auf diesen Tatbestand hingewiesen zu haben. Siehe dazu: »Disgraced Romanian leader calls for changes«, in: Romanian Situation Report Nr. 10, *RFER* 21.9.1987, und »Ceausescu und kein Ende? Der Kampf um die Nachfolge hat bereits begonnen«, in: *Südosteuropa* 9/1988, S. 437–456.

Sowjetunion, ein Angehöriger jener Gruppierung innerhalb der RKP, die von Ceausescu nicht zuletzt wegen des Verdachts, Sympathien für das Mutterland des Sozialismus zu hegen, an den Rand des Machtspektrums gedrängt worden waren. Der erwähnte *Pravda*-Aufsatz bestätigt diese Einschätzung, indem er berichtet, Iliescu sei von dem ehemaligen rumänischen Staatschef mit dem Vorwurf des »Kosmopolitismus« belegt worden – im nationalkommunistischen Jargon Ceausescus das Kürzel für eine prosowjetische Einstellung.

Die gedankliche Nähe zwischen dem sowjetischen »Reform«-Konzept und dem Weltbild Iliescus ist nicht zu übersehen. Iliescu bekennt sich zu dem, was er »die Werte des Kommunismus« nennt.[22] Seine erste Ansprache an die Nation beginnt er mit der Anrede »Verehrte Genossen«. Seine Gegnerschaft zu Ceausescu rührt nicht zuletzt auch daher, daß er ihm mehr oder minder offen vorwirft, diese Werte pervertiert und die Partei zu einem Instrument seiner persönlichen Machtausübung herabgewürdigt zu haben.

Von sich selbst behauptet Iliescu, im Gegensatz zu Ceausescus totalitärem Gehabe, das er immer abgelehnt habe, ein Demokrat zu sein: Die Menschen, die mit ihm gearbeitet hätten, könnten das bestätigen. In der Tat war Iliescus Image vor dem Dezember 1989 das eines intelligenten, aufgeschlossenen und im Umgang mit Wissenschaftlern, Künstlern und Journalisten besonders geübten Funktionärs gewesen. Die Art und Weise, wie in der Presse nun Sympathiebezeugungen und Lobpreisungen Iliescus auftauchen, erweckt allerdings den fatalen Eindruck, als sei bereits ein neuer Personenkult im Entstehen: der Kult Ion Iliescus. Viele stricken fleißig an Iliescus Widerstandslegende, was allerdings den Nachteil hat, daß dadurch wiederum die Zweifel an der behaupteten Spontaneität von Iliescus Machtantritt neue Nahrung erhalten. Iliescu, so sagen seine Parteigänger, sei der Mann »mit der größten Machterfahrung«[23] und ein »überzeugender Politiker«, der »schon vor

---

22 *Figaro Magazine*, 8.1.1990 und *Romania Libera*, 18.3.1990.
23 Andrei Plesu, der neue Kultusminister, in: *The Observer*, 15.1.1990.

zwei Jahren als der Mann gehandelt wurde, der den Conducator ablösen könnte«.[24] Für die unter Ceausescu zu Gefängnisstrafen verurteilten Journalisten, die jetzt die Leitung der Tageszeitung *Romania Libera* übernommen haben, war Iliescu während jener Zeit so etwas wie ein »heimlicher Führer«.[25] Bei ihren Verhören durch die Securitate hätten Fragen zu Iliescu und seinen Beziehungen zur Sowjetunion einen unverhältnismäßig großen Raum eingenommen.[26]

Iliescu – ein Mann des Übergangs, vergleichbar Karoly Grosz in Ungarn oder Egon Krenz in der DDR? Die Taktik der Front scheint darauf angelegt, ihre eigene Herrschaft und die ihrer Galionsfigur Ion Iliescu über die Wahlen vom Mai zu retten. Ion Iliescu, so erklärte sein Vize Kiraly der ungarischen Presseagentur MTI,[27] sei »eine Persönlichkeit von europäischem Niveau«, die nicht nur für den Übergang geeignet sei, sondern darüber hinaus Unterstützung verdiene.

Auch der neue Ministerpräsident *Petre Roman* paßt nach Herkunft und Persönlichkeitsprofil genau in das Konzept der neuen Führung. Er ist für die alte Garde ebenso akzeptabel wie für die Ceausescu-Nomenklatura. Der 43jährige – er wurde am 22. Juli 1946 in Bukarest geboren – repräsentiert am vollkommensten die »rote Aristokratie«. Daß ihm die Vertreter der internationalistischen Elite ihr Vertrauen schenken, hängt mit der herausragenden Rolle zusammen, die sein Vater Valter Roman in der kommunistischen Bewegung überhaupt und danach auch im engeren Rahmen des rumänischen Kommunismus spielte. Der Vater, Sproß einer nordsiebenbürgischen Rabbinerfamilie, hatte sich unter dem Tarnnamen »Valter Roman« in die internationalen spanischen Brigaden eingereiht und danach bis zum Ende des Zweiten Weltkriegs in der Kominternzentrale in Moskau gearbeitet, wo er auch seine Frau, eine spanische Kommunistin, kennenlernte. Nach seiner Rückkehr nach Rumänien war

---

24 Mircea Dinescu in: *Frankfurter Rundschau*, 11. 1. 1990.
25 *The Boston Globe*, 29. 12. 1989.
26 *Los Angeles Times*, 29. 12. 1989.
27 15. 1. 1990.

Valter Roman kurzfristig Stabschef der rumänischen Armee und Minister für das Fernmeldewesen, bevor er als »Titoist« in Ungnade fiel. Nach Stalins Tod wurde er rehabilitiert und fungierte bis zu seinem Tod im Jahre 1985 als der einflußreiche Direktor des Politischen Verlags in Bukarest. Sein Sohn Petre hatte die – russische – Eliteschule »Petru Groza« in Bukarest besucht und danach – was er ebenso wie Iliescu rumänischen Lesern nicht verrät – in der Sowjetunion studiert. In den 70er Jahren war ihm auch ein Stipendium in Frankreich vergönnt gewesen: In Toulouse erwarb er den Doktorgrad. Nach Bukarest zurückgekehrt, ging seine Karriere ungewöhnlich steil aufwärts, wie er selber feststellte.[28] Natürlich war er wie alle »kompetenten« Männer Mitglied der kommunistischen Partei – aber nicht bis zuletzt: Wenige Tage vor dem Sturz Ceausescus will er ausgetreten sein.[29] Als Mann des Widerstandes kann er sich daher schlecht verkaufen, zumal ihm frühere »enge, sehr enge Beziehungen«[30] zu Ceausescus Tochter Zoe nachgesagt werden.

Wie es heißt, hatte Petre Roman die Studenten des Bukarester Polytechnikums dazu animiert, Birnenattrappen an den Zweigen der Pappelbäume auf dem Campus zu befestigen – als Antwort auf eine von Ceausescu gebrauchte sprichwörtliche Redensart, eher würden die Pappelbäume Birnen tragen als daß in Rumänien der Kapitalismus wieder eingeführt würde. Wie er am 22.12. mit an die Macht – das heißt mit auf den Balkon des Zentralkomitees, als der Sieg der Revolution proklamiert wurde – gelangt ist, kann er selbst angeblich nicht erklären. Die Feststellung eines sowjetischen Fernsehreporters,[31] es sei »bekannt, daß Roman ein Mitglied des außerordentlichen Militärtribunals« gewesen sei, welches die Ceausescus zum Tode verurteilt hat, bestritt er.

---

28 Interview in *Adevarul*, 17.1.1990.

29 *Reuter*, 11.1.1990.

30 *New York Times*, 27.12.1989; der Autor bemüht für seine Informationen das Insiderwissen eines ehemaligen Schulkameraden der Romans, Ceausescus etc., der in die Vereinigten Staaten emigriert ist.

31 *Sowjetisches Fernsehen*, 6.1.1990.

Als Ministerpräsident ist Roman nicht Mitglied des Rates der FNR. Innerhalb der neuen Führung hat ihm Silviu Brucan, der ihn seit langem kennt, die Rolle dessen zugedacht, der die Jugend, die in so entscheidendem Maße zum Sturz Ceausescus beigetragen hat, in der neuen Führung repräsentiert. Zweifellos soll der »gutaussehende Mann« (Brucan)[32] weibliche Sympathien und Wählerstimmen bringen – auch wenn Roman die Möglichkeit einer Kandidatur bei den Wahlen noch strikt ausschließt:[33] »Gebe Gott«, so sagt er, »daß nach den Wahlen jemand anderer als ich an der Spitze der Regierung steht«.[34]

Wenige Wochen nach dem Sturz Ceausescus sind zwei der ursprünglich vier einflußreichen Mitglieder aus der Leitung der FNR ausgeschieden: Dumitru Mazilu und Silviu Brucan.

Dumitru Mazilu – am 24. Juni 1934 in der moldauischen Stadt Bacau geboren – wurde zum ersten Stellvertretenden Vorsitzenden des Rates der FNR und damit zum zweiten Mann im Staat ernannt. Innerhalb des Rates wurde ihm der Vorsitz der Kommission zur Ausarbeitung der neuen Verfassung und des neuen Wahlgesetzes übertragen. Als Kritiker Ceausescus, dem er zuvor mit der von Günstlingen erwarteten Hingabe gedient hatte, begann der Doktor der Rechtswissenschaften sich erst zu profilieren, als ihm im Jahre 1987 die Rückkehr auf seinen Posten bei der Menschenrechtskommission der Vereinten Nationen untersagt wurde. Der »Fall Mazilu« schlug in der westlichen Presse hohe Wellen, besonders nachdem dessen niederschmetternde Analyse der Situation der rumänischen Jugendlichen im vergangenen Jahr im Westen veröffentlicht worden war.

Von Anfang an schien Mazilu nicht dem engeren Kreis um Brucan und Iliescu anzugehören, doch ließ seine Popularität es zunächst angeraten sein, ihn an der Macht zu beteiligen. Und nicht nur seine Popularität: Als ehemaliger Oberst der Securitate, deren Ausbildungsstätte in Baneasa er zeitweilig geleitet

---

32 *Financial Times*, 29. 12. 1989.
33 *Adevarul*, 17. 1. 1990.
34 *Radio Bukarest*, 27. 12. 1989.

hatte – was er auch nicht bestritt[35] – und als deren Bevollmächtigter er später im Außenministerium tätig gewesen war, schuf er für die neue Führung wichtige Verbindungen zum Sicherheitsapparat Ceausescus, wie die rumänische Presse enthüllte.[36] Dabei wurde bekannt, daß Mazilu sich erst zum Paulus wandelte, als ihm wegen angeblicher Verstöße gegen die rumänischen Devisenbestimmungen die erneute Ausreise versagt wurde.

Im Unterschied zu Iliescu, Roman und Brucan, die der kommunistischen Ideologie verpflichtet sind und den Rumpfapparat der RKP als wichtige Machtbasis ansehen, hat Mazilu sich unentwegt als entschiedener Gegner des kommunistischen Systems definiert. Seit seinem ersten öffentlichen Auftreten nach dem Sturz Ceausescus hatte er versucht, in die Rolle eines rumänischen Jelzin zu schlüpfen und die anderen führenden Männer der Partei zugleich links und rechts zu überholen. Demagogisch brandmarkte er die fanatischen Anhänger Ceausescus als »Faschisten«, Iliescu als Kommunisten und kritische Journalisten pauschal als Stalinisten. Erst als Mazilu sich am 13. Januar anschickte, die Lage in Temesvar zu destabilisieren und Iliescu von seinem Posten zu verdrängen, wurde er für die neue Führung zu einem Sicherheitsrisiko. Sein Demissionsgesuch wurde angenommen. Seither macht Mazilu, der an seinen Posten bei den Vereinten Nationen zurückgekehrt ist, im Westen Stimmung gegen die »Altkommunisten« der Front und deren stalinistische Methoden. Zur Zeit plant er nicht, sich einer der neuentstandenen politischen Parteien anzuschließen.[37]

Silviu Brucan, 1916 in Bukarest geboren, ist eine der schillerndsten Gestalten der rumänischen Revolution. Auch er trat der Rumänischen Kommunistischen Partei in der Zeit ihrer Untergrundtätigkeit vor 1944 bei. Wie es scheint, blieb Brucan jedoch zeitlebens ein Mann anderer Apparate – sprich der Securitate und des KGB. Sogar Ministerpräsident Petre Roman

---

35 *Romania Libera*, 14. 1. 1990.
36 *Romania Libera*, 13. und 14. 1. 1990.
37 *Reuter*, 13. 2. 1990.

ging so weit, zu behaupten, daß Brucan innerhalb der Front für die Kontakte zur Securitate verantwortlich war, »die er sehr gut kannte«, sowie für die Kontakte zur Sowjetunion.[38]

Nach dem Staatsstreich vom 23. August 1944 und der sowjetischen Besetzung des Landes spielte Brucan eine wichtige, wenn auch nicht immer durchsichtige Rolle als stellvertretender Chefredakteur der Parteizeitung *Scinteia* und Leiter des Amtes für Öffentlichkeitsarbeit im Rahmen der Schauprozesse, die zur Verurteilung und Hinrichtung der Führer der bürgerlichen Parteien Rumäniens im Jahre 1947 führten.[39] Zwischen 1956 und 1962 wirkte Brucan als Botschafter Rumäniens in den USA und bei den Vereinten Nationen. Als Ende 1961 die letzten Vertreter der sowjetloyalen RKP-Gruppierung, darunter Brucans Mentor Iosif Chisinevski, ausgeschaltet waren, wurde er aus Washington zurückberufen und mit der Leitung des rumänischen Fernsehens betraut. Aus Protest gegen den Amtsantritt Nicolae Ceausescus[40] legte er 1966 bei Erreichen des Rentenalters alle Ämter nieder und wirkte fortan als Professor für Marxismus an Universität und Parteihochschule in Bukarest. Seither hat er mehrere Lehraufträge in den USA und Westeuropa wahrgenommen und zahlreiche politologische Abhandlungen verfaßt. In seinen letzterschienenen Büchern setzt er sich intensiv mit Fragen der Reformentwicklung im Ostblock auseinander, wobei er der Politik Gorbatschows viel Sympathie entgegenbringt.

Ins Rampenlicht der Weltpolitik trat Brucan im November 1987, als er im Zusammenhang mit der Demonstration von Kronstadt öffentlich Kritik an Ceausescu übte. Zwar wurde er daraufhin nach eigenem Bekunden gelegentlich von Angehörigen der Securitate unter Hausarrest gestellt – eine Organisation, die er, wie Ministerpräsident Petre Roman meinte,[41] sehr

---

38 *Le Monde*, 4. 1. 1990.

39 Leonard Kirschen, »Prisoner of red justice«, London 1963, zitiert nach: *BIRE* Nr. 865, 15. 12. 1987.

40 *Romania Libera*, 27. 1. 1990.

41 *Le Monde*, 4. 1. 1990.

genau kannte. Auch habe er, so Roman, beste Kontakte zur Sowjetunion; westliche Diplomaten, die seine Verbindungen zu westlichen Medienvertretern aufrecht erhielten, meinten sogar, Brucan habe »unter dem Schutz der sowjetischen Botschaft in Bukarest« gestanden.[42] Jedenfalls durfte er im Verlauf des darauffolgenden Jahres 1988 für mehrere Monate Lehraufträge in den USA, Großbritannien (als Gast des Foreign Office und der Militärakademie in Sandhurst) sowie an zwei Wirtschaftsforschungsinstituten in Moskau wahrnehmen.[43] In der sowjetischen Hauptstadt soll er mit engen Mitarbeitern des sowjetischen Staats- und Parteichefs Gorbatschow zusammengetroffen sein, die ihm versichert hätten, die Sowjetunion werde nicht zugunsten Ceausescus in Rumänien intervenieren. Dies wurde von Brucan als indirekte Bestätigung dafür gewertet, daß Moskau auf seiner und der Seite seiner Freunde stehe.[44] Nach seiner Rückkehr aus dem Ausland verfaßte Brucan gemeinsam mit fünf anderen Veteranen der RKP einen offenen Brief an Staats- und Parteichef Ceausescu, worin er dessen Politik einer harschen Kritik unterwarf und ihn zur Umkehr aufforderte. Nicht zuletzt auf dieses Schreiben, das westlichen Medien im März 1989 zugeleitet worden war, ist Brucans Status als prominenter Dissident der Ceausescu-Ära zurückzuführen.

Während der heißen Phase der Revolution bis zur Hinrichtung Ceausescus hat Brucan eigenen Angaben zufolge[45] eine entscheidende Rolle in militärischen und sicherheitspolitischen Fragen gespielt. Er wurde zum Mitglied des Rates der FNR und zum Vorsitzenden des im Rahmen dieser Organisation gebildeten Komitees für Außenpolitik ernannt. Als graue Eminenz, Chefideologe oder »Philosoph der Front« war es Brucan, der durch seine zahlreichen Pressegespräche das Bild der rumänischen Revolution und ihrer neuen Führung prägte – was diese

---

42 *International Herald Tribune*, 11.1.1990.

43 *Associated Press*, 28.11.1988.

44 *Le Figaro*, 16.1.1990.

45 Interview in der Tageszeitung *Adevarul*, 16.1.1990.

jedoch nicht jedem sympathischer machte. Brucan jedenfalls behält bei wichtigen politischen Entscheidungen, etwa hinsichtlich des Verbots der Kommunistischen Partei in Rumänien, die Interessen der Sowjetunion und der KPdSU fest im Blick.

In der Bevölkerung ist Brucan nicht gerade beliebt. Rufe wie »Nieder mit Brucan« bei Demonstrationen sind keine Seltenheit.[46] In der unabhängigen Presse Rumäniens stießen seine zynischen und herabwürdigenden Auslassungen über die bislang verbotenen politischen Parteien der Opposition sowie über die Demokratiefähigkeit des rumänischen Volkes auf Widerspruch. Im Anschluß an einen hitzigen Schlagabtausch mit dem Leitartikler der Zeitung *Romania Libera*, Octavian Paler, gab Brucan am 4. Februar seinen Rücktritt aus dem obersten Führungsgremium der Front bekannt. Dem Rat selbst will er weiter angehören, meldete *TASS* noch bevor es die rumänischen Medien taten.[47]

---

46 *Frankfurter Allgemeine Zeitung*, 22.1.1990.
47 *TASS*, 5.2.1990.

2. Im Rückblick: Die Ursachen für den Sturz Ceausescus

Austerität um jeden Preis

Der Sturz Ceausescus kam plötzlich, aber nicht unerwartet. Die Zeichen an der Wand waren schon eine Weile sichtbar gewesen. Das katastrophale Absinken des Lebensstandards der Rumänen in den 80er Jahren hatte ein Klima allgemeiner Unzufriedenheit in allen Schichten der Bevölkerung entstehen lassen. Der Grund: Nachdem die Devisenschulden Rumäniens Ende 1980 auf 10,8 Milliarden Dollar angewachsen waren, hatte Nicolae Ceausescu den Entschluß gefaßt, diese Kredite in kürzester Zeit zu tilgen. Die erhebliche interne Kritik an Ceausescus Schuldentilgungspolitik, die auf der Nationalkonferenz der RKP vom November 1982 dennoch gebilligt wurde, entzündete sich nicht nur am rasanten Tempo der Rückzahlung: Sie galt der Wirtschaftsstrategie insgesamt, die der Diktator seit seinem Machtantritt verfolgt hatte.

Die Inanspruchnahme von Krediten seit 1975 war Folge der zu Beginn der 60er Jahre eingeleiteten Umorientierung des rumänischen Außenhandels in Richtung auf die entwickelten kapitalistischen Industrienationen und die Staaten der Dritten Welt. Mit aus dem Westen importiertem technischem Know-how und den Rohstoffen, die im Zuge großangelegter Kooperationsvorhaben mit Entwicklungs- und Schwellenländern importiert wurden, wollte Ceausescu ein ehrgeiziges Industrialisierungsprogramm realisieren, das Rumänien eine vom RGW weitgehend unabhängige Entwicklung garantieren sollte. Der forcierte Ausbau einer eigenen chemischen und petrochemischen Industrie, der Aufbau einer eigenen Flugzeugbau-, Personenkraftwagen- und Schiffbauindustrie sowie die auf Unabhängigkeit von Moskau zielende Energiepolitik hätten die Ressourcen und das Arbeitskräftepotential des Landes möglicherweise auch dann überfordert, wenn sich die Weltwirtschaft Ende der 70er Jahre nicht auch noch für Rumänien extrem ungünstig entwickelt hätte. Ausschlaggebend war zweifellos die Verteuerung des Rohöls auf dem Weltmarkt sowie der umsturz- und kriegsbedingte Ausfall von Rumäniens wichtigsten Erdöllieferanten Iran und Irak. Die Weltwirtschaftskrise der 70er Jahre führte dazu, daß Bukarest seine Exportausfälle durch eine massive Aufnahme zumeist kurzfristiger Kredite kompensieren mußte.

Aufgrund der jahrelangen Autonomiepolitik gegenüber der Sowjetunion verfügte Bukarest über vergleichsweise bessere Voraussetzungen zur Bewältigung der Schuldenkrise als andere Staaten der Region. Als einziges Land des Ostblocks war Rumänien seit 1972 Mitglied des Internationalen Währungsfonds, zu einer Zeit also, als die Sowjetunion diesen noch als ein Instrument kapitalistischer Einflußnahme auf die internationalen Handelsbeziehungen brandmarkte. Als einziger Mitgliedsstaat des RGW hatte Rumänien ein umfassendes Handelsabkommen mit der Europäischen Gemeinschaft abgeschlossen; auch kamen rumänische Einfuhren in die USA seit 1975 in den Genuß der Meistbegünstigungsklausel.

Selbst der rumänische Staats- und Parteichef mußte zugeben, daß sein Schuldentilgungsprogramm »zweifellos in den ersten Jahren den Konsumfonds begrenzt« hat.[1] Im Jahre 1981 wurde die (1954 ausgesetzte) Rationierung von Lebensmitteln wieder eingeführt und das Horten von Lebensmitteln unter Strafe gestellt. Ebenfalls 1981 gelangten die gesetzlichen Bestimmungen hinsichtlich der territorialen Selbstversorgung der Kreise und Kommunen erstmals zur Anwendung. Das Lebensmittelangebot für die Bevölkerung wurde aufgrund regierungsamtlicher Programme für eine »wissenschaftliche und rationelle« Ernährung radikal gekürzt. Die – 1980 und 1981 erheblich gestiegenen – Lebensmittelimporte wurden in den darauffolgenden Jahren drastisch reduziert. Die Exporte von Rohstoffen für die Nahrungsmittelindustrie sind seit 1981 kontinuierlich zurückgegangen; hingegen konnte Rumänien seine

1 Interview mit der algerischen Zeitschrift *Révolution Africaine*, veröffentlicht in: *Scinteia*, 30. 6. 1989.

Ausfuhren von verarbeiteten Nahrungsmitteln zwischen 1985 und 1988 verdoppeln.[2] Staatlich verordnete Kürzungen des privaten Energiekonsums (Heizung, Beleuchtung, Fahrverbote) trugen in erheblichem Maße zur Verschlechterung der Lebensbedingungen der Bevölkerung bei, ohne relevante Einsparungen zu bringen. Andererseits war es angesichts des hohen Anteils veralteter, energie- und rohstoffintensiver Produktionsanlagen nicht möglich, den – im Vergleich zu westlichen Standards – hohen Verbrauch in der rumänischen Industrie spürbar zu senken.

Um den Kaufkraftüberhang in der Bevölkerung abzuschöpfen, wurde 1986 durch ein landesweit verpflichtendes Gesetz der »Globalakkord« genannte Leistungslohn eingeführt. Der garantierte Mindestlohn war damit abgeschafft, die Auszahlung des vollen Lohnes an die Erfüllung bestimmter Planvorgaben gebunden. Rumänische Arbeitnehmer mußten so in der Praxis Lohneinbußen bis zu 50% hinnehmen. Zudem wurde auch durch den 1982 gesetzlich verankerten Verkauf von sogenannten »Gesellschaftsanteilen« an die Bevölkerung – 23 Milliarden Lei innerhalb von fünf Jahren[3] – zusätzlich Kaufkraft gebunden. Viele Subventionen aus dem Staatshaushalt wurden gestrichen oder im Rahmen der kommunalen Selbstverwaltung und Selbstfinanzierung auf die Bevölkerung umgelegt.

Rein rechnerisch war diese Politik erfolgreich, und Ceausescu versuchte, sie der Bevölkerung als wirtschaftliche und politische Unabhängigkeit von Ost wie West zu »verkaufen«. Die erfolgreiche Tilgung der Devisenschulden wertete er als eine Bestätigung für seine zentralistische, auf dem »sozialistischen« Staats- und Genossenschaftseigentum beruhende Wirtschaftsstrategie. Im April des vergangenen Jahres ließ er das Verbot der Aufnahme neuer Auslandskredite gesetzlich festschreiben.[4]

---

2 Vanous in: *PlanEcon* Volume V, May 19, 1989, Nos. 19–20, S. 28.

3 *Scinteia*, 10. 2. 1989.

4 *Scinteia*, 19. 4. 1989; Gesetz Nr. 1, in: *Buletinul Oficial al RSR/Gesetzblatt der SRR/* Nr. 14, 25. 4. 1989.

Doch von seiner Gesamtstrategie der »vielseitigen« und »intensiven« Entwicklung, die der Bevölkerung auch weiterhin große Anstrengungen und Konsumverzicht abverlangen würde, wollte Ceausescu selbst nach der Tilgung der Devisenschulden nicht abgehen. Man breche nicht zu einem »Triumphzug« auf, hatte er 1988 in einer programmatischen Rede erklärt, sondern »zu einem Weg der Arbeit und des revolutionären Kampfes«.[5] Dazu sollte es nicht mehr kommen.

Trotz allem: Unabhängigkeit über alles

Ceausescus radikale Sparpolitik, die den Lebensstandard der Bevölkerung auf ein in Europa beispielloses Minimum abgesenkt hatte, stieß in West und Ost auf wachsende Kritik. Als Folge der drastischen Beschränkungen der Hartwährungsimporte war das ökonomische Interesse des Westens an Rumänien stark gesunken. Gestiegen war hingegen die Sensibilität für die Lage der Menschen in dem Balkanland. Die der rumänischen Bevölkerung auferlegten Entbehrungen, ihre rücksichtslose Vereinnahmung für industrielle Mammutprojekte und Prestigebauten, die geplante Zerstörung ländlicher Siedlungsgebiete, die Beschränkung der bürgerlichen Freiheiten, der wachsende Gleichschaltungsdruck auf die nationalen Minderheiten und nicht zuletzt der zum Zweck der Überhöhung der Person Nicolae Ceausescus mißbrauchte Nationalismus – all diese Faktoren haben das Negativbild Rumäniens in der Öffentlichkeit nachhaltig geprägt.
Auf die negativen Reaktionen aus dem politischen Umfeld hat Ceausescu mit ostentativem Beharren auf seiner Autonomiepolitik reagiert. Die rumänische Außenpolitik der letzten Jahre war eine Politik extremer Positionen und maximalistischer Forderungen; sie hatte ihre frühere Kompromiß- und Konsensbereitschaft fast völlig eingebüßt. Der Tenor der offiziellen rumänischen Propaganda war aggressiver geworden, wobei die

5 *Scinteia*, 29.11.1988.

Bukarester Rundumschläge Ost und West in gleicher Weise galten. Bukarest schien die Konfrontation um der Konfrontation willen zu suchen. Der Handlungsspielraum rumänischer Diplomaten war zugunsten des künstlich aufgeblähten Ansehens Nicolae Ceausescus als außenpolitischer Vordenker stark geschrumpft, Rumäniens Spitzendiplomaten waren zu Briefträgern Ceausescus und zu Rezitatoren seiner außenpolitischen Thesen degradiert worden.

Neben der fortschreitenden Radikalisierung der rumänischen Außenpolitik war auch deren Reideologisierung zu beobachten. Über zwei Jahrzehnte hinweg hatte sich die außenpolitische Doktrin der RKP dadurch von der sowjetischen Theorie abzugrenzen versucht, daß sie sich weniger an den Kategorien des Klassenkampfes und dafür eher an den Prinzipien des Völkerrechts und der Bewegung der Blockfreien zu orientieren suchte. Zuletzt nahmen jedoch orthodox-marxistische Thesen und Tiraden überhand, die sich sowohl gegen den angeblich immer aggressiver werdenden Weltkapitalismus richteten als auch gegen Kommunisten, die ihr Heil bei kapitalistischen Wirtschaftsmethoden suchen. Ceausescu nahm für sich das Verdienst in Anspruch, einer der letzten standhaften Felsen in der kapitalistischen Brandung zu sein. Manchen Äußerungen Ceausescus der letzten Jahre war die Besorgnis darüber anzumerken, daß er, obwohl auf dem von ihm als richtig erkannten Weg zum Sozialismus voranschreitend, dennoch im Abseits landen könnte.

Im Anschluß an die systemimmanenten Veränderungen, die im Verlauf des letzten Jahres in den reformorientierten Staaten Osteuropas stattgefunden hatten, war die rumänische Führung zunehmend unter Rechtfertigungsdruck geraten. Ceausescu sah Gefahren für den Fortbestand des Weltkommunismus am politischen Horizont heraufziehen. Am Endsieg des Sozialismus im Weltmaßstab zweifelte er dennoch nicht, sofern bei den Korrekturen am real existierenden Sozialismus an den sozialistischen »basics« – Vergesellschaftung der Produktionsmittel, Planwirtschaft und Leitungskompetenz der Partei – festgehalten würde.

Allen Ernstes pochte der rumänische Staats- und Parteichef

auf die Priorität der rumänischen Reformbestrebungen im Ostblock. Seit 25 Jahren, also seit seinem Amtsantritt im Jahre 1965, habe Rumänien den Weg der »Vervollkommnung« – so die offizielle Sprachregelung – seines Wirtschafts- und Gesellschaftsmodells eingeschlagen.[6] Man habe Betriebe und Verwaltungsorgane gemäß den Prinzipien der Selbstleitung, Selbstverwaltung und Selbstfinanzierung umgestaltet und die Beteiligung der Beschäftigten an Betriebsvermögen und -gewinnen gesetzlich verankert. Auch habe man ein »System der revolutionären Arbeiterdemokratie« aufgebaut, das »in seiner Art einmalig« sei. Erneut bekräftigte Ceausescu seine These von der permanenten Reform: Der »Vervollkommnung der Vervollkommnung« aller Formen der wirtschaftlichen und gesellschaftlichen Leitungsmechanismen seien zeitlich keine Grenzen gesetzt.

In Wirklichkeit stellte das aufwendige Gesetzeswerk, wie es die rumänische Führung seit 1967 in mehreren Anläufen formuliert und zum Teil mehrmals novelliert hatte, wenig mehr als eine riesige Mogelpackung für ein extrem zentralistisches Wirtschaftssystem dar. Mehr noch: Angesichts des wachsenden äußeren und inneren Drucks, auch in Rumänien Reformen zuzulassen, hatte Ceausescu einen Prozeß in Gang gesetzt, der einer Gegenreform gleichkam. Anstatt dezentrale Lenkungsmechanismen in der Wirtschaft zu etablieren, hatte Ceausescu auf eine noch weitergehende Zentralisierung gesetzt. Anstelle der Lockerung bislang bestehender Restriktionen für private Eigentumsformen plante er die Auflösung der noch existierenden privaten Landwirtschaftsbetriebe. In Struktur und Organisationsform des rumänischen Außenhandels war ebenfalls dieses Zurückgehen auf einen neuen Zentralismus zu beobachten. Die 1988 verschärfte zentrale Devisenbewirtschaftung wurde auch nach der Rückzahlung der Auslandsschulden nicht aufgehoben. Die Informationspolitik des Regimes wurde zuneh-

---

6 Siehe dazu Anneli Ute Gabanyi: »Rumänien im Zeichen von Perestrojka und Glasnost. Von der Scheinreform zur Gegenreform«, in: *Osteuropa*, 8/1988, S. 746–759.

mend restriktiver, »Glasnost« wurde selektiv und im Sinne der Legitimierung und Stabilisierung der herrschenden Machtstrukturen gehandhabt. Auch im RGW geriet Rumänien zunehmend ins Abseits, denn Ceausescu konnte die von der Sowjetunion und einigen anderen Ratsmitgliedern vorangetriebene Integration in einen sozialistischen gemeinsamen Markt zwar stören, jedoch nicht verhindern.

Im Sommer 1989 ging Ceausescu nach Jahren der Selbstisolierung und der Isolierung im Warschauer Pakt in die Gegenoffensive. Er soll die Einberufung eines Sondergipfels der Ost-Allianz gefordert haben, der über die »mangelnde Blocksolidarität« beraten sollte.[7] Ceausescu soll zusammen mit der DDR und der Tschechoslowakei so etwas wie ein Sonderbündnis der Dogmatiker im Ostblock[8] beabsichtigt haben. Er unternahm außerdem Schritte, um die Bildung einer nichtkommunistischen Regierung in Polen durch gemeinsame Maßnahmen der Warschauer-Pakt-Staaten zu verhindern.[9]

Durch den Sturz der Parteiführungen der DDR, der Tschechoslowakei und Bulgariens wurde die von Ceausescu angestrebte Phalanx der »Reformverweigerer« in Europa jedoch entscheidend geschwächt. Um so eifriger bemühte sich der rumänische Staats- und Parteichef um Gesinnungs- und Bundesgenossen außerhalb des engeren Kreises der Warschauer-Pakt-Staaten – in China, Kuba und Nordkorea –, um den Kampf für die weltweite Verteidigung des Sozialismus fortzuführen.

Auch das westliche Konzept der »Differenzierung« in den Beziehungen zu den Staaten des Ostblocks hatte sich analog zur Entwicklung in Osteuropa gewandelt. Die Zeiten, da die USA bereit waren, Rumänien eine Vorzugsbehandlung angedeihen zu lassen, gehörten ab 1986 der Vergangenheit an. Rumäniens Abweichungen von der Generallinie der sowjetischen Außenpolitik waren in dem seit dem Amtsantritt Gorbatschows veränderten politischen Umfeld bestenfalls als

---

7 *MTI*, *AP*, 16.5.1989.
8 *Frankfurter Allgemeine Zeitung*, 3.6.1989.
9 *DPA*, 29.9.1989.

Nuancen auszumachen. Die politisch-ideologischen Voraussetzungen, auf denen die Schaukelpolitik der rumänischen Diplomatie basierte, existierten nicht mehr, weil die von »neuem Denken« und Ansätzen zu einer gewandelten Praxis geprägte sowjetische Außenpolitik sich nicht länger als Kontrast-Hintergrund für rumänische Absetzbewegungen gebrauchen ließ. Die Nischen, die Rumänien sich in der Weltpolitik eingerichtet hatte, waren inzwischen zu Gemeinplätzen der Politik der meisten Ostblockstaaten geworden. Auf einigen seiner bisherigen Sonderwege war Rumänien von der Sowjetunion und anderen Teilnehmerstaaten des Warschauer Pakts eingeholt und sogar überholt worden.

Vor Jahren noch wurde der rumänischen Außenpolitik im Westen ein gewisser Störeffekt (»nuisance value«) bei der von Moskau betriebenen Integration des östlichen Bündnisses zugeschrieben. Seit Mitte der 80er Jahre traf Rumänien, den Störenfried einer strukturellen Gleichschaltung der Wirtschaftssysteme im integrierten RGW-Markt, zugleich mit der sowjetischen auch westliche Kritik.

Die außenpolitische Position Rumäniens im Niemandsland zwischen den neu abgesteckten Fronten von Ost und West trat im Verlauf des KSZE-Prozesses mit besonderer Deutlichkeit zutage. Jahrelang hatten rumänische Diplomaten nicht ohne Erfolg eine Politik betrieben, die den KSZE-Prozeß dazu nutzte, sich eine gewisse außenpolitische Distanz zur Sowjetunion durch die westlichen, neutralen und blockfreien Teilnehmerstaaten absichern zu lassen, während die Kontinuität des kommunistischen Systems in Rumänien in letzter Konsequenz von Moskau gewährleistet wurde. Ehedem ein Vorreiter ost-westlicher Entspannung, war Rumänien nun zu einem Hindernis auf dem Wege zu einer neuen Qualität der Zusammenarbeit auf dem Kontinent geworden.

Als Nicolae Ceausescu am 21. August 1968 gegen den Einmarsch der Truppen aller Warschauer-Pakt-Staaten mit Ausnahme Rumäniens in die Tschechoslowakei protestierte, hatte er den Zenit seiner Popularität inner- und außerhalb Rumäniens erreicht. Am 5. Dezember 1989 wurde diese Invasion von allen Staaten des Warschauer Pakts auf ihrer Moskauer Tagung öffentlich kritisiert. Doch davon fiel für Nicolae Ceausescu weder ein innen- noch ein außenpolitischer Prestigegewinn ab. Die internationale Aufmerksamkeit, die das Regime jahrzehntelang angestrebt hatte, wurde ihm zuletzt nur noch in der Form weltweiter Ächtung zuteil.

Ceausescu – und kein Ende? Personenkult und Nachfolgeregelung

»Wir brauchen keine Idole«, hatte der rumänische Staats- und Parteichef knapp drei Jahre nach seinem Amtsantritt von 1965 erklärt. »Der Marxismus-Leninismus verwarf und verwirft all jene Begriffe, die mit der Ideologie der Arbeiterklasse nichts gemein haben.«[10] Es dauerte nur wenige Jahre, bis Nicolae Ceausescu sich auf dem 11. Parteitag mit »Julius Cäsar, Alexander von Makedonien, Perikles, Cromwell, Napoleon, Peter dem Großen und Lincoln«[11] vergleichen ließ; später kam dann noch der Vergleich mit dem römischen Kaiser Augustus hinzu.[12] Der Personenkult – so erklärte Nicolae Ceausescu seinem französischen Biographen Michel-P. Hamelet, sei »eine Frage der Organisation und des Scharfblicks«[13]. Und in der Tat: Die Art und Weise, wie dieser ganz und gar nicht charismatische Politiker zum »Führer« der Nation hochstilisiert wurde, war eine organisatorische Meisterleistung. Dahinter stand kein anderer als der Gepriesene selbst: in seiner Eigenschaft als Vorsitzender der Ideologiekommission des Zentralkomitees der RKP.

Seit Beginn der 70er Jahre verkam das politische Leben in Rumänien allmählich zum Huldigungsritual, die Funktionäre zu devoten Höflingen, das Volk zur Jubelkulisse, die Presse zur Hofberichterstattung und die Kunst zum Schmeichelkitsch.

---

10 *Scinteia*, 27.4.1968.
11 *Scinteia*, 29.11.1974.
12 *Scinteia*, 26.1.1984.
13 *Le Figaro*, 24.8.1976.

Mit der Ideologie der Arbeiterklasse hatte das alles nur noch insoweit zu tun, als es sich bei Ceausescu um den »ersten Arbeiter des Landes«[14], den »arbeitsamsten aller Arbeiter, den bäuerlichsten aller Bauern«[15] sowie um den »ersten Mann am Schreibtisch des Vaterlandes«[16] handelte. Die »historische Persönlichkeit« Nicolae Ceausescus wurde als Symbol und Inkarnation der Volksseele und Erfüllungsgehilfe der Geschichte gepriesen.[17] Details aus dem Leben des gottgleichen[18] »Demiurgen Rumäniens«[19] wurden im Stil von Heiligenlegenden kolportiert. Beflissene Schriftsteller pilgerten alljährlich zu seinem Geburtsort Scornicesti, der »gesegneten Erde, aus welcher der Führer erwachsen ist, der jedem Rumänen teuer und heilig ist«[20]. Nicht zu vergessen die zahllosen Kultobjekte im Bukarester Historischen Museum – Stiftungen ehrgeiziger Künstler und Liebesgaben der Bürger aus Stadt und Land. Meist waren es bildliche Darstellungen »des Mannes, der erwählt ist, das Szepter zu tragen«[21]: Ceausescus Konterfei zu Teppichen geknüpft, in Messing gehämmert, zu Medaillen geprägt, zu Mosaiken gefügt. Großformatige Ölbilder zeigten einen schärpentragenden Präsidenten in Pose vor dem lichtdurchfluteten Karpatenbogen, eingereiht in eine nationale Ahnengalerie, die vom Dakerkönig Dezebal bis zum Fürsten Alexandru Ioan Cuza reicht, dem 1859 die Vereinigung der walachischen Fürstentümer glückte. In den letzten Jahren wurde die Sammlung durch Porträts der Präsidentengattin Elena ergänzt, anfangs im Stil der Renaissancemalerei (Madonna, Frühlingsgöttin), später mit Anleihen bei der byzantinischen Mosaikkunst (Kaiserin Theodora) und dem südamerikanischen Neorealismus (Evita Peron). Und getreu dem Prinzip,

14 *Neuer Weg*, 17. 1. 1978.
15 *Radio Bukarest*, 19. 1. 1978.
16 *Scinteia*, 2. 1. 1978.
17 *Saptamina*, 17. 2. 1978.
18 *Romania Literara* Nr. 4, 26. 1. 1984.
19 *Contemporanul* Nr. 5, 26. 1. 1983.
20 *Tribuna* Nr. 4, 26. 1. 1978.
21 *Scinteia Tineretului*, 22. 1. 1989.

daß »das Präsidentenszepter des rumänischen Patriotismus vom Vater auf den Sohn, von Generation zu Generation, übertragen wird«,[22] tauchte auch Sohn Nicu bereits in der Ikonographie der Ceausescus auf.

Der Kampf um die Nachfolge des seit 1965 amtierenden Staats- und Parteichefs hatte spätestens im Sommer 1985 begonnen, als erstmals stark retuschierte und sogar collagierte Fotos des »Führers« in der Presse mit dem Ziel veröffentlicht wurden, sein tatsächliches Befinden zu verschleiern. Zwar ging er seinen Amtsgeschäften weiter nach, doch die Eile und Unbeirrbarkeit, mit der Ceausescu bauliche Großprojekte wie die Modernisierung Bukarests, den weiteren Ausbau des landesweiten Kanal- und Bewässerungssystems sowie die Gebietsreform vorantrieb, vermittelten den Eindruck subjektiv empfundener Zeitnot. Ceausescus angeschlagene Gesundheit hatte auch den Nebeneffekt, daß seine Frau Elena ihn immer stärker bevormundete.[23]

Seit Beginn der 70er Jahre wurde zunehmend deutlich, daß der »Führer« aller Rumänen das Ziel verfolgte, seine Nachfolge im »dynastischen« Sinne zu regeln, was er auch nicht bestritt.[24] Die beste Garantie für das Überdauern »Ceausescus nach Ceausescu« sah der rumänische Staats- und Parteichef in Übereinstimmung mit einer gesamtbalkanisch geprägten bäuerlichen politischen Kultur darin, daß seine Machtbefugnisse auf Mitglieder seiner eigenen Familie übergingen. Die Kontinuität der Politik Ceausescus sollte über seine Amtszeit hinaus

---

22 *Luceafarul* Nr. 4, 28. 1. 1984.

23 Einer der engsten Mitarbeiter Ceausescus, der ehemalige Stellvertretende Staatsratsvorsitzende Manea Manescu, erklärte bei seiner Vernehmung hierzu: »Zuletzt kam es soweit, daß Elena Ceausescu ihn sowohl in politischen, als auch wirtschaftlichen Fragen bevormundete, von Wissenschaft und Kultur nicht zu reden. Einschließlich der Außenpolitik.« Siehe dazu: *Romania Libera*, 26. 1. 1990.

24 Auf die direkte Frage eines Journalisten nach Gerüchten, denen zufolge er seinen Sohn Nicu als seinen Nachfolger aufbaue, verwies Ceausescu darauf, daß weder die rumänische Verfassung noch die Statuten der RKP eine solche Regelung vorsähen, doch seien letztlich »Kompetenz« und das »Votum des Volkes« entscheidend: *Le Figaro*, 18./19. 8. 1984.

gesichert und eine »Ent-Ceausescuisierung« nach Beendigung der »Ära Ceausescu« verhindert werden. Deshalb stellte Ceausescu bei jeder Gelegenheit die Kompetenz seiner Frau Elena und seines Sohnes Nicu heraus und stärkte ihre Stellung in Partei und Staat. Auch mußten ordnungspolitische Voraussetzungen durch Änderungen des Parteistatuts und der Verfassung geschaffen werden, um der geplanten Nachfolgeregelung den Anschein der Gesetzlichkeit zu geben. Im Jahre 1968 wurde Frau Ceausescu zum Mitglied des Bukarester Stadtparteikomitees ernannt, 1972 wurde sie Vollmitglied des Zentralkomitees der RKP, 1973 Mitglied des Politischen Exekutivkomitees des ZK, 1977 Mitglied des Ständigen Bureaus des Politischen Exekutivkomitees, des höchsten Parteigremiums. Seit 1978 war sie als Vorsitzende der Kaderkommission im Zentralkomitee zuständig für die Ernennung der gesamten Nomenklatura in Partei und Staat. Danach begann ihre Regierungskarriere. Im Jahre 1979 wurde sie zur Vorsitzenden des Nationalrats für Wissenschaft und Technologie ernannt. In dieser Eigenschaft erlangte sie ex officio den Rang eines Regierungsmitglieds. Bereits ein Jahr später war Elena Erste Stellvertretende Ministerpräsidentin.

Die offizielle Propaganda stellte sie dem »Architekten« und »Strategen« der rumänischen Politik, Nicolae Ceausescu, zur Seite: »Stolz sitzend zur Rechten des großen Mannes« wurde Elena als »Held« und »Führer« apostrophiert.[25] Trotz des erheblichen Widerstands der Nomenklatura gegen die Institutionalisierung ihrer Vormachtstellung gelang es Elena in den letzten Jahren, nicht nur ihr innenpolitisches Machtpotential, sondern auch ihr außenpolitisches Mitspracherecht auszubauen: Zuletzt trat sie de facto als Mitregentin auf.

Ähnlich sorgte Ceausescu für die spätere Übernahme der Macht durch seinen Sohn Nicu. Seine Funktionärskarriere begann er 1983 als Erster Sekretär des Kommunistischen Jugendverbandes UTC; gleichzeitig war er Minister für Jugendfragen

---

25 Zitate in: *Scinteia Tineretului*, *Romania Libera* und *Romania Literara* Nr. 2, 7.1.1988.

und somit Mitglied der Regierung. Nicus Ernennung zum (stellvertretenden) Mitglied des Politischen Exekutivkomitees des ZK auf dem Parteitag vom November 1984 wurde durch eine Statutenänderung ermöglicht. Der angestrebte Machttransfer von Nicolae zu Nicu Ceausescu war jedoch auch Zielscheibe scharfer Kritik nicht nur innerhalb der RKP, sondern auch in weiten Teilen der Bevölkerung.

Wachsender Widerstand gegen Ceausescu

Opposition gegen Ceausescu gab es von Anfang an. Bereits bei seinem Amtsantritt im Jahre 1965 war er als Nachfolger Gheorghe Gheorghiu-Dejs nicht unumstritten gewesen. Solange Ceausescu den von seinem Vorgänger eingeleiteten Prozeß der innenpolitischen Liberalisierung in Verbindung mit der Politik der Westöffnung fortführte, konnte er sich jedoch auf eine solide Machtbasis in der Partei stützen. Die Stimmung schlug um im Jahre 1971, dem Jahr der sogenannten »Kleinen Kulturrevolution«, und erreichte zum Zeitpunkt des Ausscheidens Ministerpräsident Ion Gheorghe Maurers aus der Regierung im Jahre 1974 einen ersten Tiefpunkt. Sein Negativ-Image verstärkten dann insbesondere die extremen Sparmaßnahmen im Zug einer raschen Begleichung der rumänischen Devisenschulden.

Der Widerspruch gegen die Politik Ceausescus und seinen Führungsstil in Partei- und Staatsführung formierte sich in unterschiedlichen Kreisen und aus unterschiedlichen, zum Teil sogar entgegengesetzten Motiven. Vertreter der alten, internationalistisch orientierten Parteielite, die sich von den sogenannten »Emporkömmlingen aus Scornicesti« um ihr in der Vorkriegszeit erworbenes klassenkämpferisches Renommée und ihre unter dem »ancien régime« erlangten materiellen Privilegien betrogen sahen, werteten Ceausescus Nationalismus und das ausschließlich seiner Politik angelastete wirtschaftliche Desaster als eine Gefahr für den Fortbestand des Systems und für den Zusammenhalt des Ostblocks. Ceausescu wurde als eine Gefahr für die Partei gesehen.

Im Verlauf seiner Amtszeit als Generalsekretär der RKP

hatte Nicolae Ceausescu alles daran gesetzt, um seine Stellung in und seine Herrschaft über die Partei zu festigen, auch wenn dies ihrem Ansehen als Organisation sowie dem Ansehen ihrer einzelnen Repräsentanten in den Augen der Bevölkerung abträglich war. Er funktionierte die RKP von einer Avantgarde von Berufsrevolutionären in eine Massenpartei um, raubte ihr den Nimbus der Unfehlbarkeit und baute die materiellen Privilegien ihrer Mitglieder ab. Indem er die Personalentscheidungen »demokratisierte«, reduzierte er das Mitspracherecht der leitenden Parteiorgane und wertete gleichzeitig seine eigenen Befugnisse auf. In dem Maße wie Ceausescus Personenkult Gestalt annahm, wurde die Bedeutung der anderen Mitglieder der Staats- und Parteiführung herabgestuft. Während für alle Funktionäre das Rotationsprinzip galt, das es ihnen unmöglich machte, eigene Machtpositionen aufzubauen, konnten Nicolae und Elena Ceausescu ihre Herrschaft weiter ausbauen und festigen.

Die wichtigste Opposition erwuchs Ceausescu aus den Reihen fachlich gebildeter und aufgeschlossener Parteifunktionäre, von denen einige einst zu seinen Weggefährten gezählt hatten. Zu Beginn der 80er Jahre waren fast alle »Männer der ersten Stunde«, die Nicolae Ceausescu 1965 in den Sattel geholfen hatten, aus der politischen Führung und sogar aus dem politischen Leben verschwunden, ohne jedoch ihrer Privilegien verlustig gegangen zu sein.[26] Dafür wurden immer mehr Mitglieder der Ceausescu-Familie mit Schlüsselpositionen in der Armee, der Securitate, im Zentralkomitee und in den Kreiskomitees der Partei, in der Regierung, der Wirtschaftsleitung, im diplomatischen Dienst, in Wissenschaft, Kultur und in der Presse betraut. Je mehr der Diktator sich in seinem engen Kreis von Verwandten und Vertrauten isolierte, desto schneller wuchs das Gefühl der Frustration bei jüngeren Funktionären und aufstrebenden Technokraten, deren Aufstiegschancen ständig gemindert wurden.

---

26 Vgl. Anneli Ute Gabanyi: Ceausescu und kein Ende? Der Kampf um die Nachfolge hat bereits begonnen, in: *Südosteuropa* 9 (1988), S. 437–456.

Trotz seines autokratischen Führungsstils gelang es Nicolae Ceausescu schließlich immer weniger, die Opposition gegen seine Politik in den Reihen der Partei- und Staatsführung sowie der technischen Intelligenzija zu unterdrücken. Immer häufiger wagten es Mitglieder der Regierung, Ceausescu zu widersprechen und die ihnen aufgezwungene Rolle von Sündenbökken für eine von ihnen nicht verantwortete verfehlte Politik zu akzeptieren. Widerstand regte sich auch bei Funktionären der mittleren Ebene, nicht zuletzt in der Provinz. Viele waren dem doppelten Druck, dem sie ausgesetzt waren, nicht mehr gewachsen: Folgten sie den Weisungen Ceausescus, riskierten sie Unmutsäußerungen an der Basis; zeigten sie jedoch Verständnis für die Bedürfnisse und Nöte der geplagten Bevölkerung, setzten sie Posten und Privilegien aufs Spiel. Die Beschlüsse des Politischen Exekutivkomitees wurden nicht mehr alle einstimmig gefaßt; es gab offene Akte der Insubordination gegenüber Ceausescus politischer Richtungskompetenz.

Unter Ceausescu erfuhr das Departement für Staatssicherheit, die Securitate, eine enorme Aufwertung; dessen Mitarbeiter gehörten zu den bestbezahlten und mit den höchsten Privilegien bedachten Mitgliedern der Ceausescu-Hierarchie. Dennoch häuften sich im Verlauf der Jahre die Kampagnen zur Desinformation und zur Destabilisierung des Regimes Ceausescu durch Teile der Securitate,[27] es häufte sich die Zahl der Überläufer, speziell aus dem Bereich der Auslandsaufklärung. Ceausescu hatte mehrere Versuche unternommen, um Armee und Innenministerium von illoyalen Offizieren zu säubern. Erst die Ereignisse vom Dezember 1989 haben gezeigt, wie wenig erfolgreich diese Versuche gewesen sind.

Mit Beginn der Austeritätspolitik schien bei der Bevölkerung die Grenze der Leidensfähigkeit erreicht, wenn nicht überschritten. Die Ausplünderung der bäuerlichen Bevölkerung durch die Wiedereinführung des Quotensystems sowie der Zwangsabgaben ihrer Produkte zu Niedrigpreisen an den

---

27 Die sogenannte »Kampagne der Transzendentalen Meditation« von 1982 trug zudem die unverwechselbare Handschrift Jurij Andropows.

Staat hatte seit 1981 zu lokalen Revolten geführt. Seit der Veröffentlichung des Gesetzentwurfes über den oben erwähnten »Globalakkord« im Jahre 1983 kam es in rumänischen Fabriken und Bergwerken immer häufiger zu spontanen Arbeitsniederlegungen. Die Nachrichten über Äußerungen studentischen Unmuts häuften sich ebenfalls. Die Unruhe unter den Vertretern der ungarischen Minderheit wuchs. Künstler, Intellektuelle, Priester und ehemalige Funktionäre gaben ihrem Protest immer offener Ausdruck. Vor dem Hintergrund der apathischen Verzweiflung und der moralischen und sogar physischen Verfallserscheinungen, die sich in der Bevölkerung bemerkbar machten, gab es einen Faktor, der für das Ceausescu-Regime völlig unberechenbar geworden war: die Jugend. Bei der verlorenen Generation derer, die während der »goldenen Jahre des Lichts« der »Ceausescu-Ära« geboren wurden und die weder den Terror der 50er Jahre noch den bescheidenen Wohlstand und die relative innenpolitische Liberalisierung der 70er Jahre kennengelernt hatten, herrschte das Gefühl vor, daß sie nichts zu fürchten und nichts zu verlieren hätten.

Bei den Unruhen von Kronstadt vom 15. November 1987 wurde das Szenarium für eine gewaltsame Ablösung Ceausescus erstmals durchgespielt. Der Ablauf zeigt erstaunlich viele Gemeinsamkeiten mit den Ereignissen 1989: Die Unruhen von Kronstadt wie diejenigen von Temesvar fanden am Vorabend einer geplanten Auslandsreise des Staats- und Parteichefs statt – 1987 reiste Ceausescu nach Ägypten, 1989 in den Iran. In Kronstadt wie auch in Temesvar war kurz vor Ausbruch der Unruhen die Parteiführung auf Kreisebene ausgetauscht worden. In beiden Fällen hatte es Unmutsäußerungen von Arbeitern und Studenten gegeben, Demonstranten hatten den Sitz der Partei und das Rathaus gestürmt. In beiden Fällen waren die Unruhen von den örtlichen Vertretern der Securitate geduldet, wenn nicht gar angestiftet worden. In beiden Fällen hatte die Securitate aktiv bei der Verbreitung von Informationen über das Geschehen im In- und Ausland mitgeholfen. Die Unterschiede: In Kronstadt fehlte die Provokation, die den Mechanismus von Gewalt und Gegengewalt in Gang gesetzt hätte, und dort war es gelungen, den Unruheherd hermetisch von der

Außenwelt abzuschneiden, um ein Überspringen des Funkens auf das ganze Land und insbesondere die Hauptstadt zu verhindern.

Lange Zeit konnte das Regime jedoch erfolgreich die Koordination der zunächst anarchischen, nur auf die eigenen Ziele gerichteten Unmutsäußerungen verhindern. Die systematische Einschüchterung der Menschen durch den Terror der allgegenwärtigen Securitate, das weitverbreitete System gegenseitiger Bespitzelung, die Beschränkungen der Meinungsfreiheit – beispielsweise durch das Gesetz über die zwangsweise Registrierung von Schreibmaschinen –, das Kontaktverbot mit Ausländern, die Einschränkung der Bewegungs- und Niederlassungsfreiheit innerhalb Rumäniens sowie der Reisefreiheit bei Auslandsreisen, die Atomisierung der Gesellschaft, die speziell gegen die ungarische Minderheit gerichtete nationale Diversion, ja sogar die Gewährung einer gewissen Narrenfreiheit für international bekannte »Dissidenten«, all dies verhinderte, daß aus den Auflehnungsversuchen ein Umsturz hervorging – bis zum Dezember 1989.

3. Der neue Machtfaktor: Die Front der Nationalen Rettung – FNR

Die neuen Männer: Januskӧpfe, Wendehälse, kompetente Dissidenten

Sie verhehlen nicht, daß sie »eine linke politischer Organisation«[1] und den »Werten des Kommunismus« – so Iliescu in einer französischen Zeitung[2] – zugetan sind, doch zeigen sich die neuen Mächtigen bemerkenswert unideologisch und pragmatisch. »Unsere Ideologie«, sagt Brucan[3] – »besteht aus fünf Punkten: mehr Lebensmittel, mehr Heizung, mehr Elektrizität und Licht, bessere Verkehrsmittel, eine bessere medizinische Versorgung«. Zugleich geben sich die neuen Mächtigen betont elitär. Nicht nur, daß sie ihre Zugehörigkeit zur »roten Aristokratie« Rumäniens immer selbstbewußter zur Schau stellen – auch die Kriterien, nach denen sie die neuen Mitglieder der FNR und der Regierung auswählen, zeugen vom ungetrübten Bewußtsein ihrer Überlegenheit. Diese Kriterien heißen »Intelligenz« und »Kompetenz«.[4] Im Zeitalter der Computerrevolution sieht man in der Front mit milder Verachtung auf Arbeiter und Bauern herab, nicht zuletzt deswegen, weil man in dem stark bäuerlich geprägten Neoproletariat die Manipuliermasse des gestürzten Diktators Ceausescu vermutet. Dies hindert die Männer der Front jedoch nicht daran, »die Arbeiter« immer häufiger nach bewährtem stalinistischem Muster auf die Straße zu schicken, wenn Auseinandersetzungen mit den Oppositionsparteien und der Studentenschaft dies »erforderlich« machen. Der »Idealzustand« der Meritokratie, wie sie von der Front angestrebt wird, »ist erreicht, wenn die Klugen im Lande

1 Silviu Brucan in: *Reuter*, 29.12.1989.
2 *Figaro Magazine*, 8.1.1990.
3 *ITV Television Network* London, 3.1.1990.
4 Ministerpräsident Petre Roman in: *Der Spiegel*, 8.1.1990.

die Führung übernehmen und die anderen, die Dummen, glückliche Wähler werden, die für ihre Herren im Austausch für ein bißchen Wohlstand stimmen«. Diese Äußerung Silviu Brucans gegenüber einem britischen Journalisten[5] hat nicht nur in Rumänien, sondern auch im westlichen Ausland negatives Aufsehen erregt.[6] Sie deckt sich – obzwar von ihm selbst inzwischen eingeschränkt – mit anderen Einschätzungen, die er – beispielsweise über die Demokratiefähigkeit des rumänischen Volkes – zum besten gegeben hat. Und sie paßt ins Gesamtbild, das die Front von sich selbst und von denjenigen zu vermitteln sucht, die unter ihrer erleuchteten Führung in Rumänien Politik machen dürfen.

Unter dem Blickwinkel der »Kompetenz« – übrigens ein Begriff, der dem Fundus der Perestrojka-Ideologie entlehnt ist – betrachtet man auch das Problem der Wiederverwertung der Kader des »ancien régime«. Man müsse, so heißt es, die bestehenden Strukturen nutzen und sie mit »kompetenten Leuten« ausfüllen. Die aber sucht und findet die Front vorwiegend unter den Mitgliedern der ehemaligen RKP. Denn – so der Schriftsteller Mircea Dinescu[7] – für jeden kompetenten Rumänen sei das Parteibuch um seines beruflichen Fortkommens willen ebenso unerläßlich gewesen wie der Führerschein für jeden Autofahrer. Und nicht nur Intelligenz und berufliche Fähigkeiten gelten als ein Indiz für Kompetenz, sondern auch Erfahrung, wobei Machterfahrung als eine höhere Form der Kompetenz gewertet wird. Daher ist es eben nur logisch, daß Ion Iliescu als der Mann mit der »größten Machterfahrung«[8] an der Spitze der neuen Führungsstruktur steht.

Die neue Führung ist sichtlich darum bemüht, sich die »Konkurs-Masse« der rund 3,8 Millionen eingeschriebenen Mitglie-

---

5 *The Independent*, 29.1.1990.

6 Romania Libera, 2.2.1990. Der schwedische Außenminister Andersson sprach in diesem Zusammenhang von »reinem Faschismus«. Siehe dazu: *Süddeutsche Zeitung*, 1.2.1990.

7 *Süddeutsche Zeitung*, 11.1.1990.

8 *The Observer*, 15.1.1990.

der der Ceausescu-KP nicht »zu entfremden«.[9] Es soll also keine lästige Gewissenserforschung für Ex-Funktionäre geben, keine Hexenjagd, keine speziellen Durchleuchtungsverfahren, keine Racheakte. Man werde zu unterscheiden wissen, so meinte der inzwischen verstorbene Vizeaußenminister Corneliu Bogdan,[10] zwischen den wenigen, die Verbrechen begangen haben, und den vielen, die aus purer Unterwürfigkeit gehandelt haben. Nur die »oberste Etage«, die ehemaligen Minister Ceausescus und vielleicht deren Stellvertreter sollten entlassen werden, das Gros der Bürokraten und Technokraten werde davon nicht berührt.

Von Anfang an war der Vorsitzende des Rates der FNR, Ion Iliescu,[11] als Interessenvertreter der Nomenklatura der ehemaligen RKP aufgetreten. Es habe, so Iliescu, Funktionäre selbst in hochgestellten Positionen gegeben, die sich »nicht mit Ceausescus Diktatur und seinen Methoden identifiziert« und auch dagegen Stellung bezogen hätten. Diese Menschen, die versucht hätten, »zu retten, was zu retten ist«, seien deswegen unterdrückt oder an den Rand gedrängt worden. Außerdem seien unter denen, die in den Kämpfen für den Sturz der Ceausescu-Diktatur gefallen seien, auch viele Mitglieder der RKP sowie des Kommunistischen Jugendverbandes UTC gewesen. Die Verurteilung der »Strukturen und Herrschaftsmethoden der Kommunistischen Partei« sei eine Sache, die Beurteilung jedes einzelnen ehemaligen Parteimitglieds entsprechend seinen Taten und seinem Verhalten eine ganz andere. Die RKP-Ehemaligen würden gebraucht, und sie seien überall zu finden – in der FNR (der aber auch viele angehörten, die nicht in der RKP gewesen waren), in den neugegründeten Parteien, unter den Journalisten. Er selbst habe dem Parteiapparat in hervorgehobener Position angehört, Ceausescu dann aber den Rücken gekehrt, als dieser seine persönliche Diktatur zu errichten begann. Ohne die kommunistische Partei – so wird Iliescu nicht

9 Brucan in: *The Financial Times*, 17.1.1990.
10 Corneliu Bogdan in: *The International Herald Tribune*, 29.12.1989.
11 Rede im Freien Rumänischen Fernsehen, in: *Adevarul*, 26.1.1990.

müde zu wiederholen – drohe ein Machtvakuum und letztlich das Chaos.[12] Die Klausenburger Regimekritikerin, die ehemalige Hochschullehrerin Doina Cornea, sieht das anders: Die Mitglieder der »korrupten Nomenklatura der Securitate und der ehemaligen Kommunistischen Partei versuchen jetzt, Führungspositionen zu ergattern mit dem Ziel, die noch ungefestigten demokratischen Errungenschaften und die unter so vielen Opfern errungene Freiheit zu destabilisieren.«[13]

Angesichts der in den Medien geschürten Anti-Ceausescu-Hysterie mutet es zumindest befremdlich an, so viele Würdenträger der Ära unseligen Angedenkens erneut in Führungspositionen zu sehen. Zumeist wurde nach dem Schema vorgegangen: Der Minister scheidet (fast immer) aus dem Amt, sein Stellvertreter rückt nach, der Apparat bleibt unangetastet. Selbst ehemalige hohe Funktionäre der Partei sind von dieser großzügigen Regelung nicht ausgenommen. Sogar ein ehemaliges Mitglied des höchsten, nur achtköpfigen Ständigen Büros des Politischen Exekutivkomitees, Paul Niculescu-Mizil, wurde vom Rat der FNR ohne eine Schamfrist zu beachten zum Vorsitzenden einer neugebildeten Kommission für die landesweite Versorgung mit den Befugnissen eines Ministers ernannt. Die Front stand auch dann noch zur Ernennung Niculescu-Mizils, als in der Presse das Stenogramm der Sitzung des Politischen Exekutivkomitees der RKP vom 17. Dezember 1989 veröffentlicht worden war, demzufolge Mizil auf die an ihn persönlich gerichtete Frage den Schießbefehl für Temesvar ausdrücklich gutgeheißen hatte.[14] Andere hohe Ceausescu-Verbündete, denen in der Presse auch kompromittierend enge Verbindungen zur Securitate nachgewiesen werden konnten, mußten Tage nach ihrer Ernennung ihren Hut nehmen. Es ist anzunehmen, daß nur die wenigsten der zahlenmäßig gar nicht abzuschätzenden Armee alter und gleichzeitig neuer Würdenträger, die auf allen Ebenen der Verwaltung und auch in der

---

12 *Radio Bukarest*, 4. 1. 1990.
13 *Romania Libera*, 17. 1. 1990.
14 *Romania Libera*, 10. 1. 1990.

Wirtschaft wieder zu Amt und Würden gelangt sind, echte Januskköpfe waren, die bereits zu Ceausescus Zeiten auf irgendeine Weise mit den neuen Männern der Front in Verbindung gestanden haben. Bei den meisten von ihnen handelt es sich wohl um echte Wendehälse, eine Spezies, von der die rumänische Revolution einige besonders hochentwickelte Exemplare hervorgebracht hat. Da war der Rundfunksprecher, der am 22. Dezember die letzten Verlautbarungen des Diktators verlesen hatte, sich nach der Übernahme der Rundfunkstation durch die neuen Machthaber bei den Zuhörern für »vierzig Jahre Lügen« entschuldigte und die »rumänischen Brüder« bat, fortab der »Stimme der Wahrheit« zu lauschen. Auf die gleiche Weise entschuldigten sich reihenweise Lehrer bei ihren Schülern und Journalisten bei ihren Lesern, die ihre Artikel mit der Ankündigung begannen, dies seien die ersten wahren Worte, die sie in 20 Jahren zu Papier gebracht hätten. Das akrobatisch schwierigste Wendemanöver vollzog die Leitung der Orthodoxen Kirche, die dem Tyrannen noch am 20. Dezember ein devotes Huldigungstelegramm geschickt hatte, das jedoch erst am 22., dem Tag seines Sturzes, an die Öffentlichkeit gelangte. Dies ließ den Patriarchen der Orthodoxen Kirche, Teoctist Arapasu, jedoch nicht verzagen: Kaum war Ceausescu hingerichtet, fand er bereits passende Worte abgrundtiefer Verdammung für den »Herodes« Ceausescu, der Tausende von Kindern gemordet habe.[15] Auch entschuldigte er sich bei den Gläubigen dafür, daß die Kirche es versäumt habe, dem Druck der Diktatur zu widerstehen. Gleichzeitig kündigte er – wen wundert es? – die volle Unterstützung der Kirche für das Programm der regierenden FNR an.[16] Nach mehreren scharfen Angriffen in der Presse entschloß sich der Patriarch zum Rücktritt, doch am 5. April wählte ihn die Synode der Orthodoxen Kirche erneut zu ihrem Oberhaupt.

Jene westlichen Diplomaten und Journalisten, die noch an-

15 *Christian Science Monitor*, 17. 1. 1990.
16 *Radio Bukarest*, 5. 1. 1990.

läßlich des 14. Parteitags der RKP im November letzten Jahres von den Sprechern des Außenministeriums oder der Nachrichtenagentur *Agerpres* mit Zitaten des großen Führers versorgt worden waren, fanden sich nun denselben Männern in denselben Funktionen gegenüber, die ihnen unaufgefordert berichteten, wie schwer es ihnen während der langen Jahre der Diktatur gefallen sei, ausländischen Diplomaten und Journalisten Lügen aufzutischen. Während die selbsternannten Widerstandskämpfer an ihren jeweiligen Legenden basteln, hat der spitze Stift des berühmten Karikaturisten Matty sie in der Presse[17] bereits der Lächerlichkeit preisgegeben. Unter dem Abbild eines offensichtlich der Schicht der »kompetenten Zehntausend« angehörenden Mannes heißt es: »Ob wohl die Tatsache, daß ich an diesem Donnerstag, ... als ich heiser war, ... die Losungen leiser skandiert habe, ...als ein Akt des Widerstands interpretiert werden kann? ...«

Die Front – eine getarnte Kaderpartei?

Die Kommunistische Partei Rumäniens – zumindest insoweit, als sie mit dem »Ceausescu-Clan« identisch ist – wird von der Front für tot erklärt. Die FNR will sich mit dem negativen Image und Erbe dieser Partei nicht belasten, ja sie lehnt es ab, sich überhaupt als Partei zu definieren. Die Partei, sagt Silviu Brucan, sei identisch gewesen mit dem System Ceausescus und umgekehrt. Sie habe im revolutionären Prozeß keine Rolle gespielt und sei schließlich von der Revolte des Volkes hinweggefegt worden. Dies sei das Ende der Geschichte der Rumänischen Kommunistischen Partei: Würde sie bei den angekündigten freien Wahlen im kommenden Frühjahr antreten, so würde sie nicht mehr als 5% der Stimmen erhalten.[18] Wie abgrundtief dieser Pessimismus ist, kann man ermessen, wenn man be-

17 *Romania Libera*, 14.1.1990.

18 *Le Monde*, 29.12.1989; eine französische Meinungsumfrage rechnet sogar nur mit 3% (*Reuter*, 17.1.1990).

denkt, daß die Mitgliederzahl der ehemaligen RKP mit rund 3,8 Millionen ungefähr 17 Prozent der Gesamtbevölkerung des Landes ausmachte.

Demgegenüber, so ist von Vertretern der neuen Führung zu hören,[19] habe die Institution der Front als eines »großen Zusammenschlusses des Volkes« in Rumänien Tradition und sei dort populär – eine Behauptung, die insoweit stimmt, als die Rumänische Kommunistische Partei im Zeitraum zwischen 1944 und 1947 die mit bürgerlichen Parteien geschlossenen Zweckbündnisse mit diesem Etikett versehen hatte. Zudem sieht man sich in Übereinstimmung mit der Gesamtentwicklung in Osteuropa: Die Front sei eine Bewegung analog zur polnischen Solidarnosč, dem ungarischen Demokratischen Forum und dem Neuen Forum in der DDR:[20]

»Die alten Begriffe hinsichtlich der Parteistruktur sind überholt. Die Leute zögern sogar, das Wort Partei überhaupt in den Mund zu nehmen. Nicht von ungefähr sind neue Formen und Namen aufgetaucht – Foren, ökologische und gewerkschaftliche Bewegungen – die an den Wahlen teilnehmen, ohne daß ihnen jemand dieses Recht streitig machen würde.«

Zwar hat die Front jene ehemaligen Mitglieder der RKP gewähren lassen, die der alten Partei entweder neues Leben einhauchen oder sie wenigstens standesgemäß begraben wollten. Berichte über einen geplanten außerordentlichen Parteitag hatten die Runde gemacht; eine sogenannte »Initiativgruppe«, bestehend aus Mitgliedern der RKP, hatte sich über die offizielle Nachrichtenagentur *Agerpres* am 30. 12. 1989 an die Öffentlichkeit gewandt. Sie erklärte ihre Zustimmung zum Programm der Front und sprach sich für die Einberufung eines Sonderparteitags der RKP mit dem Ziel ihrer Selbstauflösung aus. Wie es heißt, sollte dabei die Schaffung einer neuen Partei bekanntgegeben werden, die das »kommunistische« Erbe bewahren, sich aber gleichzeitig von den »negativen Aspekten«

---

19 Ion Iliescu in: *Figaro Magazine*, 8. 1. 1990.
20 *Adevarul*, 26. 1. 1990.

des Ceausescu-Syndroms befreien wollte.[21] Die treibende Kraft hinter dieser Initiativgruppe, deren Aktivitäten dann angesichts der immer offener artikulierten antikommunistischen Grundhaltung der rumänischen Gesellschaft im Sande verliefen, war Ilie Verdet, ehemaliger Ministerpräsident, ZK-Sekretär und Mitglied des Ständigen Büros des Politischen Exekutivkomitees unter Ceausescu. Noch auf dem Ende November abgehaltenen 14. Kongreß der RKP hatte er in seiner Eigenschaft als Vorsitzender der Revisionskommission der Partei den Bericht dieses Gremiums vorgetragen. Bisher hat nur eine einzige Parteizelle – die des Bukarester Albatros-Verlags – den Entschluß gefaßt, sich selbst aufzulösen. Sie hat alle anderen Grundorganisationen der RKP dazu aufgerufen, ihrem Beispiel zu folgen und die Partei von der Basis her auf demokratische Weise zu liquidieren.[22]

Unter dem Druck der Bevölkerung, die enttäuscht zu erkennen begann, daß die Gewinner ihrer antikommunistischen Revolution an der Restauration einer kommunistischen Gesellschaft mit vermenschlichtem Antlitz arbeiteten, sah sich die Führung der Front am 12. Januar gezwungen, die RKP in einem Stunden später zurückgenommenen Gesetz für illegal zu erklären. Diese Krise gab den Anstoß dazu, daß die FNR sich entschloß, den Besitz der »ehemaligen Rumänischen Kommunistischen Partei« in Staatsbesitz zu überführen.[23] Die Übernahme des Parteivermögens wurde mit dem Hinweis darauf begründet, daß die ehemalige RKP in der Form, in der sie während der Ceausescu-Diktatur bestanden habe, nicht mehr existiere.

Die personelle Zusammensetzung des Rates der FNR – so wurde betont – sei provisorisch. Die Liste der aufgeführten 39 Mitglieder enthält die Namen bekannter Regimekritiker wie den der pensionierten Klausenburger Hochschullehrerin Doina Cornea, der Schriftsteller Ana Blandiana, Mircea Dinescu, Dan Desliu, Aurel-Dragos Munteanu und Geza Domokos, des

---

21 Mihai Lupoi in: *Le Figaro*, 3.1.1990.
22 *Romania Libera*, 26.1.1990.
23 *Monitorul Oficial* Nr. 12, 19.1.1990.

ehemaligen rumänischen UNO-Mitarbeiters Dumitru Mazilu, des reformierten Pfarrers Laszlo Tökes, aber auch von Altfunktionären wie Silviu Brucan, Alexandru Birladeanu und Corneliu Manescu, die zu den Unterzeichnern des sogenannten »Briefes der Sechs« vom März 1989 gehört hatten. Genannt werden auch fünf Vertreter der Armee, darunter die Generale Stefan Gusa, Victor Stanculescu und Gheorghe Voinea, prominente Künstler, Studenten und – an letzter Stelle – Ion Iliescu. Die Struktur des unter dem Druck der Ereignisse konstituierten Rates sei provisorisch, die Mitgliederliste bleibe offen, hieß es am 22. Dezember 1989.

Vom Provisorium war allerdings schon in der zweiten Mitteilung[24] des Rates an die Bevölkerung nicht mehr die Rede. Unter Berufung auf die Notwendigkeit, die Sicherheit der Bürger zu gewährleisten und den Wiederaufbau des Landes in die Wege zu leiten, versuchten die neuen Machthaber, die Revolte der Bevölkerung unter Kontrolle zu bringen – unter die Kontrolle der Front. Ab sofort wurden all jene Zivilpersonen, an die während der heißen Phase des Aufstands Waffen und Munition ausgegeben worden waren, unter Androhung schwerer Strafen aufgefordert, diese unverzüglich zurückzugeben. Auch rief der Rat der Front alle anderen neuentstandenen unabhängigen »demokratischen Strukturen« dazu auf, sich ihm mit sofortiger Wirkung zu unterstellen.

Die neue Führung war fieberhaft damit beschäftigt, die Macht, welche sie sich nach der Hinrichtung des ehemaligen Staatspräsidenten per Gesetz genommen hatte, strukturell und personell abzusichern. Unmittelbar nach der Exekution Nicolae Ceausescus erklärt der Rat der FNR sich in einer Verordnung[25] zum alleinigen Inhaber der Macht im Staate. Im Gegensatz zu allen Prinzipien der Demokratisierung und Liberalisierung und unter Mißachtung seiner erklärten Absicht, Gewaltenteilung herbeizuführen, konstituierte sich der Rat als eine Körperschaft, deren selbstverliehene legislative und exekutive Befug-

---

24 *Monitorul Oficial* Nr. 2, 25.12.1989.
25 *Monitorul Oficial* Nr. 3, 27.12.1989.

nisse autoritär genannt werden müssen. Er sprach sich selbst das Recht zu, Gesetze mit der einfachen Mehrheit der Mitglieder zu verabschieden. Ihm obliegt künftig die Ernennung des Ministerpräsidenten, des Vorsitzenden des Obersten Gerichtshofes und des Generalstaatsanwalts sowie der Kommission zur Ausarbeitung der neuen Verfassung. Der Rat hat sich aber auch Rechte wie beispielsweise die Verabschiedung des Staatshaushalts, die Ratifizierung internationaler Verträge sowie deren Aufkündigung und die Ausrufung des Ausnahme- oder Kriegszustandes zu eigen gemacht, die in Demokratien – und sogar in Pseudo-Demokratien – einem Parlament oder dessen oberstem Gremium zukommen. Dem Rat der FNR ist ein Oberster Militärrat untergeordnet, der die gesamte Tätigkeit der Streitkräfte und der vom Innenministerium übernommenen Einheiten »koordiniert«.

Am 27. Dezember zählte der Rat der FNR bereits 145 Mitglieder, doch deren Namen wurden bis zum heutigen Tage nicht bekanntgegeben. Der eigentliche Inhaber der vom Rat der Front auf sich vereinten Machtfülle ist ein aus elf Mitgliedern zusammengesetztes Exekutivbüro, von dem wiederum nur drei Personen zum Zeitpunkt der Abfassung des Gesetzes, mit dem sich die FNR als Führung konstituierte, wirklich mächtig waren: der Vorsitzende Ion Iliescu, sein Erster Stellvertretender Vorsitzender Dumitru Mazilu, der mit der Ausarbeitung des neuen Verfassungsentwurfs sowie des Parteien- und Wahlrechts betraut wurde, und die »graue Eminenz« Silviu Brucan, als »einfaches Mitglied« des Büros für die Ausarbeitung der außenpolitischen Konzeption der neuen Führung zuständig. Die Position des Ratsvorsitzenden ist zudem mit den ehrenvollen Pflichten eines Staatsoberhauptes ausgestattet: Vertretung des Landes in seinen auswärtigen Beziehungen, Ernennung und Rückruf von Botschaftern, Gewährung und Entzug der rumänischen Staatsbürgerschaft etc.

Das elfköpfige Exekutivbüro ist nicht von den Mitgliedern des Rates der FNR gewählt worden – niemand behauptet das. In dem Kommuniqué, das die Zusammensetzung dieses elfköpfigen Büros bekanntgibt, heißt es dazu lediglich, bei einer Zusammenkunft des Rates sei über die Struktur des Exekutivbüros »diskutiert worden«. Dem Büro gehören an: Ion Iliescu als Vorsitzender, Dumitru Mazilu als Erster Stellvertretender Vorsitzender, Cazimir Ionescu und Karoly Kiraly als Stellvertretende Vorsitzende, Dan Martian als Sekretär, und folgende Mitglieder: Bodgan Teodoriu, Vasile Neacsa, Silviu Brucan, Gheorghe Manole, Ion Caramitru, Nicolae Radu. Es fällt auf, daß – mit Ausnahme des Schauspielers Ion Caramitru – keiner der Künstler und Intellektuellen, die die Front während der heißen Phase der Revolution auf ihren (Aushänge-) Schild gehoben hatte, in den Kreis der inneren Führung aufgenommen wurde. Auch Vertreter der Armee sucht man in dem Gremium vergebens: Ihnen wurden lediglich Posten in der sogenannten »Regierung der Technokraten«, vor allem beim »Himmelfahrtskommando« des Wirtschaftsministeriums übertragen.

Bei näherem Hinsehen entspricht die Struktur der neuen Führung mit dem Rat als dem Äquivalent eines Zentralkomitees und mit seinem Exekutiv(Polit-)büro dem Schema einer Kaderorganisation. Entsprechend ist auch die hierarchische Struktur der Front angelegt. So schreibt das am 27. Dezember verabschiedete Dekretgesetz die Gründung von Räten auf der Ebene der Kreise, Städte und Gemeinden vor, die dem (obersten) Rat der FNR im Rang untergeordnet sind. Sie sind in ihrem jeweiligen Bereich mit weitreichenden Kompetenzen ausgestattet, die von der »Organisation« der Wirtschafts- und Handelstätigkeit über die Verwaltung, den Gesundheitsdienst, Kultur bis zur Sicherung von Ruhe und Ordnung reicht. Das Gesetz läßt keinen Zeifel daran aufkommen, daß die neue Führung sich anschickt, die – wie es im Text wörtlich heißt – »Machtstrukturen des ehemaligen diktatorischen Regimes, die aufgelöst sind und bleiben« zu übernehmen, ohne den Apparat als solchen anzutasten: Der jeweilige »Apparat« der örtlichen Verwaltungsgremien sowie der gesellschaftlichen und kulturellen Institutionen werde seine Tätigkeit im Rahmen der bisherigen Struktur weiterführen.

Unter der versprochenen Gewaltenteilung versteht die neue Führung offenbar die Einteilung der ihr nahestehenden Politiker in solche, die im parteiähnlichen Apparat der FNR tätig sind, und solche, die Aufgaben in der Regierung sowie in den untergeordneten staatlichen Verwaltungseinheiten wahrnehmen. Premierminister Petre Roman ist kein Mitglied der FNR. Auch die Bürgermeister und deren Stellvertreter sowie andere hohe Mitarbeiter der örtlichen staatlichen Verwaltungseinheiten dürfen, einer neuen gesetzlichen Regelung zufolge,[26] den jeweiligen örtlichen Räten der FNR nicht angehören. Die staatlichen Verwaltungsorgane sind jedoch an die Weisungen der jeweiligen örtlichen Räte der Front gebunden.

Die These von der Front als Quasi-Partei wird auch dadurch bestätigt, daß die FNR Anfang Januar damit begann, landesweit in den Betrieben Räte der FNR ins Leben zu rufen, die eine fatale Ähnlichkeit mit den ehemaligen Basisorganisationen der früheren KPR in den Betrieben aufweisen. Um den demokratischen Schein zu wahren, verweist die neue Führung darauf, daß auch die so entstehenden Betriebsstrukturen nur provisorisch gemeint seien. Sobald sich freie Gewerkschaften in den Betrieben bildeten, könnten sie den Betriebsgruppen der Front beitreten und deren Aufgaben übernehmen.[27]

Sofort nach ihrer gesetzlich verankerten Selbsternennung ging die neue Führung eifrig daran, den in Aussicht gestellten »nationalen Konsens« herzustellen und das so gern zitierte »Machtvakuum« zu füllen, das der Sturz Ceausescus hinterlassen habe. Die Bilanz von 22 Tagen[28] Arbeit der neuen Mannschaft unter dem Vorsitzenden des Rates der Front, Ion Iliescu, und seinem neuen Ministerpräsidenten Petre Roman ist beeindruckend, um nicht zu sagen: erdrückend. Der Führung geht es offenbar nicht nur darum, einen Rahmen für künftige Entwicklungen bereitzustellen. Vielmehr will man so schnell wie möglich Fakten schaffen, die – beispielsweise von einer frei gewählten Regierung – nicht so leicht rückgängig gemacht werden können. Und man will, so hat es den Anschein, auch all jene

26 *Monitorul Oficial*, Nr. 4, 8. 1. 1990.

27 *Romania Libera*, 12. 1. 1990.

28 Zum Zeitpunkt der Abfassung dieses Kapitels lagen Gesetzblätter für den Zeitraum zwischen dem 27. 12. 1989–17. 1. 1990 vollständig vor.

mit Posten und Pöstchen belohnen, die sich um die Front zu irgendeinem Zeitpunkt verdient gemacht haben.

Bereits wenige Wochen nach dem Umsturz steht fest: Die FNR hat ihre Macht als ad-hoc-Gesetzgeber genutzt. So wurden innerhalb der genannten Frist 60 Gesetze und Verordnungen des Diktators außer Kraft gesetzt und 154 neue Verordnungen und Gesetze erlassen. Es wurden 17 Minister der Ceausescu-Ära in die Wüste geschickt, dafür 2 stellvertretende Ministerpräsidenten, 27 Minister, 57 Vizeminister, 3 Staatssekretäre, ein Staatsanwalt und zahllose Leiter alter und neuer Institutionen im Bereich von Wirtschaft, Banken und Handel neu ernannt.[29] Wichtige Botschafterposten – unter anderem in Moskau, Washington, Paris, Bonn, Bern – wurden neu besetzt. Mit besonderer Hingabe nahm sich die neue Führung der Streit- und Sicherheitskräfte an. Auf diesem Gebiet wurden einige grundlegende strukturelle Änderungen vorgenommen, von der Eingliederung der Truppen des Innenministeriums in das Verteidigungsministerium über die formelle Abschaffung der sogenannten Securitate bis hin zur Auflösung des Obersten Politischen Rates der Streitkräfte. Die personellen Änderungen, die an der Spitze des Verteidigungs- und des Innenministeriums innerhalb dieser kurzen Zeitspanne vorgenommen wurden, sind ebenfalls bemerkenswert; acht Generale der Streitkräfte wurden in die Reserve versetzt, darunter der Kommandant der Militärischen Marine, Musat, die drei ranghöchsten Offiziere aus der abgeschafften politischen Leitung (darunter auch Ilie Ceausescu, der Bruder des hingerichteten Diktators) und der einstmalige Verteidigungsminister Constantin Olteanu, der 1985 von Vasile Milea abgelöst worden war. Der Erste Stellvertretende Verteidigungsminister Atanasie-Victor Stanculescu wurde aus dieser Funktion entlassen (die Front ernannte ihn zum Wirtschaftsminister), ebenso der stellvertretende Verteidigungsminister Nicolescu. 26 Generale wurden befördert (darunter Militaru, Stanculescu, Voinea) und 26

29 Die weibliche Form der jeweiligen Berufsbezeichnungen erübrigt sich, da sich unter all den neuen Funktionsträgern keine einzige Frau befindet.

Obersten in den Generalstand erhoben. 18 ehedem von Ceausescu in die Reserve versetzten Generale wurden in den aktiven Dienst zurückbeordert, zwei von ihnen erhielten sogleich wichtige Positionen: General Militaru wurde zum Verteidigungsminister ernannt, General Nicolescu zu seinem Stellvertreter.

Eine ähnlich weitreichende Umwälzung fand im Bereich des Innenministeriums statt. Bisher wurde nur Ceausescus Innenminister Tudor Postelnicu vor Gericht gestellt und zu lebenslanger Haft verurteilt. 28 Generale, darunter die Stellvertretenden Innenminister Stamatoiu, Bucurescu, Danescu und Iulian Vlad, zugleich auch Chef der berüchtigen Securitate, sowie der Chef von Ceausescus persönlicher Garde, General Neagoe, wurden kommentar- und straflos in die Reserve versetzt. Elf Generale erhielten eine Beförderung, darunter der zum neuen Innenminister ernannte General Chitac sowie zwei weitere neuernannte Innenminister, die Generale Diamandescu und Andrita. Zwei ehemalige hohe Milizoffiziere (Pop und Moldoveanu), die Ceausescu in den Ruhestand versetzt hatte, wurden reaktiviert und mit der Leitung der in Polizei umbenannten Ordnungsbehörde betraut.

Doch damit nicht genug: Im Untersuchungszeitraum wurden 19 Ministerien umorganisiert oder neu geschaffen, mehrere neue Nationalkommissionen an die Stelle der aufgelösten Nationalkomitees von Ceausescus Gnaden gesetzt, bisherige Organisationsstrukturen auf der Ebene der Unternehmen und Außenhandelsbetriebe neu geschaffen oder reorganisiert. Es wurden vier neue wissenschaftliche Institute gegründet, weitere umgestaltet und ein neues Funktionsstatut der rumänischen Akademie festgelegt. Außerdem sind zahlreiche Änderungen der Gesetzgebung zu verzeichnen, einige davon auch im Verfassungsbereich. Der nur scheinbar blinde Aktivismus der neuen Führung hat ebenfalls schon den Spott des Karikaturisten herausgefordert. »Und nun« – läßt er den auf seiner Zeichnung dargestellten Fernsehsprecher sagen – »werden wir ihnen die Verordnungen vorstellen, die alsbald wieder zurückgenommen werden«.

Schuld – und keine Sühne?

Für die Bevölkerung ist es inzwischen tägliche Erfahrung, mit Ausnahme der Spitzen der Hierarchie, überall wieder den alten Bonzen und Bürokraten zu begegnen, deren man sich durch die Revolution zu entledigen gehofft hatte. Damit aber wächst die Empörung über jene in der neuen Führung, die nicht zuletzt dadurch konsensfähig geworden waren, daß sie versprochen hatten, die Übeltäter des Regimes einer gerechten Strafe zuzuführen. Die Haltung der neuen Führung, die durch ihre Anti-Ceausescu-Kampagne die Emotionen der Menschen zusätzlich angeheizt hatte, war dennoch von Anfang an zweideutig gewesen. Zwar hatte sich Ion Iliescu mit Meldungen über die gelungene Festnahme des einen oder anderen Mitglieds der unheiligen Familie oder anderer Mitläufer zu profilieren gesucht, doch seine vage Voraussage, »die Zeit der gerechten und harten Verurteilung durch das Volk wird kommen«, war kein Versprechen. Auch Ceausescus Nomenklatura schien von Iliescus Drohgebärde wenig beunruhigt: Gheorghe Oprea, ehedem Erster Stellvertretender Ministerpräsident und Mitglied des Ständigen Büros des Politischen Exekutivkomitees, kehrte zwei Tage nach Ceausescus Sturz seelenruhig von einem Staatsbesuch in der Türkei nach Rumänien zurück.[30] Iliescu stellte sich auch weiterhin schützend zwischen die angeblich Gejagten und die wütende Bevölkerung. In einem am 29. 12. erlassenen Aufruf verurteilte der Rat der FNR »terroristische« Anschläge auf »einige Kommunisten oder andere Elemente des alten Regimes«. Nach der Hinrichtung von Nicolae und Elena Ceausescu wurde die Todesstrafe abgeschafft. Doch je häufiger »Liebe und Vergebung«[31] in den Medien gepredigt wurde und je nachdrücklicher die Vertreter der neuen Führung die These

---

30 »Mein Regime wird niemals fallen. Ich werde alles tun, um die Entwicklung des Sozialismus in Rumänien zu unterstützen«, äußerte er zu Befürchtungen, die neue Führung werde ihn verhaften lassen; *Reuter*, 26. 12. 1989.

31 *Romania Libera*, 29. 12. 1989.

verbreiteten, unter Ceausescu seien alle schuldig geworden[32] und daher könne sich niemand zum Richter seines Nächsten berufen fühlen, desto mehr steigerte sich die Wut der Bevölkerung angesichts der Verzögerungstaktik der Führung. Ein junger Arbeiter äußerte sich gegenüber einem Korrespondenten:[33]

»Wir haben die Revolution nicht gemacht, um die Führenden der Vergangenheit untereinander auszutauschen. Wir wollen den Tod Nicu Ceausescus. Den Tod all der anderen Würdenträger der Diktatur. Den Tod aller Kommunisten. Wir wollen den Kommunismus unter unseren Füßen zerstampfen. Wir hassen!«

Doch nicht nur in Rumänien – auch im Westen wurde man aufmerksam. Zu Beginn des Jahres 1990 sah sich der Rat der Front in seiner Eigenschaft als Ankläger und Richter in Personalunion gezwungen, auf Fragen von Reportern zu erklären, 60 einstmals enge Mitarbeiter Ceausescus befänden sich in Haft, alle »Übeltäter« des alten Regimes würden vor Gericht gestellt.[34] Silviu Brucan bestätigte zwar die Zahl der Verhafteten, verwies jedoch darauf, daß die meisten von ihnen nicht wegen politischer Verbrechen vor Gericht gestellt würden, sondern wegen Betrugs, Veruntreuung öffentlicher Gelder und dergleichen.[35] In einem Interview mit der fanzösischen Zeitung *Le Monde* machte Premier Roman weitere Einschränkungen, die den Wahrheitsgehalt der vorhergegangenen Äußerungen in Frage stellten. Roman sagte, es seien nur einige wenige Mitglieder der alten Garde wegen begangener Verbrechen unter Anklage gestellt und in Haft genommen worden; die anderen befänden sich – »nicht zuletzt zu ihrem eigenen Schutz – unter Hausarrest«. Hinsichtlich der Familie Ceausescus meinte Roman an anderer Stelle[36], Ceausescus Kinder – Nicu, Zoe und der Adoptivsohn Valentin, ein Physiker, waren als festgenom-

---

32 Kulturminister Andrei Plesu in: *Die Tageszeitung*, 11.1.1990.
33 *Le Quotidien de Paris*, 15.1.1990.
34 Der Sprecher des Außenministeriums, *Associated Press*, 3.1.1990.
35 *London ITV Television Network*, 3.1.1990.
36 *Der Spiegel*, 8.1.1990.

men gemeldet worden – stünden »unter dem Schutz«, eine Formulierung, die angesichts des Gerüchts über Petre Roman und die Ceausescu-Tochter Zoe einen besonderen Klang erhält. Auch die Generale des Clans – gemeint sind Ilie, ehemals Stellvertretender Verteidigungsminister, und der Securitate-General Nicolae Andruta – »seien nicht gefährlich«, und die übrigen Geschwister »interessieren uns nicht«.

Am 13. Januar zwang eine wütende Menschenmenge drei Mitglieder des Rates der FNR, Iliescu, Roman und Mazilu, die sich vor den Demonstranten in Panzern versteckt hatten, zwei Dekrete zu unterzeichnen, welche die Wiedereinführung der Todesstrafe und einen Volksentscheid über ein Verbot der Kommunistischen Partei versprachen. In der Menge waren auch Rufe nach einer baldigen Aburteilung der Schuldigen des alten Regimes skandiert worden. Einen Tag danach wurden die beiden Verordnungen wieder zurückgenommen, doch die Führung stellte den baldigen Beginn der Gerichtsverhandlung gegen vier ehemalige hohe Mitarbeiter Ceausescus in Aussicht: gegen das Mitglied des Ständigen Büros und ZK-Sekretär Emil Bobu, den Ersten Stellvertretenden Ministerpräsidenten und ebenfalls Mitglied des Ständigen Büros Ion Dinca, Manea Manescu, den Stellvertretenden Staatsratsvorsitzenden, und Innenminister Tudor Postelnicu.[37] Auch brachte das rumänische Fernsehen am selben Abend einen Film, der mehrere Angehörige Ceausescus und ehemalige hohe Parteifunktionäre, in Erwartung ihrer Aburteilung in Häftlingskleidung zeigte. Am 19. Januar veröffentlichte Generalstaatsanwalt Gheorghe Robu[38] erstmals eine Liste von – inzwischen nur noch 31 – ehemaligen Funktionären, die verhaftet seien und sich unter Anklage befänden. Das bedeutet: Die Hälfte der ehemaligen Mitgliederdes Politischen Exekutivkomitees und des ZK-Sekretariats wurden nicht unter Anklage gestellt. Doch dadurch ließen sich die Gerüchte nicht zum Schweigen bringen: War Ceausescus langjähriger Außenminister Stefan Andrei aus dem

37 *Radio Bukarest*, 14. 1. 1990.
38 *Adevarul*, 19. 1. 1990.

Gefängnis befreit worden? Generalstaatsanwalt Robu bestritt es. Zwei der von Robu genannten und vom Fernsehen im gestreiften Armesünderanzug vorgeführten Häftlinge, Ana Muresan und Dumitru Popescu, waren zur gleichen Zeit bei den Versorgungsbehörden gesehen worden, wo sie sich um die Abwicklung ihrer Rentenangelegenheiten bemühten.[39] Ion Catrinescu, ein ehemaliger Stellvertretender Sekretär des Zentralkomitees, hat sogar für sich und seine Ehefrau um Unterstützung als Revolutionsgeschädigter angesucht – mit Erfolg.[40]

Auch um die Ceausescu-Familie ist es auffallend ruhig geworden. Ilie und Nicolae Andruta Ceausescu, die beiden Generale, wurden in die Reserve entlassen; im April wurde Nicolae Andruta vor Gericht gestellt. Der Prozeß gegen Nicu wird ohne Angabe von Gründen weiter verschoben. Dem Protokoll der Sitzung des von Nicu geleiteten Kreisparteikomitees zufolge, das in der Presse veröffentlicht wurde,[41] hat Nicu persönlich den Befehl für den Kreis gegeben, ohne Vorwarnung mit scharfer Munition auf die demonstrierende Menge zu schießen. Die Führung scheint sowohl belastende Aussagen Nicus zu fürchten, wie auch die Reaktion der Bevölkerung auf jeden anderen Urteilsspruch als die inzwischen abgeschaffte Todesstrafe.

Anti-Kult als Vergangenheitsverdrängung

Am 27. Dezember 1989 war die FNR mit der Behauptung angetreten, sie habe sich, gestützt auf die rumänische Armee, in schicksalshafter Stunde als Sammelbewegung aller »gesunden Kräfte des Landes« konstituiert, die sich in den »Jahren der totalitären Tyrannei für Freiheit und Würde« erhoben haben. Bei ihrem Machtantritt erklärte sie alle »Strukturen des Ceausescu-Clans« für aufgelöst und die Regierung für abgesetzt. Die Tätigkeit des Staatsrats und »seiner Institutionen« – gemeint ist

---

39 *Romania Libera*, 13. und 14. 1. 1990.
40 *Romania Libera*, 26. 1. 1990.
41 *Adevarul*, 9. 1. 1990.

die Große Nationalversammlung (das rumänische Parlament), aber auch der Verteidigungsrat – sei eingestellt worden. Die gesamte Macht im Staat einschließlich der Kontrolle über die Streitkräfte werde vom Rat der FNR übernommen.

Zu seinen Lebzeiten hatte der rumänische Staats- und Parteichef sich in überschwenglichen Lobeshymnen als den »großen Architekten des modernen Rumäniens«[42] feiern lassen. In dem Maße jedoch, in dem die Bevölkerung dieses vielgelobte Bauwerk Rumänien als Gefängnis und Armenhaus zugleich zu empfinden begann, stieß dieser organisierte Kult landesweit immer mehr auf Ablehnung. »Ceausescu« – so die Panegyrik des Dichters Ion Gheorghe zum 65. Geburtstag des Diktators – »ist das, was dem Volk nicht mehr genommen werden kann. Ceausescu ist dort, wo das Volk angekommen ist und von wo niemand es je fortschicken kann«. Der Dichter irrte: Das Volk nahm sich die Freiheit, den Diktator fortzuschicken und seine Geschichte an jenem Punkt wiederaufzunehmen, wo die Diktatur eingesetzt hatte.

Die neue Führung nun war sich der Bedeutung bewußt, die die auch stark emotionale Ablehnung des Conducators bei der gesamten Bevölkerung für die Herstellung des nationalen Konsens besaß. Die neuen Männer an der Spitze, allen voran der ehemalige Leiter der ZK-Propaganda-Abteilung und begabte Kommunikator Ion Iliescu, kurbelten eine großangelegte Enthüllungskampagne über die unheilige Familie der Ceausescus an, die auf zweierlei abzielte: Die Wut der Bevölkerung zu kanalisieren und die billige Sensationsgier der westlichen Medien zu befriedigen.

Die ersten Gesetze, die die Front außer Kraft setzte, betrafen die Nicolae und Elena Ceausescu im Laufe der Jahre verliehenen Orden und Auszeichnungen: Sie wurden ihnen aberkannt. Auch die Rumänische Akademie, zu deren Ehrenvorsitzenden Nicolae und zu dessen Mitglied Elena Ceausescu sich hatten küren lassen, erkannte beiden diese »gezwungener-

42 Ilie Purcaru in: *Flacara* Nr. 3, 21.1.1990.

maßen verliehenen«[43] Titel wieder ab. Die Fernsehbilder von der Gefangennahme der Ceausescus, ihres ebenso verhaßten Sohnes Nicu und ihrer skandalumwitterten Tochter Zoe gehörten zu den – aus der Sicht der Bevölkerung – wichtigsten Episoden der Revolution, die sie live am Bildschirm miterleben konnten. Die jahrelang gedemütigten Menschen bekamen Bilder aus der Villa Ceausescus in der Bukarester »Straße des Frühlings« vorgeführt und konnten genüßlich bei dem verweilen, was ein Korrespondent[44] treffend als »den Versuch eines Kleinbürgers, sich mit dem goldenen Glamour eines Ölscheichs zu umgeben«, bezeichnet hat. Doch nicht genug mit Goldkitsch in Bad und Klo, mit Kleiderschränken prall gefüllt mit Pelzen, französischer Haute Couture und straßbesetzten italienischen Modellschuhen – Bilder, die bei den Menschen, die selbst jahrelang Mangel und Not erdulden mußten, berechtigte Empörung auslösten; landesweit regte sich so etwas wie Schadenfreude, als anhand der nun entdeckten Schulzeugnisse von »Doktor Ingenieur Akademiemitglied« Elena Ceausescu schwarz auf weiß bewiesen werden konnte, was insgeheim jeder geahnt hatte: Die »Wissenschaftlerin von Weltruf« hatte in Wahrheit nur vier Klassen absolviert und auch dabei war sie zweimal sitzengeblieben. Doktortitel und Mitgliedschaft in der Rumänischen Akademie hatte sie nur durch handfeste Pressionen erreicht, wobei erstmals bekannt wurde, daß der prominente Chemiker und Hochschullehrer Costin Nenitescu sich dagegen gesträubt hatte, Elena Ceausescu zur Doktorin der Chemie zu promovieren. Die sensationellen, vom rumänischen Fernsehen wiederholt gesendeten Szenen, in denen die ehemals übermächtigen »Führer« von ihren Podesten gestürtzt waren und wie Raubtiere im Käfig vorgeführt wurden, boten so etwas wie eine kollektive Kompensation für die jahrelangen Leiden und Erniedrigungen, denen die Nation ausgesetzt gewesen war. Die Begleittexte zu diesen Fernsehbildern lassen die zugrundliegende politpädagogische Absicht deutlich her-

43 *dpa*, 28.12.1989.
44 Carl E. Buchalla in: *Süddeutsche Zeitung*, 5.1.1990.

vortreten. Folgender Kommentar[45] begleitete die Fernsehbilder, die die Verhaftung der provozierend dreinblickenden Ceausescu-Tochter Zoe am Heiligabend zeigten:

»Das Fernsehen zeigte unglaubliche Szenen vom Lotterleben, das auch dieses Mitglied des abscheulichen Clans geführt hat. Unter den Gegenständen, die hier sichergestellt wurden, befand sich eine große Menge Devisen, sehr wertvolle Schmuckstücke, Originalgemälde aus öffentlichem Besitz und – kaum zu glauben, aber wahr – ein goldenes Besteck und sogar eine gleichfalls ganz aus Gold gefertigte Waage in Originalgröße. Dies sind neue, aber nicht die einzigen Beweise für das Luxusleben, das sie auf der Grundlage der ehrlichen und schweren Arbeit eines ganzen Volkes geführt haben und das zur Verarmung und Ausplünderung der gesamten Nation geführt hat. Der Tyrann sprach immer von Aufschwung und Wohlstand, aber dabei dachte er wahrscheinlich an Aufschwung und Wohlstand innerhalb der eigenen Familie.«

Das Fernsehen ließ bei der Gelegenheit auch den Mann bzw. die Frau auf der Straße zu Wort kommen, die ihrem Haß auf die Ceausescus erstmals in ihrem Leben öffentlich Luft machen durften: »Laßt sie nicht schnell sterben!«, war dabei zu hören, und: »Sie sollen hingerichtet werden wie Brancoveanu!« – gemeint ist der walachische Fürst Constantin Brancoveanu, der 1714 zusammen mit seinen Söhnen in Istanbul exekutiert worden war.

Gelegentlich arteten die Rituale des gegen Ceausescu gerichteten Anti-Kults in kollektiven Exorzismus aus, einprägsam etwa die Szene, die den ehemaligen Museumswächter in Ceausescus gehätscheltem und zur Kleinstadt hochgepäppelten Geburtsort Scornicesti zeigte, wie er ein Großporträt des abgesetzten Diktators von der Wand nahm und, »Teufel« und »Monster« brüllend, mit einem Flaggenstiel durchbohrte. Derselbe Museumskustos, der noch vor wenigen Tagen Schulkinder und andere Scornicesti-Pilger mit dem Leben und Wirken des eben noch »geliebtesten« und »legendären Mannes des Va-

---

45 *Radio Bukarest*, 24.12.1989.

terlandes«[46] bekannt gemacht hatte, tanzte nun auf dem Familiengrab der Ceausescus.[47] Nur wenige Tage trennten den »Titanen« vom »Satan«, den »weltlichen Gott«[48] vom »Teufel« Ceausescu. Dabei fällt auf, daß die Verteufelung Ceausescus mit derselben Ausschließlichkeit und ritualisierten Hingabe zelebriert wurde wie der ihm zuvor dargebrachte Kult. Vor das Bild der unterernährten Zweitkläßler einer ärmlichen Dorfschule, die sich vor westlichen Fernsehkameras mit dem Siegeszeichen und der Revolutionslosung »Olé, olé, olé, Ceausescu nu mai e« (Olé, olé, olé, Ceausescu ist nicht mehr) produzierten, schoben sich unwillkürlich die früheren Bilder fähnchenschwingender »Falken des Vaterlandes«, die vor kurzem noch brav »Ceausescu – PCR« (Ceausescu – RKP) und »Ceausescu, Romania – stima noastra si mandria« (Ceausescu – Rumänien, unsere Ehre, unser Stolz) deklamiert hatten.

Die Serie der Enthüllungen über die Besitzungen der Ceausescus, beginnend mit den Prunkvillen in und um Bukarest über diverse ehemalige Königsschlösser und Jagdchalets bis hin zu den Palästen an der Schwarzmeerküste beschäftigte die Presse einige Wochen lang, doch dann machte sich Ernüchterung breit. Viele wurden das Gefühl nicht los, daß hier nicht 40 Jahre kommunistischer Vergangenheit bewältigt, sondern daß ein Popanz aufgebaut werden sollte, der von den wahren Ursachen der nationalen Katastrophe ablenken sollte und der geschickt verbarg, daß die anderen Mitverantwortlichen und die Verfechter des alten Regimes immer noch – oder wieder – am Ruder waren. Während die Vergangenheit auf das Phänomen Ceausescu reduziert wird, mehren sich die Fragezeichen im Zusammenhang mit dem, was wirklich während der sogenannten »Revolution« geschehen ist. Wieviel Tote hat das Land wirklich zu beklagen? Wo sind die Toten, die in den ersten Tagen des Aufstands in Temesvar in Bukarester Krematorien überführt wurden? Welchem Ziel diente die maßlose Übertreibung

---

46 *Luceafarul* Nr. 4, 29. 1. 1983 und *Contemporanul* Nr. 5, 26. 1. 1983.
47 *Knight-Ridder Newspapers*, 29. 12. 1989.
48 *Saptamina*, 25. 1. 1980.

der Opferbilanz durch die Führung? Kann man dieser Führung glauben, wenn sich auf Schritt und Tritt neue Abgründe der Lüge auftun? Weshalb werden die Akten der Securitate nicht geöffnet, sondern, wie immer wieder zu hören ist, beiseite gebracht und vernichtet?

Als der ehemalige Besitz der RKP auf Druck der Bevölkerung hin enteignet und in Staatseigentum überführt wurde, gab die neue Führung erstmals einen Blick frei auf die Art und das Ausmaß des Reichtums, über den die Rumänische Kommunistische Partei verfügt hatte. Allein die Zahl der von der Familie Ceausescu genutzten Paläste und Villen der RKP – 21 in und um Bukarest und 41 in den anderen Landesteilen nebst 22 Jagdhütten – ist schockierend. Empört dürfte die rumänische Bevölkerung jedoch auch auf die Auflistung der Wirtschafts- und Handelsunternehmen in Parteihand reagiert haben, die 48000 Angestellte beschäftigten und jährlich Waren und Dienstleistungen im Wert von 16 Milliarden Lei verzeichnen konnten, dazu die 555000 ha Ackerfläche, die von 45 landwirtschaftlichen Produktionsbetrieben bearbeitet wurden und die alle für das Wohl der »oberen Parteiorgane« sorgten.[49] Im Zuge der neuerlichen Verschlechterung der Versorgungslage empfanden viele Bürger die detaillierten Enthüllungen über die kulinarischen Exzesse der Ceausescus als »unanständig«: »Sie schreiben immer noch über das, was die Ceausescus zu essen pflegten, und unser Volk leidet Hunger«, klagte ein Student.[50]

Sympathiewerbung durch populistische Sofortmaßnahmen

Am Abend des 22. Dezember wandte sich die FNR in einem über Rundfunk und Fernsehen verlesenen Kommunique[51] an die Bevölkerung, in dem sie die Ziele ihrer Politik erläuterte:

49 *Monitorul Oficial*, Nr. 12, 19.1.1990.
50 *AP*, 9.1.1990.
51 *Monitorul Oficial*, Nr. 1, 22.12.1989.

Demokratie, Einführung eines Mehrparteiensystems, Abhaltung freier Wahlen im April, Gewaltenteilung, Wahrung der Menschen- und Minderheitenrechte, »Umbau« der Wirtschaft gemäß den Prinzipien von Rentabilität und Wirtschaftlichkeit. Der Versorgung der Bevölkerung sollte absoluter Vorrang eingeräumt werden; die Reise- und Ausreisefreiheit wurde in Aussicht gestellt.

Innerhalb weniger Tage gewann die FNR bei allen Schichten der Bevölkerung sehr viel Sympathie und sicherte sich so einen erheblichen Popularitätsvorsprung gegenüber anderen politischen Akteuren der Nach-Ceausescu-Ära. Das »Rezept« – um den Begriff zu gebrauchen den Ion Iliescu in seiner Neujahrsansprache[52] verwendet hatte – bestand darin, die von Ceausescu oktroyierten unpopulären Gesetze zu annullieren und rasch Maßnahmen zur Verbesserung der Versorgung der Bevölkerung zu schaffen. Was ihr in den Augen der meisten, auch der jungen Rumänen den größten Prestigegewinn einbrachte, war die Abschaffung von Symbolen des kommunistischen Nachkriegsregimes. Zu Unrecht wurde dies als symbolisch geäußerte Absicht der neuen Führung gedeutet, den Kommunismus als solchen in Rumänien abschaffen zu wollen. Zu diesen eindeutig anti-kommunistischen Maßnahmen gehört die Abschaffung der Landesbezeichnung »Sozialistische Republik Rumänien«[53] und die Rückkehr zu dem vor 1947 üblichen Landesnamen »Rumänien«. Die Republik als Staatsform blieb bestehen. Das kommunistisch inspirierte Wappen wurde aus der Landesflagge in den traditionellen Farben Blau-Gelb-Rot herausgeschnitten. Damit paßte man sich der revolutionären Praxis an, wie sie während des Umsturzes überall im Lande vorexerziert worden war. Auch die unmittelbar nach der kom-

---

52 *Monitorul Oficial*, Nr. 1, 8. 1. 1990.

53 Diese Landesbezeichnung war in der Tat nach der Machtübernahme Nicolae Ceausescus im Juli 1965 eingeführt worden; der zwischen dem 30. 12. 1947 (dem Datum der Absetzung des rumänischen Königs Michael seitens der neuen kommunistischen Machthabern) und dem Juli 1965 gebrauchte Landesnahme »Rumänische Volksrepublik« war jedoch in der Bevölkerung eher noch verhaßter gewesen.

munistischen Machtübernahme eingeführte Anredenorm »Genosse« wurde gesetzlich abgeschafft. Die neue Führung veranlaßte zudem bemerkenswerte Änderungen der Strafgesetzgebung und der Strafprozeßordnung, die die Bevölkerung als eindeutige Absage an das ideologisch verfestigte System der Diktatur auffassen mußte. Hierzu gehört die Aufhebung des Straftatbestands der Sabotage, der Verleumdung einer staatlichen Institution in der Öffentlichkeit, der Propaganda gegen die sozialistische Gesellschaftsordnung, des unerlaubten Grenzübertritts und des Verrats von Geheimnissen, die öffentliche Interessen berühren. Es wurde eine Amnestie für bisher durch Strafgesetzgebung und Sondergesetze kriminalisiertes politisches Verhalten – Protest gegen Diktatur und Personenkult, Eintreten für Menschenrechte, Bürgerrechte und Demokratie – verkündet, die nach dem 30.12.1947 begangen worden waren. Hinzu kam eine Maßnahme, die der neuen Führung besonders bei den Studenten Sympathien einbrachte: Am 14.1.1990 wurde ein Beschluß der neuen Regierung veröffentlicht, aufgrund dessen Studenten, die aus politischen und religiösen Gründen von den Hochschulen relegiert worden waren, ab sofort wieder zum Studium zugelassen wurden.

Bei der von Ceausescus Austeritätspolitik der letzten Jahre arg gebeutelten Bevölkerung waren die wirtschaftlichen Sofortmaßnahmen besonders willkommen. Die neue Führung verfügte einen sofortigen Exportstopp für Lebensmittel und warf alle im staatlichen Reservefonds verfügbaren Vorräte auf den Markt. »Dank« der von Ceausescu betriebenen Sparpolitik konnten seine Nachfolger auf Devisenreserven zurückgreifen und Lebensmittel wie Südfrüchte und Kaffee importieren, die jahrelang nicht mehr erhältlich gewesen waren. Auch die 1981 vom Diktator verfügte Lebensmittelrationierung wurde zurückgenommen, die Einschränkungen und Preisaufschläge im Bereich des privaten Verbrauchs von elektrischem Strom und Gas aufgehoben. Die für den privaten Verbrauch bestimmten Strom- und Gaslieferungen seien um 40 bis 50% höher als in der entsprechenden Periode des Vorjahres, sagte Iliescu in seiner Neujahrsansprache. Zudem wurden mehrere Gesetze annulliert[54] die der Bevölkerung jahrelang zusätzliche finanzielle Belastungen und »freiwillige« unbezahlte Arbeitsleistungen auferlegt hatten.

Zu den meistgehaßten Gesetzen der Ceausescu-Ära, die von der neuen Führung unmittelbar nach ihrer Machtübernahme aufgehoben wurden, gehörten jene, die in besonderem Maße in die Privatsphäre der Menschen eingriffen, etwa das bereits 1966 erlassene Dekret über die »Reglementierung«, d. h. das Verbot des Schwangerschaftsabbruchs, einschließlich der entsprechenden Paragraphen des Strafgesetzbuches, das Spar-Programm zur »wissenschaftlichen« Ernährung der Bevölkerung und das Gesetz über die sogenannte »Systematisierung«, von dem viele Menschen Haus und Hof bedroht sahen.

Anfangs gab es nicht nur mehr Brot, es gab auch mehr Freiheit, als viele Rumänen sich hatten träumen lassen. Die Menschen konnten sich in ihrem eigenen Land wieder frei bewegen. Gesetze und Dekrete wurden aufgehoben, die den Zuzug in die Großstädte unterbunden und es den Staatsangestellten und Parteifunktionären zur Pflicht gemacht hatten, sich dort niederzulassen, wo sie einen Arbeitsplatz gefunden hatten – letzteres zugleich ein Zugeständnis an breiteste Schichten der Bürokratie und Intelligenz. All jene Regelungen wurden für null und nichtig erklärt, die Kontakte zwischen rumänischen Bürgern und Ausländern (Touristen, Diplomaten und Unternehmern) unter dem Vorwand der Notwendigkeit, Staatsgeheimnisse zu wahren, jahrelang erschwert oder verboten hatten. Die Aufhebung des Dekrets 225/1974, das es den rumänischen Bürgern verbot, Ausländer mit Ausnahme von Verwandten ersten Grades zu beherbergen, wurde von den Vertretern der ungarischen und deutschen Minderheit besonders begrüßt, weil dieses Gesetz in der Vergangenheit als eine gezielte Diskriminierung der Minderheiten empfunden worden war; dessen Aufhebung ist auch im Hinblick auf die angekündigte außenpolitische und außenwirtschaftliche Öffnung Rumäniens von Bedeutung.

---

54 Gesetz Nr. 1/1985 über die territoriale Selbstverwaltung und Gesetz Nr. 3/1982 über die Pflicht zum Kauf von Gesellschaftsanteilen.

Die versprochene Reise- und Ausreisefreiheit wurde gewährt und in einem neuen Paß- und Reisegesetz verankert. Danach hat jeder rumänische Bürger Anspruch darauf, daß ihm ein Paß ausgestellt wird: der bisher gültige Visazwang entfällt. Er hat das Recht, frei ins Ausland zu reisen. Zu den Einschränkungen dieses Rechts gehört allerdings ein »Gummiparagraph« alten Stils: Die Ausstellung eines Reisepasses kann dann verwehrt werden, wenn erwiesen ist, daß die ansuchende Person Tätigkeiten verrichtet, die gegen »die öffentliche Ordnung und Stabilität sowie die guten Sitten« gerichtet sind. Gegen die Verweigerung des Reisepasses durch die Behörden kann jedoch Einspruch erhoben werden. Die Höhe der Zahlungsmittel in Devisen, die reisewilligen Bürgern vom Staat für eine Auslandsreise zur Verfügung gestellt werden, soll nachträglich festgelegt werden. Rumänischen Exilanten wurde die Rückkehr gestattet.

Erstmals seit 42 Jahren sind in Rumänien fundamentale bürgerliche Rechte und Freiheiten wieder garantiert: Das Demonstrationsrecht, das Recht auf freie Meinungsäußerung, das Recht, unabhängige Parteien und Verbände zu bilden. Am 20. Mai 1990[55] werden erstmals seit 1946 freie Wahlen stattfinden.

Mit diesen Liberalisierungsschritten versuchte die FNR auch jenen gesellschaftlichen Gruppen – Journalisten, Künstlern und Studenten – entgegenzukommen, die sich während der heißen Phase der Revolution besonders hervorgetan hatten und sich auch weiterhin für die Front engagierten. Der ehemalige Verlagskoloß der ehemaligen Zeitung der ehemaligen Kommunistischen Partei, »Scinteia«, wurde in einen autonomen Verlag »Presa Libera« (Die freie Presse) umgewandelt. Sowohl der Verlag als Ganzes als auch die ihm zugehörigen Zeitungen und Zeitschriften werden sich selbst finanzieren. Um den Wegfall der Subventionen aufzufangen, dürfen alle Zeitungen Werbeanzeigen und private Kleinanzeigen drucken und Schenkungen annehmen. Am 20. Januar hat sich der erste »Verband

55 Der ursprünglich für April angesetzte Wahltermin wurde um einen Monat verschoben.

freier Journalisten und Druckergewerkschaften« seit mehr als 40 Jahren konstituiert mit dem Ziel, die Informationsfreiheit und das Recht der freien Meinungsäußerung gegen alle Reglementierungsversuche zu verteidigen. Gefordert wurde die Aussetzung des Pressegesetzes von 1874, die Wiedereinsetzung verfolgter Journalisten in ihre Rechte und die Rückgabe des Vermögens der Journalisten- und Druckergewerkschaften aus der Zeit vor 1947.[56]

Den Verbänden der Schriftsteller, Maler und Bildhauer, Komponisten, Schauspieler und Filmemacher wurde die Möglichkeit eröffnet, unabhängige Verbände zu bilden, deren »strukturelle, funktionale und wirtschaftliche Autonomie« garantiert wird. Als erste hatte die Führung des Schriftstellerverbands nach der Revolution getagt. Die alte Führung, deren Vorsitzender Dumitru Radu Popescu, ein langjähriges Mitglied des Zentralkomitees der Partei, infolge seiner engen Zusammenarbeit mit dem Ceausescu-Clan unwiderbringlich diskreditiert war, wurde entlassen. Dem neuen, bis zum geplanten Kongreß des Schriftstellerverbandes kommissarisch eingesetzten Leistungsgremium steht der Dichter-Dissident Mircea Dinescu vor.

Das Engagement der Studenten für den Umsturz des alten Regimes war außergewöhnlich groß, die Zahl der Opfer aus ihren Reihen erheblich. Mit dem Sturz Ceausescus, den sie von Anfang an als die große und einzige Chance für die grundlegende Neugestaltung der Gesellschaft begriffen haben, haben Studenten nicht nur in der Hauptstadt Bukarest, sondern auch in den anderen großen Universitätszentren des Landes ihre spezifischen Forderungen artikuliert; einige, aber bei weitem nicht alle sind von der Regierung des ehemaligen Hochschullehrers Petre Roman erfüllt worden. Dazu zählt beispielsweise die Abschaffung der seit 40 Jahren praktizierten, staatlich gelenkten Zuteilung der Hochschulabsolventen zu Arbeitsplätzen. Mit der Wiederaufnahme des Vorlesungsbetriebs Ende Januar wurde die Anwesenheitspflicht mit Ausnahme der Labor-

---

56 *Romania Libera*, 6.1.1990.

veranstaltungen abgeschafft. Die Regelung, derzufolge Studenten, die die Aufnahmeprüfung zu den Hochschulen geschafft hatten, erst einmal ihren Militärdienst absolvieren mußten, wurde ebenfalls aufgeschoben. Den Studenten wurde die Ausarbeitung eines neuen Unterrichtsgesetzes für den Sommer zugesagt, das die Autonomie der Hochschulen garantieren und die Zahl der Unterrichtsstunden für Schüler und Studenten sowie die Vorlesungsnormen für Lehrkräfte reduzieren soll.

Und schließlich die Minderheiten der Ungarn, Deutschen, Serben bis hin zu den Zigeunern, die sich erstmals öffentlich zu Wort meldeten. Eingedenk der Tatsache, daß die Initialzündung zur rumänischen Revolution von der Menschenkette um das Haus eines ungarischen Pastors in Temesvar ausgegangen war, hatten insbesondere die Vertreter der ungarischen Minderheit sowie deren Fürsprecher in Budapest hochgespannte Erwartungen gehegt. Die Führung versprach zwar die Ausarbeitung verfassungsmäßiger Garantien für die Wahrung der individuellen und kollektiven Rechte der Minderheiten auf dem Boden Rumäniens und zeigte auch für ihren Wunsch nach der Herstellung »normaler Beziehungen« mit ihren jeweiligen Mutternationen Verständnis. Allerdings, so der Rat der FNR in einer Anfang Januar verabschiedeten Erklärung,[57] dürften diese Beziehungen deren Loyalität Rumänien gegenüber nicht ins Wanken bringen. Dieser großzügig formulierte, jedoch reichlich vage Rahmen von Absichtserklärungen ist bisher nicht durch konkrete gesetzliche Regelungen ausgefüllt worden; möglicherweise will man damit bis zur Verabschiedung der in Ausarbeitung befindlichen neuen Verfassung, vielleicht aber auch bis nach den Wahlen warten. Immerhin ist die ungarische Minderheit im Rat der FNR gut vertreten: Karoly Kiraly, ein von Ceausescu abgefallener ehemaliger hoher Parteifunktionär und nachmaliger Dissident, wurde zum stellvertretenden Vorsitzenden ernannt, und Laszlo Tökes gehörte ihm als Mitglied an.

Im Hinblick auf die in Aussicht gestellte neue Religionsfrei-

---

57 *Radio Bukarest*, 5.1.1990.

heit, sind einige der von der neuen Führung in der Praxis gemachten Zugeständnisse sensationell zu nennen: die Wiederzulassung der 1948 nach sowjetisch-stalinistischem Vorbild verbotenen Unierten katholischen Kirche, die trotz der Extermination der meisten ihrer Bischöfe als Katakombenkirche überlebt hat, und die erste Rundfunkübertragung eines Gottesdienstes seit fast 45 Jahren. Es fehlt jedoch noch an der verfassungsmäßigen Absicherung und an der konkreten Ausgestaltung des von den Religionen gewünschten neuen Status. Zwar wurde das diskreditierte »Department der Konfessionen« durch ein »Ministerium der Konfessionen« ersetzt und der bekannte Mediaevist Nicolae Stoicescu zum Minister ernannt.[58] Schon jetzt läßt sich aber sagen, daß die Spannungen zwischen der Orthodoxen Staatskirche, der über 80 Prozent des rumänischen Mehrheitsvolks nominell angehören, und der seinerzeit mit ihr zwangsvereinigten Unierten Kirche wachsen werden, wenn die Führung der Front sich nicht bald dazu entschließt, die heikle Frage des ehemaligen Besitzes der Unierten – sie betrifft nicht zuletzt ihre im Jahre 1948 der Orthodoxen Kirche zugeschlagenen Gotteshäuser – einer Lösung zuzuführen.

Die unverhohlen populistische Zielsetzung hinter ihren Bemühungen um eine schnelle Hebung des Lebensstandards wurde von den Männern der Front nicht geleugnet. Man könne – so ihr Chefideologe Silviu Brucan – gar nicht schlechter wirtschaften, als dies unter Ceausescu geschehen sei: »Die Front will die Aprilwahlen auf einer Welle von Zitronen, Fleisch und Gas gewinnen.«[59] Man machte sich wenig Gedanken um die Lösung der neuen Probleme, die der Wirtschaft durch diese Maßnahmen über die bereits bestehenden Schwierigkeiten hinaus erwachsen könnten. Als die »Beruhigungspillen oder Placebos«[60] aufgebraucht und die Lager leer waren, zudem der Mangel an Nahrungs- und Futtermitteln sowie Saatgut kritische Ausmaße anzunehmen begann, bat die rumänische Füh-

58 *Monitorul Oficial*, Nr. 12, 19. 1. 1990.
59 *The Daily Telegraph*, 29. 12. 1989.
60 *Die Zeit*, 4. 1. 1990.

rung beim Katastrophenhilfswerk der Vereinten Nationen offiziell um Unterstützung.

Die Ernüchterung folgte der Euphorie auf dem Fuße. Die Aufhebung der Rationierung der Lebensmittel, die im wesentlichen auf Bukarest, das Schaufenster der Revolution, beschränkt geblieben war, wurde von der Regierung bereits am 6. Januar wieder zurückgenommen – für kurze Zeit und wegen des schlechten Wetters, wie die offizielle Begründung hieß.[61] Den Energiemangel konnte die gesetzliche Liberalisierung des Verbrauchs natürlich nicht beseitigen. In Häusern, Restaurants und in den öffentlichen Verkehrsmitteln war es so kalt wie eh und je. Eine Karikatur in der für ihre offenherzig-kritische Berichterstattung bekannten Tageszeitung *Romania Libera*[62] traf den Nagel auf den Kopf: Sie zeigt einen mit Pelzmütze, Fellhandschuhen und Winterstiefeln bekleideten Mann im Lehnstuhl in seiner Wohnung sitzen, der einem Rundfunkreporter ins bereitgehaltene Mikrophon sagt: »Wir freuen uns sehr über die Maßnahmen, die getroffen wurden, um für Wärme in unseren Wohnungen zu sorgen...«

61 *Reuter*, 6.1.1990.
62 11.1.1990.

4. Volkserhebung oder Staatsstreich?

Der Verlauf der »rumänischen Revolution« vom 16. bis 22. Dezember 1989 unterscheidet sich in zwei wesentlichen Merkmalen von den jüngsten politischen Umwälzungen in den anderen Staaten Osteuropas: In Rumänien fand ein Volksaufstand statt, der gegen das Ceausescu-Regime und gegen das kommunistische Herrschaftssystem zugleich gerichtet war, und zum Unterschied von den »sanften Revolutionen« der anderen osteuropäischen Staaten, wo die Auflösung der alten Führungsmannschaften gewaltfrei vor sich ging, kam es in Rumänien zur gewaltsamen Konfrontation. In den anderen Mitgliedstaaten des Warschauer Paktes hat die Sowjetunion Truppen stationiert oder sie hatte Zugriff auf die militärischen und Sicherheitsapparate und ermöglichte so den Führungswechsel. Im Falle Rumäniens fehlte Moskau dieses Instrumentarium; hier mußte zunächst der Ceausescu ergebene Macht- und Repressionsapparat ausgeschaltet werden, bevor sich eine neue Führung etablieren konnte.

Während seiner fast 25 Jahre währenden Amtszeit hatte Ceausescu mehrere Versuche unternommen, um die Armee und speziell das Innenministerium von jenen Kadern zu säubern, die in der Sowjetunion ausgebildet worden waren und gegenüber der Roten Armee bzw. dem KGB ein gewisses Maß an Loyalität bewahrt hatten. Die bedrohliche Lage, die für Rumänien dadurch entstanden war, daß die Bukarester Führung sich im August 1968 geweigert hatte, militärisch an der Seite der anderen Mitgliedsländer des Warschauer Pakts gegen den »Sozialismus mit menschlichem Gesicht« in der Tschechoslowakei zu intervenieren, zwang sie zum Umdenken. Eine neue, vom nationalen Sicherheitsinteresse bestimmte Verteidigungsdoktrin wurde entwickelt. Danach wurden die Streit- und Sicherheitskräfte des Landes der ausschließlichen Kommandogewalt ihres nationalen Oberbefehlshabers unterstellt. Im Jahre 1972 wurde die neue Doktrin in einem neuen Gesetz zur Landesverteidigung festgeschrieben. Dieses Gesetz sowie das zwei Jahre später geschaffene Amt des Staatspräsidenten, an welches die Funktion des obersten Befehlshabers der Streitkräfte gebunden wurde, bildeten die Voraussetzungen für Ceausescus Machtzuwachs in den 70er Jahren. Im Rückblick erhält die nach 1968 erarbeitete rumänische Verteidigungsdoktrin, die auf der Konzeption des Volkskriegs und der Territorialverteidigung beruhte und sich auf die Prinzipien von Souveränität und Unabhängigkeit berief, einen neuen, makabren Sinn. Die Einbindung der Truppen des Innenministeriums und der Staatssicherheit »Securitate« in dieses Verteidigungskonzept und die Umwandlung der gesamten zivilen Infrastruktur in ein Netz von unterirdischen Flucht- und Aufmarschwegen, Munitions- und Lebensmitteldepots sowie strategischen Stützpunkten lassen jetzt keinen Zweifel mehr daran, daß dieses System vorwiegend mit dem Ziel aufgebaut wurde, Ceausescus persönlicher Sicherheit und der Verteidigung seiner Vormachtsstellung durch eine ihm ergebene Prätorianergarde zu dienen. Daher stand in Rumänien sowohl Ceausescus Machterhalt als auch jeder Machtübergang mehr als in den anderen osteuropäischen Staaten im Ermessen der nationalen Streitkräfte und Sicherheitsorgane.

Die Lage in Rumänien am Vorabend der Volkserhebung vom Dezember 1989 wurde treffend mit derjenigen verglichen, die im Sommer 1943 vor dem Sturz des Faschismus in Italien geherrscht hat.[1] Da wie dort hatten sich unterschiedliche konspirative Gruppierungen gebildet, und überall wartete man auf die Aktion der anderen, um selber loszuschlagen. Zweifellos bieten sich auch Parallelen zur Lage in Rumänien am Vorabend des Staatsstreichs vom 23.8.1944 an, als Staatschef Marschall Ion Antonescu von einer Gruppierung gestürzt wurde, der neben König Michael und Teilen der rumänischen Generalität auch Vertreter der illegalen kommunistischen Partei angehörten.

Zwar ist es angesichts der unbefriedigenden Quellenlage

---

1 Viktor Meier, in: *Frankfurter Allgemeine Zeitung*, 6.1.1990.

noch schwierig, jene Gruppen und Personen exakt und umfassend zu bestimmen, die sich auf den »Tag X« vorbereitet hatten. Das liegt nicht zuletzt an der offenbar gezielten Desinformationspolitik der gegenwärtigen rumänischen Führung, die zu verhindern sucht, daß allzuviel Licht das Dunkel erhellt, welches die konkreten Umstände des Sturzes Ceausescus immer noch verhüllt.

Als sicher kann bis jetzt gelten: Die wenigen Funktionäre der RKP, die Ceausescu in den inneren Führungszirkel von Partei und Staat aufgenommen hatte, haben bei seinem Sturz keine Rolle gespielt. Sie waren nicht einfach loyal: Sie waren servil bis zur Selbstaufgabe. Die Möglichkeit eines »coup de parti« im Sinne einer geregelten, friedlichen Übernahme der Macht durch hohe Funktionäre des Ceausescu-Apparats in der Weise, wie sich der Übergang von Erich Honecker zu Egon Krenz in der DDR vollzogen hatte, war in Rumänien mit dem Abschluß des November-Parteitags vertan. Vor der Tonkulisse der von bestellten Claqueuren angeheizten Ovationen für Nicolae Ceausescu vollzog sich nur noch ein Nichtereignis. Keiner der Anwesenden wagte es, wie zehn Jahre zuvor der greise Mitbegründer der RKP, Constantin Pirvulescu, öffentlich die Abwahl Ceausescus zu fordern. Angesichts der gespannten Lage hatte allerdings auch Ceausescu darauf verzichtet, den Status seiner Frau Elena oder den seines Sohnes Nicu in der Parteihierarchie noch weiter aufzuwerten, wie er dies Gerüchten zufolge geplant haben soll. Nur ein einziger Funktionär – einer der Ersten Stellvertretenden Ministerpräsidenten, Ion Dinca – war neu in das Ständige Büro des Politischen Exekutivkomitees kooptiert worden. Die Ruhe auf dem Parteitag war gewahrt geblieben – doch es war, wie sich bald herausstellen sollte, die Ruhe vor dem Sturm.

Völlig unklar ist die Rolle, die einige Spitzenfunktionäre während der Unruhen in Temesvar gespielt haben. Dem Sitzungsstenogramm des Politischen Exekutivkomitees der RKP vom 17.12.1989[2] ist zu entnehmen, daß sich zu jenem Zeit-

---

2 *Romania Libera*, 10.1.1990.

punkt bereits zwei Sekretäre des Zentralkomitees, der für Sicherheitsfragen zuständige Ion Coman und der neuernannte Sekretär für Ideologie- und Propagandafragen, in Temesvar aufhielten. Der ehemalige Premierminister Constantin Dascalescu verhandelte am 21.12. mit Vertretern des dortigen Komitees für Sozialistische Demokratie, das ihm eine Liste seiner Forderungen übergab. Die westliche Presse erging sich in Gerüchten um den ehemaligen Kreisparteichef Temesvars, Radu Balan. Eine Zeitung[3] wollte erfahren haben, daß Balan mit dem Vorsitzenden des Komitees für Sozialistische Demokratie, Leon Fortuna, eine Art »revolutionaries' agreement« geschlossen habe: Der künftige Sieger, so sei vereinbart worden, würde sich um die Familie des Unterlegenen kümmern. Balan sei danach von der Securitate bewacht und nach dem Sturz Ceausescus zum Berater Fortunas ernannt worden. Tatsache ist, daß es Balan war, der am 22.12.1989 in Temesvar die Erklärung der Demokratischen Front von Temesvar verlesen hat.[4]

Am 22. Dezember schließlich, dem Tage von Ceausescus Sturz, beteiligten sich dann auch Mitglieder der alten Führung am Rennen um die Macht. Einige Vertreter des »ancien régime« schafften sogar den Sprung auf die Bühne der Tele-Revolution, wurden jedoch am Sprechen gehindert. Zur selben Zeit, als sich die Männer der Noch-Nicht-Front der Nationalen Rettung in einem Flügel des weitläufigen Zentralkomiteegebäudes trafen, bemühte sich in einem anderen Raum desselben Gebäudes Ilie Verdet, bis zuletzt Vorsitzender der Revisionskommission der RKP, mit einigen Gesinnungsgenossen, seinerseits eine eigene Führungsmannschaft zusammenzustellen.[5] Es ist nicht bekannt, ob jemand das Angebot eines Vertreters

3 *The New York Times*, 30.12.1989.

4 *Scinteia Poporului*, 23.12.1989.

5 Obwohl er damals scheiterte, versucht er – glaubt man rumänischen Presseberichten – immer noch »mit dem Mut der Verzweiflung, eine neue Regierung zu bilden«. Siehe dazu: *Romania Libera*, 5.1.1990.

der Luftwaffe vom 22. 12., Mitglieder der Machtorgane aus der Provinz zu Gesprächen mit »der Regierung Ceausescu«[6] zu fliegen, wahrnahm.

Die Front – Kopfgeburt der Revolution oder Hebamme eines Staatsstreichs?

In Rumänien hat eine tatsächliche Volkserhebung stattgefunden. Es hat Opfer gegeben unter den Jugendlichen, unter den Offizieren und Wehrpflichtigen der Armee, die sich auf die Seite der Aufständischen geschlagen hatten, unter Unbeteiligten, die in die Kämpfe zwischen den Ceausescu-loyalen Einheiten der Securitate und den Streitkräften verwickelt wurden. Es hat schwerwiegende Zerstörungen historischer Gebäude und unwiderbringliche Verluste an Kulturgütern in Bukarest, Temesvar, Hermannstadt und anderswo gegeben. Viele Menschen wurden obdachlos. All dies verleiht politischen Entscheidungen, die nach dem Sturz Ceausescus getroffen wurden, eine qualitativ neue, sozusagen existentielle Dimension. Die Menschen spüren es, die unabhängige Presse sagt es: Wer die Macht, die Ceausescu unter großen Opfern entrissen wurde, beansprucht, muß seine moralische und politische Berechtigung dazu beweisen. Damit ist die Schwierigkeit angesprochen, mit der die FNR von Anfang an zu kämpfen hatte: das Problem ihrer Legitimität. Nachdem die erste Revolutionseuphorie verflogen war, regten sich in der Öffentlichkeit Zweifel, Fragen wurden laut: War die Gruppe wirklich erst im Feuer der Revolution zusammengeschweißt worden, wie sie behauptet, oder handelte es sich in Wirklichkeit um die geplante Aktion einer bereits seit längerer Zeit bestehenden Gruppierung mit feststehenden Zielsetzungen? Wie hielten es die führenden Männer mit der Kommunistischen Partei, der sie alle, und nicht immer nur als einfache Mitglieder, angehört hatten? Falls es sich bei dem Volksaufstand um einen geplanten Staatsstreich einer bereits

6 *Radio Bukarest*, 22. 12. 1989.

vorher konstituierten Gruppe gehandelt hat – welche Rolle war dabei der Sowjetunion zugedacht gewesen, und welche Rolle hatte sie tatsächlich gespielt?

Mit Entrüstung werden seitens der Front Spekulationen zurückgewiesen, denen zufolge es sich bei der Revolution um einen verkappten Putsch gehandelt habe. Führende Vertreter bemühen sich, die nicht zuletzt in der rumänischen Öffentlichkeit angelaufene Diskussion über dieses Thema abzuwürgen, indem sie die Putschthese als »die These Ceausescus«[7] in Mißkredit bringen. Von einem blutig ausgetragenen Richtungsstreit zwischen zwei rivalisierenden Gruppierungen innerhalb der Rumänischen Kommunistischen Partei – der nationalistisch-dogmatischen Gruppierung des Diktators Ceausescu einerseits und einer gemäßigt reformerischen, prosowjetischen Gruppierung andererseits – will man in Bukarest nichts wissen. Die Vertreter der neuen Führung, sekundiert von sowjetischen Politikern und Journalisten, verweisen bei jeder sich bietenden Gelegenheit darauf, daß die FNR nicht vor dem 22. Dezember existiert habe und sich demnach auch nicht vorher schon gegen Ceausescu verschworen haben konnte. Folglich habe es sich bei dem Umsturz nicht um einen Staatsstreich gehandelt, der von organisierten Kräften durchgeführt und vom Ausland unterstützt worden sei«, betonte Ion Iliescu in einer am 25. Dezember 1989 im rumänischen Rundfunk und Fernsehen übertragenen Ansprache. Die FNR habe »nicht vor der Revolution existiert«, sondern sei »spontan daraus hervorgegangen«. Zudem, so Silviu Brucan, im Rat der FNR für Außenpolitik und Ideologie zuständig, sei infolge des totalen und wirksamen Systems der Überwachung und Bespitzelung unter Ceausescu weder die Entstehung regimefeindlicher Gruppen innerhalb oder außerhalb der RKP noch eine konspirative Tätigkeit solcher Gruppen möglich gewesen.[8]

Nicht wenige Beobachter bestreiten dies. Entsprechend der Konspirationsthese, wie sie insbesondere in den französischen

---

7 *Figaro Magazine*, 7. 1. 1990.
8 *Neue Zürcher Zeitung, 7./8. 1. 1990.*

Medien[9] vertreten wird, sind über einen längeren Zeitraum hinweg Kontakte zwischen Iliescu, Brucan, Mazilu und dem von Ceausescu vorzeitig in den Ruhestand versetzten ehemaligen General Militaru belegt; sie hätten sich von Zeit zu Zeit in der sowjetischen Bibliothek in Bukarest »zum Schachspielen« getroffen.

Eine nicht näher bezeichnete, angeblich der FNR »nahestehende« Person berichtete einer französischen Zeitung[10] Einzelheiten über die konspirative Tätigkeit der Front unmittelbar vor dem Umsturz des Ceausescu-Regimes; der von der Armeeführung unter Verteidigungsminister Vasile Milea offenbar beabsichtigte Staatsstreich sollte dadurch als Reaktion auf die praktisch abgeschlossenen Umsturzpläne der Männer der Front dargestellt werden. Demnach hätten bereits im November 1989 entscheidende Gespräche zwischen Iliescu und dem sowjetischen Botschafter in Bukarest, Mazilu, der Securitate und der Miliz sowie Petre Roman mit den Studenten stattgefunden. Die Planungen der »Mannschaft« der Front, über die der Mitverschwörer General a. D. Militaru auch Verteidigungsministers Milea und seinen ersten Stellvertreter, General Stanculescu, informiert haben will, seien am 10. Dezember 1989 praktisch abgeschlossen gewesen. Erst danach seien die Militärs nachdenklich geworden und hätten nun ihrerseits damit begonnen, den Sturz des Diktators ins Auge zu fassen.

Die Mitglieder des Rates der FNR, die sich am 22. Dezember als neue rumänische Führung konstituiert haben, bestreiten entschieden, mit einer vor diesem Datum aufgetretenen Gruppierung identisch zu sein. Sie rückten von dieser Behauptung auch nicht ab, als im französischen Fernsehen ein – übrigens von einem Sprecher der FNR gedrehter – Videofilm gezeigt wurde, in dem Brucan, Iliescu, Militaru und Roman kurz vor der öffentlichen Bekanntgabe der Konstituierung am 22. Dezember darüber debattierten, unter welcher Bezeichnung sie sich an die Öffentlichkeit wenden sollten. Nach einigem Hin

9 *Libération*, 4. 1. 1990, *Le Figaro*, 4. und 5. 1. 1990.
10 *Le Figaro*, 5. 1. 1990.

und Her stellte General Militaru dabei die Frage, weshalb man sich denn nicht als »Front der Nationalen Rettung« präsentieren wolle, als die man sich doch sechs Monate zuvor konstituiert habe. Am Tage der erzwungenen Ablösung Militarus als Verteidigungsminister wurde zudem bekannt, daß er bereits 1984 gemeinsam mit Iliescu einen Militärputsch geplant hatte.[11]

Trotz massiver Dementis konnten die führenden Vertreter der FNR die aus diesem »Geburtsfehler« erwachsenen Zweifel an ihrer revolutionären Legitimität nie völlig ausräumen. Während Ministerpräsident Petre Roman diesen Film als Fälschung und »Collage« erklärte, sah die in Klausenburg lebende, der Front damals noch angehörende Doina Cornea allerdings eine Verbindung zwischen den anonymen Verfassern der vor dem 22. Dezember verbreiteten Appelle und den Mitgliedern der danach offiziell konstituierten Front.[12] Sie äußerte sogar die »Gewißheit, daß die Front vor der Massenerhebung existiert hat«.[13]

Ein weiteres, prominentes Mitglied der Front, der zunächst zum Tourismusminister ernannte Armeeoffizier Mihai Lupoi, unterschied deutlich zwischen dem – in die vorrevolutionäre Epoche zurückreichenden – Zeitpunkt, da die FNR »organisiert worden sei« und jenem nach dem Volksaufstand[14], zu dem sie sich öffentlich »konstituiert« habe. Cazimir Ionescu, ein Stellvertretender Vorsitzender der Front, hatte in einem Interview mit einem westlichen Fernsehsender ebenfalls zugegeben, daß die Front den Umsturz »seit mehr als zwei Jahren geplant« habe. Man habe sich getroffen und Gorbatschow aufmerksam verfolgt.[15] Allerdings – so derselbe Ionescu in einem Interview mit der sowjetischen Regierungszeitung *Izvestija*[16] – hätten rumänische Regimegegner die Ereignisse während jener Zeit-

---

11 *AP*, 16. 2. 1990.
12 *Le Figaro*, 12. 1. 1990.
13 *La Croix*, 24. 1. 1990.
14 *Neue Zürcher Zeitung*, 5. 1. 1990.
15 *The London Times*, 3. 1. 1990.
16 3. 2. 1990.

spanne nur passiv beobachten können; etwas anderes hätte die Securitate nicht zugelassen. Bezeichnenderweise hatte Radio Moskau am 22. 2. 1989 die Entstehung der FNR auf den Herbst desselben Jahres und damit vor den Ausbruch der Volkserhebung datiert.[17] Frankreichs Außenminister Roland Dumas erklärte dazu am 3. 1. 1990 im französischen Rundfunk, Frankreich sei über seinen Botschafter in Bukarest bereits im vergangenen Sommer von der Existenz einer Ceausescu-feindlichen Gruppe von Mitgliedern der Rumänischen Kommunistischen Partei unterrichtet gewesen. Seiner Meinung nach war auch die Sowjetunion über die Gruppe im Bilde. Dies alles, so Dumas, sei jedoch nicht wirklich wesentlich. Die Politiker hätten sich naturgemäß für die Nach-Ceausescu-Ära vorbereiten müssen.

Zweifellos wußte auch Ceausescu um die konspirativen Aktivitäten der alten, internationalistischen Parteielite wie auch seiner ehemaligen Weggefährten, die er aus verantwortlichen Stellungen in Staat und Partei entfernt hatte. In seinen letzten Regierungsjahren hatten die Sicherheitsbehörden ihre systematischen Aktionen zur – präventiv genannten – Einschüchterung der gesamten Bevölkerung permanent »vervollkommnet«. Wie der neuernannte Innenminister Mihai Chitac in einem Zeitungsbeitrag[18] erklärte, beschäftigte sich die sogenannte »Abteilung 1« der Securitate ausschließlich mit dem Bespitzeln von Dissidenten, Protestierern, Mitgliedern der verbotenen politischen Parteien der Vorkriegszeit, Intellektuellen, Studenten und Schülern. Festgenommene wurden wiederholt verhört und – wie im Falle eines der Unterzeichner des »Briefes der Sechs«, Gheorghe Apostol – gelegentlich auch gezwungen, vorbereitete »Geständnisse« zu unterzeichnen.[19] Mircea Raceanu, der Stiefsohn eines der Unterzeichner dieses Briefes, war zu Beginn des Jahres 1989 unter Spionageverdacht verhaftet und unter Anklage gestellt worden. Nach Bekanntwerden des namentlich gezeichneten Briefes im März des vergangenen

---

17 *Radio Moskau* in rumänischer Sprache, 22. 12. 1989.
18 *Libertatea*, 12. 1. 1990.
19 *Romania Libera*, 11. 1. 1990.

Jahres mußten einige der Unterzeichner – so Silviu Brucan und der ehemalige Außenminister Manea Manescu – ihre komfortablen Villen im Bukarester Prominentenviertel verlassen und in bescheidenere Wohnungen am Stadtrand umziehen. Auch wurden sie, ebenso wie mehrere prominente Dissidenten aus den Reihen der Intellektuellen und Künstler, zeitweilig unter Hausarrest gestellt.

Erstaunlich war, daß der Diktator diese kompromißlosen Kritiker der Zustände in Rumänien nicht ins Gefängnis warf, ja daß einige von ihnen sogar die Erlaubnis erhielten, ins Ausland zu reisen und von dort auch wieder nach Rumänien zurückzukehren. Auch konnten in den letzten Jahren eine bemerkenswert große Zahl von Angehörigen der alten »Internationalisten« sowie zahlreiche kritische Intellektuelle aus Rumänien ausreisen und sich im Westen niederlassen. Auf diese Weise versuchte Ceausescu das vorhandene regimekritische Potential zu entschärfen. Seine Politik gegenüber den im Lande verbliebenen Dissidenten stand – wie ein im vergangenen Jahr in die Vereinigten Staaten übergelaufener ehemaliger Securitate-Agent berichtete[20] – im Zeichen der Maxime: »Keine Märtyrer schaffen!« Ceausescu wollte durch nichts dazu beitragen, Oppositionellen als Verfolgten zum legitimierenden »Persilschein« zu verhelfen. Die Taktik wäre möglicherweise aufgegangen, wenn die Securitate wirklich loyal gewesen wäre.

Spielte die Securitate falsch?

Das von führenden Vertretern der FNR gegen die Verschwörungsthese ins Feld geführte Argument, eine konspirative Tätigkeit sei angesichts der massiven Präsenz der Securitate unter Ceausescu gar nicht möglich gewesen, beruht auf der Prämisse, daß die Securitate sich in ihrer Gesamtheit oder zu einem überwiegenden Teil Ceausescu gegenüber loyal verhalten habe.

20 *Washington Post*, 24.12.1989.

Gerade dies war jedoch nicht der Fall. Was der Ablauf des Umsturzes offenlegte, war bereits vor dem Beginn der Revolution zu erkennen gewesen: »Die Securitate«, so die *Neue Zürcher Zeitung*[21] »stand nicht mehr bedingungslos auf der Seite des Diktators und ermöglichte so den Umsturz: Wenn sämtliche Securitate-Einheiten Ceausescu verteidigt hätten, wäre nach Ansicht westlicher Experten der Volksaufstand trotz Unterstützung der Streitkräfte blutig niedergeschlagen worden«. Die Revolution wurde, so die Aussage eines namentlich nicht identifizierten Mitglieds der FNR,[22] »mit der Unterstützung bestimmter Mitglieder der Securitate gemacht. Ohne ihre Hilfe wäre die Revolution von Anfang an zum Scheitern verurteilt gewesen«.

Das rumänische Innenministerium im allgemeinen und das sogenannte Departement für Staatssicherheit »Securitate« im besonderen haben – dies kann aufgrund des heutigen Informationsstandes nicht bezweifelt werden – bei der Vorbereitung und Durchführung des Umsturzes eine wichtige, wenn nicht gar entscheidende Rolle gespielt. Mehr noch: Es mehren sich die Anzeichen dafür, daß Vertreter des Innenministeriums und der Securitate unmittelbar in die Umsturzvorbereitungen der FNR einbezogen waren. Altkommunisten wie Brucan hatten eine besonders enge Verbindung zur Securitate der unmittelbaren Nachkriegszeit, als diese noch unter direkter Anleitung des KGB im sowjetischen Satellitenstaat Rumänien aufgebaut wurde. Dieser besondere Bezug klang auch in dem von Brucan verfaßten »Brief der Sechs« an. Darin wird Ceausescu vorgeworfen, die Securitate – einst von der alten, internationalistischen Parteielite geschaffen, um »die sozialistische Ordnung gegen die ausbeutenden Klassen zu verteidigen« – zu einem Instrument des Kampfes gegen Arbeiter, Parteiveteranen und Intellektuelle umfunktioniert zu haben.[23] Vermutlich versuchten Brucan und Iliescu, die Fäden zur »alten Securitate« zu

21 7./8.1.1990.
22 *Le Figaro*, 19.1.1990.
23 *BBC World Service*, 11.3.1989.

knüpfen, zu Personen, die vor Jahren, oft schon vor Jahrzehnten, aus ihren Positionen gedrängt worden waren, während Dumitru Mazilu die Kontakte zu der »neuen«, von Ceausescu radikal umfunktionierten Institution gleichen Namens hergestellt hat.[24] Über die alte wie neue Securitate konnte die Front auch die Kontrolle über die anderen oppositionellen Persönlichkeiten und Gruppen im Lande gewinnen, die entweder zur Zusammenarbeit mit dem Sicherheitsdienst animiert worden waren,[25] oder über deren Absichten und Pläne die Securitate im Bilde war. Und natürlich war die FNR auf dem Umweg über die Securitate auch über das Geschehen bei den Streitkräften informiert.

Zur Stunde läßt sich die Rolle, die das rumänische Innenministerium und die Securitate beim Umsturz in Bukarest gespielt haben, nicht im einzelnen bestimmen. Was dazu bereits bekannt ist, deutet auf eine Komplizenschaft zwischen Securitate und FNR auf allerhöchstem Niveau hin. Einheiten der Securitate haben möglicherweise die gewalttätigen Auseinandersetzungen in Temesvar provoziert, die zum Ausbruch des Aufstandes in ganz Rumänien geführt haben.[26] Auch die scheinbar unmotivierte Grausamkeit, mit der die Ordnungskräfte gegen die Demonstranten in Temesvar am 17.12.1989 vorgingen, geht auf das Konto der Securitate. Hierzu ein rumänischer Pressebericht:

»Um 17 Uhr zerreißt das Geräusch eines Hubschraubers die Luft. Dies ist ein Zeichen. Auf dem Vasile-Roaita-Platz geht ein gepanzertes Fahrzeug in Flammen auf. Dann ein Zeitungskiosk. Schaufenster gehen reihenweise zu Bruch. Geschäfte brennen. Wer legt Feuer? Wer provoziert das Chaos? Auf keinen Fall sind es jene, die ›Nieder mit Ceausescu!‹ und ›Nieder mit der Tyrannei!‹ rufen. Überall wird geschossen. Mit allen Waffen. Auf alles, was sich bewegt. Auf der Straße, auf den Balkonen, in den Aufgängen der Hochhäuser. Ohne Vorwar-

24 *Le Figaro*, 5.1.1990.
25 *Libération*, 5.4.1989.
26 Siehe dazu auch: *Neue Zürcher Zeitung*, 7./8.1.1990.

nung, ohne die Spur einer Überlegung. Wer schießt? Aus den Stöcken[27], mit denen die Soldaten bewaffnet sind, können keine Kugeln abgefeuert werden. Wer steht hinter ihnen?«[28]

Auch führende Politiker der FNR haben gelegentlich bestätigt, daß die Armee in Temesvar nicht auf die Menge geschossen hat: »Nicht die Armee«, so Ministerpräsident Petre Roman in einem Interview mit dem französischen Fernsehen,[29] »sondern Securitate-Agenten in Zivil haben das Feuer auf die Zivilbevölkerung in Temesvar eröffnet«. Dennoch wird die These von interessierter Seite – das Spektrum reicht von sowjetischen Presseberichten[30] bis zu Vertretern der rumänischen Securitate im Rahmen der laufenden Strafverfahren – immer wieder vertreten; nicht zuletzt war es Oberst Nicolae Militaru, der am 22. Dezember im Revolutionsfernsehen die rumänische Armee des Verbrechens an unschuldigen Menschen zieh.[31]

Es ist nicht bekannt, wer die »mehrere hundert protestierenden Jugendlichen« waren, die fahnenschwingend und »Freiheit« und »Demokratie« skandierend plötzlich am Rande der von Ceausescu bestellten Demonstration am 21. 12. in Bukarest erschienen und jene Tumulte provozierten, die schließlich zum Sturz von Ceausescu führten. Es ist jedoch belegt, daß die Demonstranten die erste Absperrungslinie der Polizei ungehindert durchbrachen und erst von den Polizisten, die den zweiten Absperrungsring bildeten, mit Schlagstöcken zurückge-

---

27 Auf der Sitzung des Politischen Exekutivkomitees der RKP, die am gleichen Tage in Bukarest stattfand, wurden sowohl Verteidigungsminister Milea als auch Innenminister Postelnicu von Ceausescu gerügt, weil sie beide behaupteten, bis zu jenem Zeitpunkt keine scharfe Munition eingesetzt zu haben. Milea hatte die Soldaten nur mit Schlagstöcken ausgerüstet. Siehe *Romania Libera*, 10. 1. 1990.

28 *Romania Libera*, 6. 1. 1990.

29 *AFP*, 8. 1. 1990.

30 *Prawda*, 22. 12. 1989.

31 *Radio Bukarest*, 22. 12. 1989. Nicolae Militaru, nach der Hinrichtung des obersten Befehlshabers der Armee reaktiviert, zum General befördert, zum Verteidigungsminister ernannt, mußte nach Protesten aktiver Offiziere seinen Hut nehmen.

drängt wurden.[32] Auch wird berichtet, daß Studenten, die an der Demonstration teilnahmen, von einem Tonband die Schüsse von Temesvar abspielten. Die Menge habe daraufhin geglaubt, es würde geschossen. »Das war der Augenblick, als die Fernsehbilder von Ceausescus Rede einfroren.«[33]

Bisher ist nicht bekannt, wer die Aufrufe zu Demonstrationen gedruckt und in mehreren Städten verbreitet hat, so in Temesvar und in Hermannstadt, wo die Flugblätter vom Kirchturm geworfen wurden. Es scheint, daß die Securitate-Einheiten im Anschluß an die von ihnen veranstalteten Massaker, die das Fanal der Revolution nicht nur in Temesvar, sondern auch in anderen Städten entzündet hatten, vielerorts in die Kasernen zurückgezogen wurden. Ein ehemaliger hoher rumänischer Diplomat, inzwischen auch von der neuen Führung wieder mit einem hohen Amt betraut, brachte das Verhalten der Securitate während der Revolution auf die zynische Kurzformel: »Was auf den Straßen geschah, war Quatsch, nicht Revolution. Hätten sie gewollt, hätten 2000 Anti-Terror-Soldaten[34] eine Million Rumänen umgebracht. Der Aufruhr glückte nur deshalb, weil Securitate und Armee nicht wirklich in die Straßenkämpfe eingriffen.«[35]

Die aus der Revolution hervorgegangene Führung wußte den von den Sicherheitskräften geleisteten Beitrag zu honorieren. Mehrere ehemalige hohe Mitarbeiter der Securitate kamen zu Ämtern und Würden, aktive Offiziere der Truppen des Innenministeriums und der Securitate wurden in höhere Ränge versetzt.

Offenbar für geleistete Dienste wurden der von Ceausescu erst im Juni 1988 ernannte Stellvertretende Innenminister Gheorghe Danescu und der Kommandeur der Securitate-Truppen der Hauptstadt Bukarest, Luigi Martis von der neuen Führung

---

32 Augenzeugenbericht in der *Washington Post*, 22.12.1989.

33 *Frankfurter Allgemeine Zeitung*, 12.1.1990.

34 In der Presse werden sie als die »Spezialeinheit für den Antiterrorkampf« (Unitate speciala de lupta antiterorista USLA) bezeichnet.

35 *Der Spiegel*, 8.1.1990.

befördert.[36] Sie wurden erst in die Reserve versetzt, als die Proteste der Bevölkerung gegen das Weiterbestehen der Securitate zunahmen. In der neuernannten Regierung unter Ministerpräsident Petre Roman befinden sich außerdem noch zahlreiche hochgestellte Persönlichkeiten, die ihre Ämter bereits zu Ceausescus Zeiten angetreten hatten und diese weiter bekleiden dürfen. Die Presse des Landes ist mehrmals gegen besonders krasse Fälle der »Wiederverwertung« kompromittierter »Ehemaliger« der Ceausescu-Ära zu Felde gezogen, insbesondere dann, wenn diese auch in der Securitate hoch positioniert waren.[37]

So wurde Dumitru Mazilu zum Ersten Stellvertretenden Vorsitzenden des neuen Rates der FNR ernannt. Außerdem wurde ihm der Vorsitz der Kommission zur Ausarbeitung der neuen Verfassung und des neuen Wahlrechts in der Front übertragen. Erst unter dem Druck der Presse,[38] die ihn wegen seiner Tätigkeit im Dienste der Securitate zum Rücktritt aufforderte, bat Mazilu schließlich um seine Demission aus der Führung der FNR.

Die Führung der FNR zeigte sich besonders bemüht, Befürchtungen entgegenzuwirken, die Sicherheitskräfte könnten pauschal für ihr Verhalten während der Ceausescu-Ära zur Verantwortung gezogen werden. Bereits am 23. Dezember, einen Tag nach der Machtübernahme der FNR, versicherte Präsident Iliescu in einer Fernsehansprache, bei den Kämpfern gegen die neue Führung handle es sich um eine kleine Zahl besonders ausgebildeter und ausgerüsteter »Terroristen«,[39] die von der Gesamtheit der Armee, der Mehrheit der Miliz und Einheiten des Innenministeriums bekämpft würden. Die Abteilung Staatssicherheit sowie die Truppen des Innenministeriums wurden am 26. Dezember 1989 dem Verteidigungsministerium unterstellt.[40] Jenen ehemaligen Mitgliedern der Securitate, die

36 Beide wurden bereits Mitte Januar in den Reservestand versetzt.
37 *Romania Libera*, 11. und 14. 1. 1990.
38 *Romania Libera*, 13. und 14. 1. 1990.
39 *Romania Libera*, 26. 12. 1989.
40 Dekret Nr. 4, *Monitorul Oficial al Romaniei*, 27. 12. 1989.

infolge dieser Umstrukturierung ihren Posten zu verlieren drohten, wurden Überbrückungszahlungen in Aussicht gestellt. Wenige Tage später wurde die Securitate formell »aufgelöst«.[41]

Wie in der RKP will die FNR auch in der Securitate keine Säuberungen durchführen und keine Abrechnung halten, erklärte Ministerpräsident Petre Roman.[42] Man betrachte nicht alle Leute der Securitate als Feinde. Nur wer individuell schuldig geworden sei, werde individuell bestraft. Besonders empört äußert sich die Presse darüber, daß nur jene Verbrechen unter Anklage gestellt werden sollen, die nach dem 17. Dezember 1989 begangen wurden: Dies bedeutet Straffreiheit für all jene Verbrechen der Securitate, die während der Ceausescu-Ära verübt worden sind! Bis jetzt ist nur einigen wenigen Befehlsempfängern der Prozeß gemacht worden: Untergeordneten Securitate-Angehörigen in den Kreisen Hermannstadt und Klausenburg sowie Kämpfern der »Leibstandarte« Ceausescus, die ihn am 22. Dezember per Hubschrauber in Sicherheit zu bringen versuchten.

Der Grund für dieses Vorgehen der FNR liegt auf der Hand: Der neuen Führung kann nicht an Enthüllungen über die engen gegenwärtigen und vergangenen Verbindungen zwischen der FNR, der Kommunistischen Partei und dem Sicherheitsapparat gelegen sein. Das Wohlwollen des alten Sicherheitsapparats ist für sie überlebenswichtig:

»Wenn wir sagen: Nein, wir werden keine Untersuchungen gegen die Securitate einleiten, kann ich nicht voraussagen, wie die Masse der Bevölkerung darauf reagieren wird. Wenn ich sage: Ja, es werden Untersuchungen stattfinden, so bedeutet dies, daß all jene, die noch Zugang zu Informationen besitzen, zu einer Gegenattacke ansetzen werden.«

---

41 Dekret Nr. 33, *Monitorul Oficial al Romaniei*, 31.12.1989.
42 *Le Monde*, 4.1.1990.

Gerüchte, denen zufolge die Armee einen Umsturz geplant habe, dem die »Revolte der Jugend«[43] zuvorgekommen sei, machen in Bukarest die Runde. Es gibt Indizien, die darauf hindeuten, daß Ceausescu nach Beendigung des Parteitags in der Armee eine, wenn nicht sogar die bedeutendste Gefährdung seiner Machtposition sah. Mehrmals innerhalb des letzten Jahrzehnts hatten kommandierende Generale ihre Stimme gegen Ceausescus Militärpolitik erhoben. Es gab Gerüchte von Absprachen, sogar Plänen für eine Entmachtung Ceausescus durch führende Militärs. Die in den Jahren 1978, 1983, 1984 und 1985 vorzeitig in die Reserve bzw. in die zivile Wirtschaft versetzten Offiziere bildeten – wie im Rückblick zu erkennen ist – ein Potential von Unzufriedenen, das auch für andere Ceausescu-Gegner wie z. B. die moskaufreundlichen Altkommunisten der FNR interessant war. Am Tag des Ausscheidens von General Nicolae Militaru aus dem Amt des Verteidigungsministers, das er seit dem 26. 12. 1989 bekleidet hatte, war zu erfahren,[44] daß er bereits im Jahre 1984 zusammen mit Ion Iliescu einen Staatsstreich geplant hatte. An den Vorbereitungen seien auch der damalige Verteidigungsminister Ion Ionita und Janos Fazekas[45], ein hoher KP-Funktionär, beteiligt gewesen. Man habe zwei alternative Szenarien entworfen: Entweder sollte die Aktion einer kleinen Gruppe von Putschisten durch die schnelle Unterstützung der Bevölkerung abgesichert werden, oder der Putsch sollte durch eine Volkserhebung flankiert und danach unter Kontrolle gebracht werden. »Dies ist 1989 geschehen«, meinte ein Kommentator im rumänischen

---

43 Stelian Tanase, ein der Front nahestehender Intellektueller, in der *Tageszeitung,* 16. 1. 1990; siehe auch *Frankfurter Allgemeine Zeitung, 12. 1. 1990.*

44 *AFP*, 16. 2. 1990.

45 Fazekas hatte bereits zuvor öffentlich erklärt, daß er seine Kontakte zu ausländischen Botschaften in Bukarest dazu genutzt habe, um die Weltöffentlichkeit ebenso wie die Meinungsbildung innerhalb der rumänischen KP-Spitze positiv auf den »Brief der Sechs« einzustimmen; siehe *Tineretul Liber*, 6. 1. 1990.

Fernsehen. War die Enthüllung als Rache an Iliescu gedacht, der den ehemaligen Mitverschwörer, dessen Verdienste um »die Revolution« seiner Meinung nach nicht entsprechend gewürdigt wurde, fallengelassen hatte? Daß er dadurch der regime-offiziellen These vom »spontanen« Auftreten der FNR möglicherweise den Todesstoß versetzt hat – wer will es Militaru verdenken, der so schnell das Opfer der Machtkämpfe wurde, die er selbst mit angezettelt hatte.

Im Verlauf des Jahres 1989 hatten sich die Spannungen zwischen der Armee und ihrem obersten Befehlshaber Ceausescu unübersehbar zugespitzt. Führende Offiziere, denen eine nationale Orientierung unterstellt werden darf, waren mit Ceausescus ruinöser Wirtschaftspolitik ebenso unzufrieden wie mit der Rolle, die den miserabel bezahlten Wehrpflichtigen dabei aufgebürdet wurde. Sie befürchteten, daß die Verteidigungskraft des Landes durch Ceausescus Alleingang zur Reduzierung des rumänischen Militärhaushalts geschwächt werden könnte. Auch verletzte es ihr Selbstverständnis, daß die rumänische Militärdoktrin der regulären Armee keine Sonderstellung gegenüber den ebenfalls im Verbund der Streitkräfte agierenden Truppen des Innenministeriums, der Patriotischen Garden und der Jugendwehrverbände einräumte.

Ausrüstung und Bewaffnung der Heerestruppen waren in jenem Jahr, in dem Rumänien seine Devisenschulden unter großen Opfern zurückgezahlt hatte, weiter vernachlässigt worden. Diese Tatsache wurde von den Militärs mit um so größerem Unwillen registriert, als während der letzten Jahre die Ausstattung der Securitate-Truppen verbessert und modernisiert worden war. Das wurde auch im Verlauf der Kampfhandlungen im Dezember deutlich. Bewaffnung und Munition der Armee standen weiterhin unter der Kontrolle der Securitate,[46] die im Anschluß an den Parteitag sogar verschärft worden sein soll.[47] Die Bespitzelung der Militärs durch die Mitarbeiter der »Abtei-

46 Lothar Rühl in: *Die Welt,* 28.12.1989.
47 *Le Figaro*, 4.1.1990.

lung 4« der Securitate[48] wurde verstärkt. Der als demütigend empfundene[49] Einsatz der Armeeangehörigen auf Baustellen sowie in der Energie- und Wasserwirtschaft war auch 1989 nicht reduziert worden.

Die Verschlechterung des Verhältnisses zwischen der Armee und ihrem obersten Befehlshaber war auch daran abzulesen, daß Nicolae Ceausescu aus Anlaß des 45. Jahrestages des Staatsstreichs vom 23.8.1944 darauf verzichtete, die bei solchen Gelegenheiten übliche Auszeichnung und Beförderung verdienstvoller Militärs vorzunehmen.[50] In seinem Tagesbefehl betonte Ceausescu dagegen mit ungewohntem Nachdruck die Pflicht der Armee zur Teilnahme an der sozialistischen Aufbauarbeit und zur Verteidigung der Errungenschaften des Sozialismus.[51]

Im Anschluß an die Rückkehr der rumänischen Delegation vom Warschauer-Pakt-Gipfel, der am 4. Dezember in Moskau stattgefunden hatte, lief in der rumänischen Presse eine Propagandakampagne an, die in der Bevölkerung den Eindruck erwecken sollte, auf dem Gipfeltreffen in Malta zwischen dem sowjetischen Staats- und Parteichef Michail Gorbatschow und dem amerikanischen Präsidenten George Bush sei eine Absprache der Supermächte erfolgt, nach der sie ihre Interessen ohne Rücksicht auf die Souveränitätsrechte der in ihrem jeweiligen Hegemonialbereich befindlichen kleineren Staaten durchsetzen konnten.

Zu dem Zeitpunkt hegte Ceausescu offenbar ernsthafte Bedenken hinsichtlich der Zuverlässigkeit der Armee. Am 10. Dezember 1989 entschied das Politische Exekutivkomitee des ZK, die bis dahin dem Verteidigungsministerium unterstellten rumänischen Grenztruppen unter das Kommando des In-

---

48 *Libertatea*, 12.1.1990.

49 *Reuter*, 3.1.1990.

50 Manea Manescu, damals Stellvertretender Vorsitzender des Staatsrats, berichtet, daß Ceausescu bewußt keine Auszeichnungen vorgenommen habe aus »Haß auf die Armee als patriotische Institution«, in *Romania Libera*, 29.1.1990.

51 *Scinteia*, 23.8.1989.

nenministeriums zu stellen, nachdem bereits im Juli die gesetzlich vorgeschriebene Breite der Grenzstreifen verdoppelt worden war, ohne daß dadurch allerdings der Strom rumänischer Flüchtlinge über die grüne Grenze nach Ungarn und Jugoslawien spürbar eingedämmt worden wäre. Auch hatten die Grenztruppen, die zum Unterschied von den anderen Truppen ständig mit scharfer Munition ausgerüstet waren, im Juli 1989 einen erweiterten Schießbefehl erhalten.[52] Diese Maßnahmen machen verschiedene Interpretationen möglich. Zum einen wird deutlich, daß Ceausescu dem Innenministerium mehr Vertrauen entgegenbrachte als dem Militär. Zum anderen scheinen sie darauf hinzuweisen, daß die rumänische Führung der Überzeugung war, ihr drohten Unruhen in grenznahen Gebieten und – auch – Gefahr von außen. Mehr noch: Am 11.12. wurde Oberst Corneliu Pircalabescu zum Generalstabschef der (dem Zentralkomitee der RKP unmittelbar unterstellten) Truppen der Patriotischen Garden ernannt und am 16.12. in sein neues Amt eingeführt. Der bis dahin von dem Stellvertretenden Verteidigungsminister Vasile Milea in Personalunion besetzte Posten war seit der Ernennung Mileas zum Verteidigungsminister im Dezember 1985 vakant gewesen. In der Zeitung,[53] die dann im Februar 1990 erstmals über diese Ernennung Pircalabescus berichtete, wurden folgende Spekulationen über die Hintergründe dieser Maßnahme angestellt: Entweder, so hieß es, habe Ceausescu im Vorgefühl drohenden Ungemachs das gesamte Instrumentarium zur Verteidigung seiner diktatorischen Herrschaft verstärken wollen, oder er wollte einen Nachfolger für Verteidigungsminister Milea aufbauen.

So ist es nicht abwegig, zu fragen, ob Teile der Armeeführung schon seit Monaten Überlegungen angestellt haben, Ceausescu zu entmachten und eine neue Führung zu etablieren, so wie das in Bulgarien im November 1989, kurz vor Eröff-

52 Dekret Nr. 26 vom 17. Juli 1989.

53 *Adevarul*, 7.2.1990. Bei seinem Verhör behauptete der frühere Innenminister Postelnicu, der Grund für die Unterstellung der Grenztruppen unter sein Kommando sei die spektakuläre Flucht der Turnerin Nadia Comaneci gewesen; siehe dazu: *Tineretul Liber*, 14.3.1990.

nung des 14. Parteitages der RKP, vorexerziert worden war. Die Rolle, welche die bulgarische Armee – zweifellos in Absprache mit der Moskauer Führung – beim Sturz Schiwkows gespielt hatte, mußte auf Gegner Ceausescus in der rumänischen Armeeführung ermutigend wirken. Im rumänischen Verteidigungsministerium konnte man darüber hinaus davon ausgehen, daß Moskau sich einer »bonapartistischen« Lösung nicht in den Weg stellen würde, vorausgesetzt, die neue Führung sei Moskau gegenüber freundlicher gesinnt als die alte.

Bereits im Dezember 1985, wenige Monate nach dem Amtsantritt Michail Gorbatschows, hatte die Sowjetführung versucht, den Sturz Ceausescus über eine Revolte des rumänischen Militärs in die Wege zu leiten. Der Versuch des noch amtierenden sowjetischen Staatspräsidenten Andrej Gromyko, den damaligen rumänischen Verteidigungsminister Constantin Olteanu anläßlich seines Besuchs in der Sowjetunion für eine Revolte gegen Ceausescu zu gewinnen, war allerdings fehlgeschlagen. Olteanu war durch seinen bisherigen Stellvertreter Vasile Milea ersetzt worden. Unmutsäußerungen führender Militärs, die im Oktober desselben Jahres in die zivile Wirtschaft, speziell in Energiebetriebe, versetzt worden waren, wies Ceausescu zurück: Auf die von betroffenen Generalen geäußerte Frage, wann sie wieder an ihre früheren Kommandopositionen zurückkehren dürften, hatte Ceausescu geantwortet: »In Friedenszeiten nie, und ich hoffe, es wird keinen Krieg geben.«[54] Im Rückblick erhalten diese Worte fast einen prophetischen Klang. In der Tat hat der Krieg, den Ceausescu dem rumänischen Volk durch die Ausrufung des Ausnahmezustandes erklärt und den der Diktator am Ende verloren hat, vielen dieser Offiziere die Rückkehr in den aktiven Dienst möglich gemacht.

Aufgrund der derzeitigen Informationslage ist es nicht möglich, eine eindeutige Antwort auf die Frage zu finden, ob führende Militärs – Verteidigungsminister Vasile Milea und seine beiden Ersten Stellvertreter Stefan Gusa und Victor Stanculescu – aktiv an Plänen für den Sturz Ceausescus beteiligt

---

54 *Scinteia*, 18.12.1985.

waren oder ob sie nur signalisiert hatten, daß für das rumänische Militär eine »chinesische Lösung« nicht in Frage komme. Die Antwort darauf könnte lauten: Sowohl als auch. Denkbar wäre, daß die drei führenden Militärs in Absprache miteinander oder im Wissen voneinander sich im Fall des Einsatzes der Streitkräfte bei einer Volkserhebung nicht gescheut haben, klarzumachen, daß sie den Schießbefehl nicht weiterleiten werden. Offen bleibt bislang, inwieweit einer oder mehrere von ihnen diese Zusage gegenüber Gruppen oder Personen gemacht haben, die auf den Sturz Ceausescus in irgendeiner Weise hinarbeiteten. War es die Absicht der Führung der rumänischen Streitkräfte gewesen, mit Hilfe eines Umsturzes einem Reformflügel innerhalb der Ceausescu-Partei an die Macht zu verhelfen, wie das in Bulgarien geschehen war, oder gab es eine konspirative Verbindung zur FNR?

Am Gang der Ereignisse läßt sich ablesen, daß Nicolae Ceausescu keinen Augenblick gezögert hat, den Schießbefehl für Armee und Securitate eigenmächtig und ohne Absprachen mit der höchsten Parteiführung zu geben. Er hat am 17.12. persönlich den Oberbefehl über die Armee übernommen; während seiner Abwesenheit anläßlich seines Staatsbesuchs im Iran lag das oberste militärische Kommando in den Händen Elena Ceausescus.[55] Es besteht kein Zweifel, daß Ceausescu die chinesische Lektion auf die Zustände in Rumänien anwenden wollte. Im Anschluß an die Niederwerfung des Aufstands in Beijing hatte es einen intensiven Meinungsaustausch mit den chinesischen Genossen gegeben: Im Juli und August des vergangenen Jahres hatten sich prominente Vertreter der RKP, so der Vorsitzende der Zentralen Kontrollkommission der RKP und Mitglied ihres Politischen Exekutivkomitees, Nicolae Constantin, sowie eine Gruppe rumänischer Armeeoffiziere unter der Leitung von Generalmajor Constantin Codrescu in China aufgehalten.[56] Mehr noch: Eine chinesische Parteidelegation unter Leitung der Parteisekretärin von

---

55 *Adevarul*, 7.2.1990.
56 *Xinhua*, 10.7. und 8.8.1989.

Schanghai hielt sich vom 8. bis zum 14. Dezember 1989 in Rumänien auf.[57] Sie traf mit dem für Propagandafragen zuständigen ZK-Sekretär Ilie Matei zusammen, der bis zum Oktober 1989 als Kreisparteisekretär in Temesvar fungiert hatte. Verteidigungsminister Milea hatte im Oktober Nordkorea, nicht jedoch China besucht.

Verteidigungsminister Vasile Milea ist eine der drei Schlüsselfiguren der rumänischen Revolution. Stand er loyal zu Ceausescu, solange dieser keine Gewalt gegen die Bevölkerung einsetzte? Loyalität hatte Milea nicht nur in seinen öffentlichen Ansprachen – zuletzt auf dem 14. Parteitag der RKP vom November 1989 – zum Ausdruck gebracht. Er hatte sich auch während des Kronstädter Aufstands vom 17. November 1987 als zuverlässig erwiesen. Doch in Kronstadt – wo man den Aufstand geprobt hatte, der zwei Jahre darauf in Temesvar erfolgreich über die Bühne gehen sollte – war kein Militäreinsatz nötig gewesen. Die Lektion aus dem »Experiment Kronstadt« hatte gelautet: Ein Umsturz ist nur möglich, wenn es gelingt, einen Keil zwischen die Generalität und Ceausescu zu treiben, indem man sie zwingt, zwischen der fundamentalen Loyalität zu ihrem eigentlichen Souverän – dem Volk – und dem obersten Befehlshaber des Heeres zu entscheiden.

Die Stimmen mehren sich, die den »auslösenden Aufstand in Temesvar« auf »gezielte Provokationen«, ja sogar auf die »lange Hand Moskaus« zurückführen. Immer wieder rücken die vielen mit Einzelvisa ausgestatteten sowjetischen Touristen ins Bild, die zur Zeit des Aufstands die Hotels in Temesvar bevölkert hatten und im Umkreis der Pfarrei des Pastors Tökes aufgefallen waren. Dieselben »Touristen« sollen danach auch in Bukarest an der bestellten Demonstration vom 21. 12. als Provokateure aufgetreten sein.[58] Jüngste Enthüllungen über den von General Militaru und Ion Iliescu angeblich bereits 1984 geplanten Putsch bestätigen frühere Spekulationen, denen zufolge »das Blutbad von Timisoara einen schon

57 *Scinteia*, 14. 12. 1989.
58 *The London Times*, 2. 3. 1990.

vorbereiteten oder zumindest gewünschten Staatsstreich ausgelöst hat«.[59]

In der rumänischen Presse sind einige interessante Dokumente und Stellungnahmen veröffentlicht worden, die das Verhalten des Verteidigungsministers Milea während der Krise beleuchten. Eines dieser Dokumente ist das Sitzungsstenogramm des Politischen Exekutivkomitees vom 17. 12. 1989. Daraus ist zu ersehen,[60] daß der Verteidigungsminister die Soldaten der regulären Armee bis zu jenem Zeitpunkt weder mit scharfer Munition ausgerüstet noch ihnen den Schießbefehl erteilt hatte. Er hatte veranlaßt, daß von Ceausescu angeordnete Demonstrationsfahrten gepanzerter Armeeverbände ins Stadtzentrum von Temesvar mit mehrstündiger Verspätung und eher formal ausgeführt wurden. Milea erklärte sich gegenüber Ceausescu für »schuldig«, die Schwere und das Ausmaß der Ausschreitungen falsch eingeschätzt zu haben. Innenminister Postelnicu und der Chef der Securitate, Iulian Vlad, behaupteten ebenso wie Milea, den von Ceausescu befohlenen »Notstand« (stare de necesitate) nicht als Anordnung zur Ausrüstung der Truppen des Ministeriums mit scharfer Munition und zur Erteilung des Schießbefehls verstanden zu haben. In einer dramatischen Auseinandersetzung warf der Staats- und Parteichef, angestachelt von seiner Frau Elena, den beiden Ministern Befehlsverweigerung und Verrat vor. Er erwog, sie sofort zu entlassen, ließ sich dann jedoch von zwei anderen Mitgliedern des Politischen Exekutivkomitees, Gheorghe Radulescu und Constantin Dascalescu, dazu überreden, diese Entscheidung wegen des Ernstes der Lage zu überdenken und aufzuschieben.

Der Bericht eines »Teilnehmers«[61] an der Sitzung des Politi-

59 *Tanjug*, 21. 12. 1989 und *Neue Zürcher Zeitung*, 5. 1. 1990.

60 *Romania Libera*, 10. 1. 1990.

61 Der »Teilnehmer« – wahrscheinlich die Stenographin – berichtet, daß zwei hohe Funktionäre sie einen Tag nach der Sitzung dringend gebeten hatten, niemand von den Vorfällen zu berichten, vor allem nicht über jene Passagen des Stenogramms, die der Zensur im ersten Bericht zum Opfer gefallen waren.

schen Exekutivkomitees[62] läßt es als denkbar erscheinen, daß Ceausescu zu diesem Zeitpunkt abzudanken hätte veranlaßt werden können. Als sich im Politischen Exekutivkomitee ganz gegen sonstige Gepflogenheiten Widerstand gegen die sofortige Entlassung des Verteidigungsministers, des Innenministers und des Chefs des Departements für Staatssicherheit regte, sei Ceausescu wütend vom Sessel aufgesprungen und habe gerufen: »Dann sucht euch doch einen anderen Generalsekretär!« Nach einem Augenblick des Schweigens brach ein Höllenspektakel los: Mit wenigen Ausnahmen – die Zeugin nannte keine Namen – sprangen alle Mitglieder des Exekutivkomitees laut schreiend von ihren Sitzen auf und flehten den Generalsekretär an, sie nicht allein zu lassen. Gheorghe Radulescu, der Stellvertretende Vorsitzendes des Staatsrats, der Ceausescu durch seinen Widerspruch zu diesem Ausbruch veranlaßt hatte, stand betreten daneben und murmelte: »Das habe ich nicht gewollt, ich habe doch nur einen Vorschlag gemacht.« Schließlich gelang es Elena Ceausescu, den Diktator »umzustimmen«: Er kehrte an seinen Platz zurück. Nun erklärte Ceausescu, er werde ab sofort selbst das »Kommando der Armee« übernehmen. Innenminister Postelnicu berief sich auf seinen Status als »Soldat und Funktionär der Partei« und versprach, seine Loyalität unter Beweis zu stellen. Verteidigungsminister Milea wiederholte stereotyp, er habe nicht verstanden, daß der Schießbefehl erteilt worden sei, und meinte dann herausfordernd: »Übrigens habe ich letzte Nacht alle das Militär betreffenden Bestimmungen durchgelesen und keinen Paragraphen gefunden, worin es heißt, daß die Armee des Volkes auf das Volk schießen muß.« Danach, so der Bericht, wurde Milea verboten weiterzusprechen. Hatte er gehofft, daß andere sich seiner Fronde anschließen und Ceausescu absetzen würden? Wenn ja, dann war er enttäuscht worden.

Nach dieser denkwürdigen Sitzung des Politischen Exekutivkomitees verfolgte Milea offenbar unbeirrt das Ziel, den Ausbruch und die Anwendung von Gewalt um jeden Preis zu

---

62 *Adevarul*, 14.1.1990.

verhindern. Mit Mileas Hilfe gelang es einem ehemaligen untergebenen Offizier und neuernannten Generalstabschef der Patriotischen Garden, Oberst Pircalabescu, Elena Ceausescu, die am 18. 12. den militärischen Oberbefehl führte, dazu zu veranlassen, die bereits an die Betriebe ausgelieferte scharfe Munition in die Lager zurückzuschicken. Damit sollte ein Gemetzel zwischen Soldaten und Arbeitergarden verhindert werden.[63]

Es gilt als sicher, daß die von General Milea am 17. 12. gegenüber Ceausescu vertretene Auffassung, die Armee werde nicht auf das Volk schießen, spätestens am 20. 12. führenden Offizieren bekannt war und an die Mannschaften weitergeleitet worden war. Der überall im Lande während der Revolution zu hörende Ruf »Die Armee ist mit uns!« (Armata e cu noi) war ein Erkennungszeichen unter Eingeweihten und ein Signal für die Bevölkerung. Teilnehmer an den landesweiten Demonstrationen, etwa derjenigen vom 21. 12. im siebenbürgischen Hermannstadt, wurden gebeten, die Armee nicht anzugreifen, da diese nur zur Selbstverteidigung schießen werde.[64] Minister Mileas letzte Amtshandlung bestand darin, am 22. 12., offenbar sofort nach der von Ceausescu verfügten Ausrufung des Ausnahmezustandes im ganzen Lande, alle Ortskommandeure der Streitkräfte per Telex anzuweisen, nicht auf die Bevölkerung zu schießen.[65] Um 10 Uhr vormittags berichtete der rumänische Rundfunk, der »Verräter Milea« habe »im Zusammenwirken mit den einheimischen Verrätern und den imperialistischen Kreisen diese Provokationen organisiert, gelogen und falsche Informationen über die Lage im Lande geliefert«. Als er sich entdeckt sah, habe er sich das Leben genommen. Nach dieser Meldung spielte der rumänische Rundfunk nur noch Marschmusik – bis der Sieg der Revolution verkündet wurde.

Die Umstände von Mileas Tod – der auch ein Mord gewesen sein kann – sind bislang noch ungeklärt. Die von der Ceau-

---

63 *Adevarul*, 7.2.1990.
64 *Süddeutsche Zeitung*, 22.1.1990.
65 *The Independent*, 15.1.1990.

sescu-Administration genannte Selbstmord-These stößt vielerorts auf Unglauben. Jene Mitglieder der FNR (Dumitru Mazilu, Silviu Brucan), die über gute Beziehungen zur Securitate verfügen, haben sich die Selbstmord-These zu eigen gemacht. Dies wirft automatisch die Frage nach der Rolle des Geheimdienstes in der Affäre auf. Es gibt immerhin Berichte, die behaupten, General Milea sei von der Securitate getötet worden, nachdem der zweithöchste Securitate-General, Marin Neagoe, Ceausescu berichtet habe, daß Milea nicht mehr loyal sei.[66] Die neue Führung bereitete General Milea am 29.12.1989 ein Staatsbegräbnis, doch zugleich verschleierte und behinderte sie die Aufklärung der Umstände, unter denen Milea zu Tode kam. Als Ion Dinca, einer der vier ranghohen Mitarbeiter Ceausescus, die bislang vor Gericht gestellt wurden, dazu ansetzte, dem Gericht ungefragt Einzelheiten über den Tod des Verteidigungsministers mitzuteilen, wurde er am Weiterreden gehindert.

Machtkampf zwischen Armee und FNR?

Die Entscheidungsgewalt über den Einsatz der Streitkräfte beim Sturz des Ceausescu-Regimes sowie bei der Bildung einer neuen Regierungsmacht lag in den Händen des Verteidigungsministers Milea – solange er lebte. Die Nachricht von seinem Tod war – so ein Soldat – der Wendepunkt, der die Rebellion der Streitkräfte auf breiter Basis ausgelöst hat.[67] Wut und Empörung über den Tod des bei der Truppe sehr beliebten Verteidigungsministers hatten zur Folge, daß zahlreiche Offiziere und Soldaten auf die Seite der Aufrührer wechselten. Das paßte ins Konzept der Putschisten der FNR, die nichts mehr fürchteten als einen Gegenputsch. Mircea Dinescu, ein guter Kenner der Front-Szene, hat behauptet,[68] Ion Iliescu sei »die

66 *The Economist*, 6.1.1990.
67 *Reuter*, 5.1.1990.
68 *Frankfurter Rundschau*, 11. Januar 1990.

einzige Alternative zu einem möglichen Militärputsch« gewesen und »die einzige Chance«, einen solchen zu verhindern.

Dazu brauchte die FNR ihre eigenen Parteigänger in der Armee. Der starke Rückhalt, den sie bei jenem Teil der Generalität genoß, der seit 1968 von Ceausescu in mehreren Schüben aus dem aktiven Dienst gedrängt worden war, reichte dazu nicht aus. Entscheidend war es, die Unterstützung hoher aktiver Militärs in strategisch wichtigen Positionen zu gewinnen. Dies war der FNR bereits vor dem Sturz Ceausescus in einigen Fällen gelungen. Wie der redselige Silviu Brucan in einem Interview[69] erklärte, sei man sich bei der FNR »der Armee immer sicher gewesen, nicht aber aller ihrer Generale«. In der Presse ist von »elf Armeegeneralen, deren Rebellion den Umsturz ermöglicht« habe, die Rede.[70]

Dazu gehörte zweifellos Mihai Chitac, zum Zeitpunkt des Umsturzes kommandierender General der Garnison Bukarest, und General Gheorghe Voinea, der Kommandeur der Truppen, welche den Platz des Palastes kontrollierten. Beide absolvierten gemeinsam mit den »Revolutionären« der FNR am frühen Nachmittag nach Ceausescus Sturz ihren ersten Auftritt im rumänischen Fernsehen und begleiteten Roman und Iliescu zum Gebäude des Zentralkomitees. Chitac, promovierter Chemiker, war nach Militärakademie, Verwendungen im Generalstab und einer Lehrtätigkeit an der Militärakademie 21 Jahre lang der Kommandant der chemischen Truppen der Armee. Erst »in den letzten Jahren« war er eigenen Angaben zufolge[71] als Kommandeur der Garnison Bukarest tätig gewesen. Nach dem Sturz Ceausescus belohnten ihn die neuen Führer mit dem Posten des Innenministers. Die Rolle, die Chitac bei der versuchten Niederschlagung der Temesvarer Unruhen gespielt hat, bleibt umstritten. Von den Offizieren, die am 12. Februar seine Ablösung als Innenminister forderten, wird behauptet, Chitac sei am Einsatz von Gewalt gegen die revoltierende Be-

---

69 *Le Monde*, 29.12.1989.
70 *Die Zeit*, 4.1.1990.
71 *Radio Bukarest*, 15.1.1990.

völkerung aktiv beteiligt gewesen.[72] Chitac bestritt dies, und eine von Premierminister Petre Roman eingesetzte Regierungskommission fand keine Beweise für die gegen ihn vorgebrachte Anschuldigung.[73] Von offizieller Seite heißt es, Chitac sei im Auftrag des Verteidigungsministers Milea nach Temesvar entsandt worden, wo er entgegen den Befehlen Ceausescus gehandelt und den Einsatz von Tränengas verhindert habe. Offiziere, die in Temesvar dabei waren, behaupten dagegen, Chitac habe die Soldaten zum Schießen aufgefordert.[74] Auch wird darüber spekuliert, daß Chitac mit seiner Weigerung, Tränengas einzusetzen, erst den Einsatz von Schußwaffen gegen die Bevölkerung provoziert habe, der zur Eskalation und in letzter Konsequenz zum Sturz Ceausescus führte. Die Regierung hält an Chitac zumindest bis zu den Wahlen[75] fest. Die Verdienste, die er sich um den Umsturz erworben hat, können von offizieller Seite nicht in allen Einzelheiten dargestellt werden, ohne zusätzliche Beweise für die These zu liefern, daß die FNR durch einen Putsch mit Hilfe abtrünniger Militärs an die Macht gelangt ist.

Den maßgeblichen Part unter den aktiven Offizieren scheint jedoch General Atanasie-Victor Stanculescu gespielt zu haben. Er diente Ceausescu bis zum 22. 12. als Erster Stellvertretender Verteidigungsminister. Stanculescu, Jahrgang 1928, in der dritten Generation Berufsoffizier, absolvierte 1949 die Offiziersschule und drei Jahre später die Militärakademie. Nach mehrjähriger Verwendung im Apparat des Generalstabs leitete er die Wirtschaftsabteilung des Verteidigungsministeriums. 1981 wurde er zum Stellvertretenden Verteidigungsminister ernannt, ab 1985 fungierte er als Erster Stellvertretender Verteidigungsminister, verantwortlich für die Waffenproduktion und das Beschaffungswesen. Daß er zu den Unzufriedenen in der Armeeführung gehört haben könnte, ist leicht vorstellbar, war

---

72 *AFP*, 12. 2. 1990.
73 *Radio Bukarest*, 28. 2. 1990.
74 *Bonner Generalanzeiger*, 3./4. 3. 1990.
75 *AFP*, 22. 2. 1990.

er doch als Wirtschaftsexperte der Armee und Verantwortlicher für Fragen der Logistik, der Waffenproduktion und Ausstattung für jene Bereiche zuständig gewesen, die jahrelang für Spannungen zwischen dem Militär und ihrem obersten Befehlshaber Ceausescu gesorgt hatten. Im Juli 1989 war er dadurch aufgefallen, daß er zu einem Zeitpunkt, als die militärischen Beziehungen zwischen Ungarn und Rumänien auf einem Tiefpunkt angelangt waren, als Gast des ungarischen Verteidigungsministers Ferenc Karpati seinen Urlaub im Nachbarland verbrachte.

Mit Beginn der Unruhen hatte Stanculescu sich ins Militärkrankenhaus begeben und sich einen Gipsverband am Bein anlegen lassen, um eine Verwicklung in Repressionsmaßnahmen zu vermeiden. Dies hinderte ihn jedoch nicht daran, den – gescheiterten – Fluchtversuch der Ceausescus zu organisieren.[76] Daß er Iliescu und Brucan schon vor den Dezember-Ereignissen gekannt hat, sagt er selbst.[77] Der General behauptet, in den 20 entscheidenden Stunden nach der Flucht Ceausescus de jure und de facto als Oberbefehlshaber der Armee fungiert zu haben. Er behauptet weiter, das operative Kommando über die Kampfhandlungen geführt und die »Führer der Revolution« zu ihrer Sicherheit im Verteidigungsministerium untergebracht zu haben.

Die Fakten sprechen eher dafür, daß Stanculescu, der öffentlich nicht als Oberbefehlshaber der Armee in Erscheinung getreten ist, in den »heißen Stunden« vorwiegend mit der übergeordneten Strategie der Machtübernahme durch die FNR befaßt war. Er spann die Fäden zwischen den von Ceausescu abgefallenen Militärs, den Aufrührern der FNR und den Kollaborateuren im Innenministerium.[78] Welche Rolle hat Stanculescu bei der Formulierung des Hilferufs der FNR an die Adresse der Sowjetunion gespielt? Der Hilferuf war mit dem Argument be-

---

76 *The Independent,* 23.2.1990 und *Romania Libera*, 18.2.1990.

77 *Frankfurter Allgemeine Zeitung*, 13.2.1990.

78 Bei seinem ersten Auftritt auf der Bühne der Tele-Revolution berichtete Ion Iliescu über ein Telefongespräch, das er »vor zwanzig Minuten« mit General Stanculescu geführt habe. Dieser habe ihm mitgeteilt, daß es ihm

gründet worden, den kämpfenden Truppen sei die Munition ausgegangen: Ausrüstung und Beschaffung waren aber, wie erwähnt, das Arbeitsgebiet Stanculescus gewesen. Bleibt am Ende nur zu fragen: Wenn Stanculescu wirklich, wie er behauptet, den militärischen Oberbefehl in Bukarest innehatte, wie kommt es dann, daß nicht er, sondern der Erste Stellvertretende Verteidigungsminister, Generalstabschef Gusa, für das angebliche Versagen der Armee zur Verantwortung gezogen und abgesetzt wurde? Stanculescu hingegen, der Mann, auf den die FNR sich im Verteidigungsministerium »am meisten verließ«[79], wurde zum Wirtschaftsminister ernannt. Seitdem General Nicolae Militaru, einer der »Führer der Bewegung«, wie Stanculescu ihn nannte, von streikenden Militärs am 16.2.1990 zum Rücktritt gezwungen wurde, heißt der neue Verteidigungsminister Victor Stanculescu.

Vieles spricht dafür, daß es in dem Zeitraum zwischen der Flucht Ceausescus am 22.12. und der Selbsteinsetzung der FNR am 26.12. ein Ringen um die Macht zwischen der aktiven Führung der Armee und der FNR gegeben hat. Das Ringen wurde dadurch verdeckt, daß die Armee den Kampf für den endgültigen Sturz des alten Regimes, den sie seit Beginn des Volksaufstands flankierend begleitet hatte, gemeinsam mit der Front führte, sich zugleich aber auch dagegen wehrte, die politische Initiative an die FNR abzutreten. In den ersten Stunden und Tagen nach dem Sturz des Diktators war dieses Ringen Teil der Tele-Revolution, nicht zuletzt deswegen, weil Fernsehen und Rundfunk von Anfang an »unter der direkten Leitung Ion Iliescus« gestanden hatten, wie ein Sprecher verriet.[80]

Bereits mit seinem ersten Auftreten im Fernsehen ungefähr zwei Stunden nach der Flucht der Ceausescus betrieb der ehe-

---

nicht gelungen sei, mit der operativen Führung des Innenministeriums in Verbindung zu treten. Auch während der konstituierenden Sitzung der Front der Nationalen Rettung bemühte Iliescu sich laufend, telefonisch (wieder) mit Stanculescu in Kontakt zu treten. *Radio Bukarest*, 22.12.1989.

79 Silviu Brucan in: *Frankfurter Allgemeine Zeitung*, 13.2.1990.

80 *Radio Bukarest*, 23.12.1989.

malige Propaganda-ZK-Sekretär Ion Iliescu Machtpolitik in gekonnter eigener Regie. Seine Vorstellung erfolgte nicht wie die der anderen Akteure mit ihrer Berufsbezeichnung – Iliescu wurde, wie erwähnt, als »Sohn eines Revolutionärs und Patrioten und selber ein Patriot« vorgestellt. In seiner Ansprache, die er mit der Anrede »Genossen« begann, wandte er sich ausdrücklich auch an die ehemaligen Mitglieder der Führung der RKP, die er zur Mitarbeit aufforderte. Wichtig war für ihn, auf das Ende der alten Führung als Folge von Ceausescus Sturz hinzuweisen, welches die sofortige Gründung eines Komitees der Nationalen Rettung notwendig mache. Das Ziel: die Sicherung der öffentlichen Ordnung und der Versorgung der Bevölkerung; von einem Ende des Systems war keine Rede.

Die Sprecher der Armee setzten ganz andere Akzente. Sie waren offensichtlich in der heißen Phase der Ereignisse nicht mit Koalitionen und Konstellationen der neuen Staatsmacht beschäftigt, sondern mit konkreten Aufgaben zum Schutz der Bevölkerung und zur Verteidigung der strategisch wichtigen Punkte gegen die Anhänger Ceausescus. Als erster aktiver General traf Ion Hortopan, bis 1980 Generalstabschef und Stellvertretender Verteidigungsminister, der 1984 aus dem Zentralkomitee der RKP ausgeschieden war, beim Fernsehen ein. Er rief die Soldaten zur Treue zu ihrem Schwur auf Volk und Vaterland und zur Verteidigung der Souveränität und territorialen Einheit des Landes auf. Die Truppen sollten nur den Befehlen der Armee gehorchen. Am 22.12. trat der Generalstabschef der Armee und Erste Stellvertretende Verteidigungsminister, Stefan Gusa, in seiner Eigenschaft als der de facto höchste militärische Befehlshaber kurz im Fernsehen auf, um die Übernahme der Securitate durch die Armee bekanntzugeben. Gusa war es auch, der Innenminister Tudor Postelnicu und Ion Dinca, ein Mitglied der Parteiführung, gefangenhielt.

In den Reigen derer, die vor den laufenden Kameras des Revolutionsmediums Fernsehen politische oder persönliche Statements abgaben, hatte sich auch eine nicht näher bezeichnete »Gruppe von Bürgern« gemischt, die sich am frühen Nachmittag des 22.12. beim Fernsehen eingefunden hatten. In ihrem Kommuniqué forderte sie, die Armee müsse gemeinsam mit den Betriebsräten (»Komitees der Werktätigen«) die Kontrolle in ganz Rumänien übernehmen. Sie verlangten außerdem »die Schaffung einer provisorischen Regierung, die Rumänien zu freien Wahlen führen solle«. Unmittelbar danach begann die Stimmung im Studio zum Nachteil der Armee umzuschlagen. Mehr noch: Es wurde eindeutig Stimmung gegen die Armee gemacht. »Ein Armeeoberst Nicolae Militaru« zeigte sich betrübt über das »Verbrechen«, an dem die rumänische Armee beteiligt gewesen sei: Soldaten hätten auf Kinder und Frauen geschossen und unschuldige Menschen getötet. Er rief mehrere aktive Generale, darunter auch Stefan Gusa auf, »das Gemetzel zu beenden«.[81] Eine Stimme im »Chor« forderte die Gefangennahme des Generalstabschefs und »Verräters Gusa«. Zu der gezielten Verleumdungskampagne gegen die Armee gehört auch, daß ihr frühzeitig das Verdienst streitig gemacht wurde, die Festnahme der Ceausescus bewerkstelligt zu haben. Aus Kreisen der FNR sowie aus dem Innenministerium verlautete, nicht die Luftwaffe habe den Präsidentenhubschrauber zur Landung gezwungen, vielmehr hätten Bauern die Flucht der beiden vereitelt.[82]

Der Vorwurf der Unfähigkeit, den die Führung der FNR am 28.12. zum Vorwand nahm, um die Entlassung General Gusas zu begründen, wurde der Armee bereits am 22.12. gemacht. Das Militär, so hieß es im Fernsehen, sei nicht imstande, Ruhe und Ordnung zu garantieren. Die Soldaten wurden aufgefordert, weniger zu reden und statt dessen Taten zu zeigen, etwa Selbstverteidigungsverbände in Stadtvierteln und Betrieben zu bilden, was noch am gleichen Abend geschah. In die gleiche Kerbe schlug auch die sowjetische Presse, die ebenfalls Zweifel an der Effektivität der rumänischen Armee anmeldete: Der regulären Armee, so schrieb die Parteizeitung *Pravda*,[83] gelinge

---

81 *Radio Bukarest*, 22.12.1989.
82 *Romania Libera*, 28.12.1989 *und The Financial Times*, 29.12.1989.
83 26.12.1989.

es offenbar nicht, den Angriffen der Terroristen ein Ende zu setzen.

Obwohl der Name des Generalstabschefs auf der Liste der FNR-Mitglieder stand, die am Abend des 22. 12. veröffentlicht wurde, erwähnte Gusa die FNR in seinem Appell an die Bevölkerung vom 23. 12. mit keinem Wort.[84] Darin sprach Gusa die Vaterlandsliebe und das Verantwortungsgefühl der Menschen an. Er rief sie dazu auf, »so schnell wie möglich einen neuen Kurs zu bestimmen« und die Souveränität und Integrität Rumäniens zu wahren.[85] Sollte das heißen, daß er die Richtung, in welche die FNR am Vorabend aufgebrochen war, nicht für den »neuen Kurs« hielt, der ihm und anderen Armeevertretern vorschwebte?

Solange jedoch Ceausescu, auch nach dem Umsturz rechtlich das rumänische Staatsoberhaupt und Oberbefehlshaber der Streitkräfte, noch lebte und solange ihm Teile der Generalität ihre Loyalität bewahrten, gab es das von Ion Iliescu so gerne beschworene politische Machtvakuum nicht. Es konnte nur entstehen, indem man es selbst hervorrief und die – formaljuristisch gesehen – immer noch bestehende rumänische Führung auf dem Wege der Aburteilung und Hinrichtung Nicolae Ceausescus ausschaltete.

Am Weihnachtsabend hatte Ion Iliescu angekündigt, die auf der Flucht verhafteten Ceausescus würden vor Gericht gestellt und »vom Volk« abgeurteilt werden. Der Prozeß gegen Ceausescu wurde dann von einem »außerordentlichen Militärgericht« geführt, das – wie das rumänische Fernsehen[86] betonte – vom Rat der FNR als »dem Organ der Staatsmacht« eingesetzt worden war. Es funktioniere entsprechend den »geltenden gesetzlichen Regelungen«, hieß es weiter. In der Tat verlief der Prozeß im Stil stalinistischer Schauprozesse, mit rhetorischen

---

84 Zum Vergleich: Mihai Chitac bekannte sich bereits bei seinem ersten Auftreten im Fernsehen ausdrücklich zur Front der Nationalen Rettung, was von *Radio Moskau* noch am Abend des 22. 12. lobend vermerkt wurde.

85 *Agerpres*, 23. 12. 1989.

86 *Radio Bukarest*, 26. 12. 1989.

Anwürfen seitens der Ankläger und den Beteuerungen der sogenannten Verteidiger, Gericht und Verfahren seien rechtmäßig.[87]

Die für das Fernsehen präparierte Fassung des Prozesses kreist beharrlich um die Frage der Gesetzlichkeit des Verfahrens, die der Angeklagte Ceausescu bestritt. Immer wieder behauptet er, der rechtmäßige Staatspräsident und Oberbefehlshaber der Armee zu sein. Allein die Große Nationalversammlung (das rumänische Parlament) könne ihn aufgrund der gültigen verfassungsmäßigen Bestimmungen absetzen.

Die Vertreter der FNR versuchten den Eindruck zu erwekken, mit der Hinrichtung des gestürzten Diktators und seiner verhaßten Frau Elena wolle man der Angst der Bevölkerung vor einer Befreiung der Ceausescus durch versprengte Mitglieder ihrer Prätorianergarde Rechnung tragen. Doch für die neuen rumänischen Machthaber, die die Angst der Bevölkerung nicht zuletzt auch durch eine Desinformationskampagne[88] geschürt hatten, ging es nicht primär um Sicherheit, sondern um die Macht. Erst nach der Hinrichtung Ceausescus konnte sich der Rat der FNR formalgesetzlich etablieren und sich zum »höchsten Organ der Staatsgewalt erklären«. Aus diesem Grund weigerte sich die Armeeführung, wie es scheint, dem Diktator einen so kurzen und unguten Prozeß zu machen. Das tagelange Tauziehen[89] um die Fernsehbilder vom Prozeß und

---

87 Am Tage der Bekanntgabe der Mitglieder des außerordentlichen Militärtribunals, die Ceausescu und seine Frau zum Tode verurteilt hatten, beging dessen Vorsitzender Gica Popa Selbstmord. Er soll von Anhängern Ceausescus Morddrohungen erhalten haben, heißt es von offizieller Seite; *Die Welt*, 3.3.1990.

88 Der neue Verteidigungsminister Stanculescu spricht in diesem Zusammenhang von »psychologischer Kriegsführung«, in: *Frankfurter Allgemeine Zeitung*, 13.2.1990.

89 Die Hinrichtung von Nicolae und Elena Ceausescu erfolgte am 25.12.1989 um die Mittagszeit, im Anschluß an den am Vormittag desselben Tages abgehaltenen Prozeß. Am 26.12. um drei Uhr morgens verkündete ein Sprecher der auf die versprochene Übertragung wartenden rumänischen Bevölkerung, die eingetretene Verspätung sei darauf zurückzuführen, daß eine Sicherheitskopie der Aufzeichnung hergestellt werden müsse. Es werde je-

von der Hinrichtung Ceausescus könnten ein Indiz dafür sein. Mit der Schaffung eines Militärrats, der dem Vorsitzenden des Rates der FNR unterstellt war, hatten die neuen Männer ihr Ziel erreicht. Stefan Gusa wurde seines Amtes als Erster Stellvertretender Verteidigungsminister und Generalstabschef enthoben. Ihm wurden schwere militärische Fehler bei der Verteidigung des ZK-Gebäudes gegen die Angriffe der Ceausescutreuen Securitate[90] und ein Verhalten vorgeworfen, das nicht »in Übereinstimmung mit seinen Pflichten« gewesen sei.[91] Alle Militärs, die der FNR angehören, hätten sich für seine Ablösung ausgesprochen.[92] Ob dabei auch die Tatsache eine Rolle gespielt hat, daß Gusa sich geweigert hatte, der vom Rat der FNR angeforderten »Hilfeleistung« der Sowjetunion seine Zustimmung zu geben? Es gab sogar unbestätigte Gerüchte, denen zufolge Gusa, der während der Revolution das Image eines Volkshelden erlangt hatte, nach seiner Entlassung aus dem aktiven Dienst in Haft genommen worden sei.[93] Zuletzt wurde sein Name am 11.1.1990 im Zusammenhang mit seiner Beförderung zum Generalleutnant genannt.

Zum neuen Verteidigungsminister wurde der reaktivierte Putschgeneral Nicolae Militaru nominiert. Militaru, gemäß eigenen Angaben auch Absolvent der Obersten Sowjetischen Militärakademie,[94] war nach 1968 zum Kommandeur der Garnison Bukarest ernannt, 1974 dann zum Generalleutnant befördert und ins Zentralkomitee der RKP gewählt worden. Im Jahre 1978 war er aus dem aktiven Dienst der Armee entfernt und zum Stellvertretenden Minister für Industriebauten er-

---

doch keine Zensur geübt. Um sechs Uhr morgens hieß es, der Film werde im Laufe des Tages gesendet. Um zehn Uhr zeigte das Fernsehen eine »gekürzte Fassung« und um 23 Uhr eine ebenfalls unvollständige Version unter der Überschrift »Aspekte des Prozesses«.

90 Dies sagte der Vizepräsident der FNR, Cazimir Ionescu, gegenüber einem Vertreter von *TASS*, 29.12.1989.

91 *The Economist*, 5.1.1990.

92 Mihai Lupoi in: *Le Figaro*, 3.1.1990.

93 *Die Welt*, 4.1.1990.

94 *Tineretul Liber*, 9.1.1990.

nannt worden. 1984 schied er auch aus dem ZK aus. Nicht bestätigten Informationen westlicher Zeitungen zufolge soll er von Ceausescu zum Tode verurteilt, dann auf Drängen der Sowjets begnadigt worden sein.[95] Der ebenfalls aus der Reserve geholte General Stefan Ionel wurde neuer Generalstabschef.

Zugleich mit der Entlassung Stefan Gusas wurde die gesetzliche Grundlage der national-rumänischen Verteidigungspolitik getilgt: Die zweite Verordnung, welche vom Rat der FNR noch am Tage seiner Konstituierung erlassen wurde, war das Gesetz Nr. 5/1969 »über die Gründung, Struktur und die Tätigkeit des Verteidigungsrates der Sozialistischen Republik Rumänien«. Dieses Gesetz, im Anschluß an die 1968 erfolgte Invasion der Warschauer-Pakt-Truppen in der Tschechoslowakei verabschiedet, hatte den Grundstein für die relative militärpolitische und außenpolitische Unabhängigkeit Rumäniens gelegt.

Die »Gorbatschow-Doktrin« oder: Breschnew auf den Kopf gestellt

Wie sind nun Meldungen zu bewerten, die von sowjetischen Erwägungen hinsichtlich eines militärischen Eingreifens zugunsten der Front – allein oder zusammen mit anderen Staaten des Warschauer Pakts – in Rumänien während der heißen Phase des Kampfes zum Sturz Ceausescus berichteten? Die konkrete zeitgeschichtliche Situation vermag Aufschluß über die mit dem Namen Breschnews verbundene sowjetische Doktrin der eingeschränkten Souveränität der osteuropäischen Staaten zu geben. Dabei soll ausdrücklich nicht das moralische Dilemma erörtert werden, vor das sich die Völkergemeinschaft angesichts eines menschenverachtenden Regimes gestellt sah, gegen das die eigene Bevölkerung machtlos zu sein schien. Ein weiteres Problem besteht darin, daß Ceausescu selbst den Vorwurf eines von außen (Ungarn, Sowjetunion, westliche Staaten?) geplanten, gegen ihn gerichteten Umsturzversuchs geäu-

95 *Le Point*, 2.1.1990 und *Le Figaro*, 5.1.1990.

ßert hat – und diese Behauptung hat er auch im Verlauf seines von den Fernsehstationen weltweit übertragenen Prozesses wiederholt. Allein deswegen sollte aber die Frage nach einer außerrumänischen Beteiligung an dem Umsturz nicht unter den Tisch fallen. Hat Gorbatschow, so ist zu fragen, eine militärische Intervention der Sowjetunion in Rumänien erwogen? Gab es von seiten der sowjetischen Führung irgendwelche politischen Signale für ein direktes Eingreifen in das Geschehen in Rumänien für den Fall, daß die Führung der Front sich nicht mehr auf die Armeespitze verlassen konnte?

Die Frage, ob sich die Sowjetunion – trotz der allen osteuropäischen Staaten ausdrücklich zugesicherten Freiheit der Wahl ihrer Entwicklung – einen Anspruch auf Intervention vorbehalten hat, ist, wie ich meine, mit »Ja« zu beantworten. Gorbatschow hat die aus dem klassischen Arsenal der Sowjetideologie entliehene These von der Führungsrolle der KPdSU innerhalb der kommunistischen Weltbewegung übernommen und sie als »internationale Verantwortung der Sowjetunion für die Entwicklung und das Ansehen des Sozialismus im Weltmaßstab« den neuen politischen Erfordernissen angepaßt. Die Doktrin der »kollektiven Verantwortung« für das Schicksal des Weltkommunismus ist an sich nichts Neues. Sie diente Breschnew dazu, das dogmatisch-zentralistische sowjetische Gesellschaftsmodell gegen die Reformbestrebungen einiger osteuropäischer Regierungen zu verteidigen. Gorbatschow benutzte sie, um damit das sowjetische Modell der Umgestaltung wenn nötig auch gegen den Willen dogmatisch-zentralistischer Führungseliten in seinem osteuropäischen Vorfeld durchzusetzen. Mehr noch: Gorbatschows Beharren auf der »weltweiten Bedeutung«[96] der Perestrojka im Umgang mit den reformunwilligen Führungsriegen in Osteuropa wurde dort als Neuauflage der Breschnew-Doktrin rezipiert.[97]

---

96 *Scinteia*, 6.10.1988.

97 Die neubelebte »Theorie der begrenzten Souveränität«, schrieb ein Kommentator, manifestiere sich nicht nur in »wirtschaftlichen Willkürakten und Pressionen«, sondern auch in »Erklärungen von Leuten, die ... sich anma-

Eine Neuauflage, so wäre hinzuzufügen, die gleichzeitig die alte Doktrin auf den Kopf stellt; denn während die klassische sowjetische Interventionsdoktrin in der Praxis bedeutete, daß die Sowjetunion die bestehenden Führungsmannschaften (»den Sozialismus«) gegen die jeweils revoltierende Bevölkerung (»die Konterrevolution«) stützte, so bedeutet die Gorbatschow-Doktrin in der Praxis die aktive Parteinahme der Sowjetunion gegen die herrschenden Machteliten (»Gefährdung des Sozialismus«) mit dem Ziel, neuen, prosowjetischen und Perestrojka-freundlichen Eliten (»Vertreter des wahren, demokratischen, menschlichen Sozialismus«) in den betreffenden Staaten an die Macht zu helfen.

Am Beispiel der rumänischen Ereignisse läßt sich dieser Wandel in der Praxis sowjetischer Einflußnahme ziemlich genau nachvollziehen. Bereits im Dezember 1987 hatte der sowjetische ZK-Sekretär Ligatschow auf einer Pressekonferenz in Paris klargestellt, daß die Sowjetunion in Rumänien nicht intervenieren würde, falls das Regime Ceausescus gestürzt würde: »Wenn die Rumänen Schwierigkeiten haben, hoffen wir inständig, daß sie diese überwinden. Wenn etwas anderes passieren sollte – was sowieso eine Hypothese ist – beabsichtigen wir nicht, einzugreifen.« Im Klartext hieß das: Die sogenannte Breschnew-Doktrin würde *zugunsten* Ceausescus nicht zur Anwendung kommen.[98] Die sowjetische Führung hat, auch wenn sie dies im nachhinein zu bestreiten sucht, Gegnern des rumänischen Staats- und Parteichefs signalisiert, daß sie im Fall des Falles nicht – wie nach dem klassischen Interventionsschema üblich – zugunsten des Machtinhabers intervenieren werde. So antwortete Silviu Brucan auf die Frage eines Fernsehjournalisten, ob er im November 1988 während eines Besuchs in der Sowjetunion für den Fall, daß Ceausescu stürze, »Versicherungen« bezüglich einer Unterstützung durch die Sowjetunion erhalten habe, ein solches Versprechen sei gegeben

---

ßen, anderen Staaten Lösungen für deren spezifische Probleme vorzuschreiben«, in: *Contemporanul* Nr. 48, 8. 7. 1988.

98 *AFP*, 4. 12. 1987.

worden, wenn auch »zögernd«, was er auf die »neue Politik der Nichteinmischung in die Angelegenheiten der osteuropäischen Staaten« zurückführte. Er habe versprechen müssen, seine Kontakte nicht preiszugeben. Noch am gleichen Tage dementierte der sowjetische Außenamtssprecher die Behauptung Brucans. Nachforschungen beim sowjetischen Außenministerium hätten ergeben, daß kein »offizielles Versprechen welcher Art auch immer vorliege«.[99]

Mihai Lupoi, ein weiteres Mitglied der neuen Führung, berichtete außerdem, »die Front« habe am 22.12., an dem Tag also, an dem Ceausescu geflohen und die FNR erstmals an die Öffentlichkeit getreten war, bei Gorbatschow angefragt, ob er zugunsten Ceausescus intervenieren werde. Davon – so Lupoi – sei auf sowjetischer Seite keinen Augenblick die Rede gewesen.[100]

Eine Analyse offizieller sowjetischer Stellungnahmen zu den Unruhen in Rumänien sowie die Berichterstattung in den sowjetischen Medien und den rumänischsprachigen Sendungen des sowjetischen Staatsrundfunks läßt erkennen, daß die sowjetische Führung bereits am 20. Dezember, dem Tag der Rückkehr Nicolae Ceausescus aus dem Iran, entschlossen war, ihre Einstellung zur rumänischen Regimekrise publik zu machen. An diesem Tag verbreitete *Radio Moskau* in seiner rumänischsprachigen Sendung eine Stellungnahme des sowjetischen Außenministers Eduard Schevardnaze, die sich in ihren beiden Kernaussagen mit der Legitimationstheorie der sowjetischen Interventionsdoktrin (Verantwortung für den gefährdeten Sozialismus) deckt: »Die internen Vorgänge in Rumänien beginnen sich auch auf die zwischenstaatlichen Beziehungen auszuwirken« und »sie können das Image der sozialistischen Ideale trüben«. Damit war klar: Die sowjetische Führung würde Nicolae Ceausescu und sein Regime nicht unterstützen. Sie hatte den Diktator bereits abgeschrieben, ehe er gestürzt war, und sie hatte eindeutig Position bezogen.

---

99 *Reuter*, 4. 12. 1987.
100 *Le Figaro*, 3. 1. 1990.

Die sowjetischen Medien (die Nachrichtenagentur *TASS*, der sowjetische Rundfunk und das Fernsehen) brachten am 21. Dezember 1989 noch *vor* der von Ceausescu zu seiner Unterstützung organisierten Großveranstaltung in Bukarest Meldungen über Protestäußerungen von Staats- und Parteiführungen aller osteuropäischen Staaten einschließlich Jugoslawiens gegen die Repressionsmaßnahmen in Temesvar. Die rumänischsprachige Sendung von *Radio Moskau* hatte ihre Hörer bereits am Abend des 20. Dezember auf die Sendungen der Rundfunk- und Fernsehstationen der Nachbarstaaten hingewiesen, die das von der rumänischen Führung verhängte Informationsembargo wettmachten. *Radio Moskau* berichtete bereits wenige Stunden nach dem Ende der verhängnisvollen Großveranstaltung in Bukarest, die Rede Ceausescus habe die »Spannung in Bukarest« nicht gemindert. Mehrere tausend Demonstranten, so der Bericht weiter, hätten »Nieder mit der Diktatur« gerufen. Drei Deputierte des Obersten Sowjets äußerten sich daraufhin in der Sendung[101] in kaum verschlüsselter Weise: Ceausescu sei kein Sozialist mehr (er schießt auf das Volk), er sei ein Gegner der sowjetischen Umgestaltung und des unaufhaltsamen Demokratisierungsprozesses in Osteuropa. Während die Beschreibung Ceausescus als »totalitär«, »autoritär«, »Stalinist« bereits zu erkennen gab, daß die Sowjetführung ihn nicht mehr stützte, stellten die sowjetischen Parlamentarier sich ausdrücklich auf die Seite des rumänischen »Volkes«, dessen Forderungen und Protestaktionen sie ausdrücklich guthießen.

Zu klären bleibt, ob zu irgendeinem Zeitpunkt der rumänischen Krise eine Absicht der Sowjetführung bestanden hat, militärisch im Nachbarland zu intervenieren. Dabei muß nicht zuletzt auch der Frage nachgegangen werden, ob es einen an die Sowjets gerichteten »Hilferuf« von rumänischer Seite gemäß der ungarisch-tschechoslowakisch-afghanischen Tradition gegeben hat. Seit dem Sturz Ceausescus und der Etablierung der neuen rumänischen Führung beteuern rumänische wie sowjeti-

---

101 *Radio Moskau* in rumänischer Sprache, 21.12.1989.

sche Offizielle immer wieder ungefragt, daß eine militärische Intervention der Sowjetunion weder von den Vertretern der Front angefordert noch von der Sowjetunion ins Auge gefaßt worden sei.[102] Eine Einmischung in die inneren Angelegenheiten eines Landes sei mit dem neuen Denken nicht vereinbar, versicherte das Moskauer Außenministerium. Doch was geschah wirklich?

Hierzu einige Fakten: Am 23. Dezember 1989 wurde in der Stunde zwischen 11 und 12 Uhr vormittags im rumänischen Rundfunk folgende Nachricht ohne Angabe eines Autors oder irgendeiner Quelle mehrfach gesendet: »Wir haben erfahren, daß durch die Vermittlung der Botschaft der UdSSR die Hilfe der Sowjetarmee angefordert wurde, da Terroristen durch fremde Interventionisten Hubschrauber eingesetzt haben.« Die jugoslawische Nachrichtenagentur *Tanjug* und die britische *BBC* bestätigen übereinstimmend, daß eine ähnlich formulierte Bekanntgabe auch im durch die FNR bereits besetzten Rumänischen Fernsehen »von einem Sprecher der Aufständischen«[103] verlesen wurde, worin es hieß, die sowjetische Botschaft in Bukarest habe zugesagt, die UdSSR werde den »notwendigen militärischen Beistand für die rumänische Revolution« leisten, nachdem »in Rumänien Gruppen ausländischer Terroristen« auftreten, die »die Institutionen und die Bevölkerung mit Hubschraubern« angreifen. Auch in der sowjetischen Presse wurde der Hilferuf der Front bestätigt. Gemäß einem Korrespondentenbericht[104] aus Bukarest hatte sich am 23. 12. gegen 10 Uhr morgens beim sowjetischen Pressebüro ein Anrufer namens »Professor Oaldea« mit folgender Nachricht gemeldet: »Ich konnte zur sowjetischen Botschaft telefonisch nicht durchdringen. Teilen Sie Gorbatschow bitte mit, daß wir

---

102 Am 25. 12. 1989, dem Tag seiner Ernennung zum Vorsitzenden des Rates der FNR, bestritt Ion Iliescu, daß die Front ein militärisches Hilfeersuchen an die Sowjetunion gerichtet habe. Am selben Tage gab auch das sowjetische Außenministerium eine Erklärung dieses Inhalts ab: *Le Monde*, 26. 12. 1989 und *TASS*, 25. 12. 1989.

103 *Reuter*, 23. 12. 1989.

104 *Sovetskaja Rossija*, 24. 12. 1989.

bereit sind, sowjetische Militärhilfe anzunehmen. Wir brauchen sie.« Eine halbe Stunde später, so berichtete das Blatt weiter, sei eine weitere Meldung eingegangen: »Als Folge des Hilfeersuchens, das die Front der Nationalen Rettung an die Sowjetunion gerichtet hat, haben die Sicherheitskräfte Hilfe aus dem Iran angefordert.«

Mehr noch: Der sowjetische Staats- und Parteichef selbst hat den Hilferuf bestätigt. Vor dem Kongreß der Volksdeputierten der UdSSR sagte Gorbatschow am frühen Nachmittag des 23.12.: »Da gab es immerhin einen Augenblick, in dem aus Bukarest vom Komitee der Nationalen Rettung um Hilfe gebeten wurde, da einige Einheiten der Streitkräfte gegen das Volk vorgegangen seien.«[105] Da in Bukarest ein Sowjetbürger verwundet worden sei, habe man eine Erklärung abgegeben; auch habe man vereinbart, Kontakt zu den anderen Staaten des Warschauer Pakts aufzunehmen, »um die Aktivitäten zu koordinieren und zusammenzuarbeiten, um das Volk Rumäniens zu unterstützen und um eine Reihe anderer Maßnahmen zu koordinieren, die zu diesem Zwecke durchgeführt werden.« Eine Beobachtungsgruppe sollte die Ereignisse in Rumänien laufend verfolgen.

Aufgrund der vorliegenden Informationen besteht kein Grund, daran zu zweifeln, daß von der sowjetischen Führung auch militärische Aktionen ins Auge gefaßt worden waren für den Fall, daß nicht die gesamte Armeeführung auf die Seite der Front gewechselt wäre. In der Öffentlichkeit war nur die Möglichkeit von Munitionslieferungen diskutiert worden. So hatte Michail Gorbatschow am 24.12. in der Frühsitzung des Volksdeputiertenkongresses gesagt, »die Front der Nationalen Rettung sei der Ansicht, daß zum Ausgleich des Munitionsmangels Hilfe aus dem Ausland nötig sei«.[106]

Am 23.12. veröffentlichte die sowjetische Nachrichtenagentur *TASS* eine anonyme Erklärung,[107] in der es in fast wörtlicher

105 *TASS*, 23.12.1989.
106 *TASS*, 24.12.1989.
107 Sie wurde am 24.12.1989 in allen sowjetischen Zeitungen abgedruckt.

Übereinstimmung mit der Erklärung der US-Administration zur Intervention in Panama hieß: »In der Sowjetunion kann man gegenüber dem Schicksal sowjetischer Bürger nicht gleichgültig bleiben, und diejenigen, die die Initiative zu den genannten Aktionen ergriffen haben und das Leben sowjetischer Menschen bedrohen, werden aufgefordert, ihre Aktionen unverzüglich einzustellen.« Sollte diese Erklärung im Stil der westlichen Großmacht eine von der Sowjetunion für den Bereich ihres eigenen »Hinterhofs« geplante oder zumindest ins Auge gefaßte militärische Aktion vorbereiten oder flankieren?

Einem Interview mit einem Schriftsteller aus Kischinew, der Hauptstadt der Moldauischen Sowjetrepublik, ist zu entnehmen, daß in Bessarabien getreu dem Muster, das auch beim Einmarsch in Afghanistan Anwendung fand, zwei Divisionen namens *Tudor Vladimirescu*[108] und *Stefan der Große* gebildet wurden, zu denen »auch Freiwillige eingezogen« wurden.[109] Mehr als 5000 sollen es gewesen sein, die sich bei der Moldauischen Nationalfront registrieren ließen.[110]

Was geschah im Rahmen des Warschauer Pakts? Unmittelbar nach der Ankündigung Gorbatschows vom 23.12., daß die sowjetische Führung sich an die anderen Warschauer-Pakt-Staaten wenden werde, um die Hilfeleistungen für das rumänische Volk zu koordinieren, behauptete der ungarische Außenminister Horn im ungarischen Fernsehen, die »operative Gruppe«, deren Aufstellung Gorbatschow für die nahe Zukunft gefordert hatte, funktioniere »bereits seit einigen Tagen« auf ungarischem Territorium. Horn kündigte an, daß am darauffolgenden Tag (24.12.1989) ein Außenministertreffen des Warschauer Pakts stattfinden werde. Das Thema der Diskus-

---

108 Diese Bezeichnung trug auch eine der Divisionen rumänischer Freiwilliger und Kriegsgefangener, die im Zweiten Weltkrieg auf dem Territorium der Sowjetunion gebildet wurde und im Schlepptau der Roten Armee nach dem Umsturz vom 23.8.1944 in Rumänien einmarschierte.

109 *Tineretul Liber*, 21.1.1990.

110 *Tanjug*, 27.12.1989.

sion sei Rumänien. Außerdem habe Ungarn den Vorsitzenden des Sicherheitsrats der Vereinten Nationen gebeten, möglichst noch für denselben Tag (23.12.1989) eine Sitzung dieses Gremiums einzuberufen. Es gab Berichte über die Massierung ungarischer Truppen an der Grenze zu Rumänien, doch »Ungarns Verteidigungsminister schloß eine sofortige Intervention aus«.[111]

Die Gesamtheit dieser Maßnahmen deckt sich Punkt für Punkt mit den Schritten, die Artikel 4 des Warschauer Vertrags im Falle eines Angriffs auf einen Mitgliedsstaat dieser Allianz vorsieht. Demnach kann jeder Mitgliedsstaat dem Angegriffenen auf individueller Basis in Abstimmung mit den anderen Unterzeichnerstaaten Soforthilfe leisten, die bis zum Einsatz von Streitkräften gehen kann. Als nächster Schritt sind sofortige Konsultationen der Unterzeichnerstaaten vorgesehen, in deren Verlauf gemeinsame Maßnahmen zur Wiederherstellung und Beibehaltung des Friedens und der internationalen Sicherheit getroffen werden. Schließlich muß als dritter Schritt der Sicherheitsrat der Vereinten Nationen über die oben beschriebenen Maßnahmen informiert werden.

In dem »seit Tagen« laufenden Countdown für eine statutengemäße, sozusagen legal abgesicherte Warschauer-Pakt-Aktion gab es nur einen einzigen Schwachpunkt: Der eine solche Aktion auslösende »Angriff« mußte wohl oder übel von außen kommen. Nicht zufällig begründete der Text des von *Radio Bukarest* ausgestrahlten Hilfeersuchens an die Sowjetarmee mit dem Einsatz von Hubschraubern durch »fremde Interventionisten«. Zugleich lief in Rumänien eine Desinformationskampagne[112] an, die die Menschen durch Schreckensmel-

---

111 *The Independent*, 24.12.1989.

112 Es besteht kein Zweifel, daß arabische Studierende in rumänischen Geheimdienstlagern ausgebildet wurden. Auch ist es mehr als wahrscheinlich, daß einige dieser Kämpfer in der Tat an der Seite ihrer Securitate-Kollegen in die Kämpfe eingegriffen haben. Was zählte, war die Medienkampagne mit dem offensichtlichen Ziel, eine »fremde Intervention« vorzutäuschen, die einer möglichen Intervention von Truppen des Warschauer Pakts als Vorwand dienen könnte.

dungen über Untaten arabischer Söldnertruppen in Atem hielt. Rundfunksprecher riefen die Bevölkerung zur Verteidigung der Funk- und Fernsehstationen gegen »arabische Truppen« auf. Mehrere osteuropäische Nachrichtenagenturen verbreiteten die Nachricht, daß Palästinenser, Syrer und Libyer an der Seite von Ceausescus Anti-Terror-Truppen in die Kämpfe verwickelt seien. Das tschechoslowakische Bürgerforum berichtete, die tschechoslowakische Botschaft in Bukarest habe Berichte über 2000 ausländische Söldner bestätigt.[113] Noch am 30.12.1989 antwortete der ungarische Außenminister Horn nach seinem Besuch in Rumänien auf die »Ungarn besonders interessierende Frage« nach den ausländischen Söldnern, es sei »eine Tatsache, daß Ausländer der verschiedensten Nationalitäten an den Kämpfen teilgenommen hätten«. Einen Tag später berichtete *Radio Moskau*,[114] sowjetische und bulgarische Stellen hätten vor »fremden Söldnern« an Bord von Schiffen und Hubschraubern gewarnt, die ohne nationale Kennzeichen in rumänischen Küstengewässern operiert hätten – angeblich um den Anhängern des hingerichteten rumänischen Diktators zu Hilfe zu kommen.

Dafür, daß eine Intervention seitens eines oder mehrerer Staaten des Warschauer Pakts letzten Endes nicht stattgefunden hat, gibt es zwei Ursachen. Zum einen gab es in der sowjetischen Führung offenbar Widerstand gegen eine militärische Intervention oder zumindest gegen die Entsendung von Truppen nach Rumänien.[115] Unmittelbar nach der Ankündigung Gorbatschows vom 23.12., man erwäge mit den anderen Warschauer-Pakt-Staaten koordinierte »Hilfsmaßnahmen« für Rumänien, hatte Ministerpräsident Nikolaj Ryschkow im sowjeti-

113 *AP*, 30.12.1989.

114 *Radio Moskau* in rumänischer Sprache, 31.12.1989.

115 Es ist schwer zu sagen, welche politischen Kräfte in der Sowjetunion eher für eine Intervention votierten als andere. Tatsache ist, daß sich der sowjetische Staats- und Parteichef Gorbatschow unmittelbar nach Bekanntwerden der Flucht Ceausescus zu einer Unterredung mit dem sowjetischen Innenminister und dem Chef des KGB zurückgezogen hatte; *Radio Bukarest*, 22.12.1989.

schen Fernsehen erklärt, er halte eine Militärintervention für »inakzeptabel«. Ryschkow verwies darauf, daß die Staaten des Warschauer Pakts erst vor kurzem die »Ereignisse von 1968 in der Tschechoslowakei neu bewertet« – das heißt verurteilt – hätten: »Sollten wir so etwas nur wenige Tage später wiederholen?« fragte er. Ministerpräsident Ryschkow hatte die öffentliche Meinung in der Sowjetunion eindeutig auf seiner Seite. Das Moskauer Fernsehen befragte Dutzende von Sowjetbürgern verschiedener Nationalität, die Ceausescu übereinstimmend verdammten, sich aber strikt gegen eine militärische Intervention der Sowjetunion in Rumänien aussprachen.[116]

Entscheidend war aber letztlich die Weigerung des Generalstabs der rumänischen Streitkräfte, militärische Hilfe von außen zu akzeptieren, von einer Intervention mit Truppeneinsatz ganz zu schweigen. Wie Gorbatschow den Deputierten des Volkskongresses berichtete, habe »der Leiter des Generalstabs der rumänischen Streitkräfte erklärt, daß die Armee die Situation im Lande kontrolliere und keine Hilfe notwendig sei«, obwohl die FNR eine solche angefordert habe. Dieselbe Auskunft hatte die Führung der rumänischen Streitkräfte auch Vertretern der ungarischen Streitkräfte übermittelt, die militärische Unterstützung angeboten hatten. Einem Fernsehinterview[117] des neuen rumänischen Ministerpräsidenten Roman war zu entnehmen, daß es am 23. Dezember ein Telefongespräch zwischen dem rumänischen Verteidigungsministerium und der sowjetischen Führung über eine eventuelle Waffenhilfe für die Aufständischen gegeben habe, doch beide Seiten sich zwei Tage später darauf geeinigt hätten, daß eine sowjetische Intervention »nicht wünschenswert« sei. »Der Sieg wird hundertmal wertvoller sein, wenn er von dem rumänischen Volk selbst errungen worden ist«, erklärte ein nicht näher bezeichneter sowjetischer Funktionär der Presse.[118] Allerdings machte er auch unmißverständlich deutlich, daß der Entschluß zum Eingreifen

116 *Christian Science Monitor*, 27.12.1989.
117 *AFP*, 8.1.1990.
118 *The Los Angeles Times*, 24.12.1989.

nur vorläufig aufgehoben sei: »Wir würden unbedingt aktiv werden, um eine Rückkehr Ceausescus zu verhindern.« Ähnlich äußerte sich auch Vikenty Matveev, ein Kolumnist der sowjetischen Regierungszeitung *Iswestija*[119]: Wenn sich das Blatt zugunsten der Ceausescu-freundlichen Kräfte gewendet hätte, »hätte der Warschauer Pakt – dessen bin ich sicher – seine Hände nicht in Unschuld waschen können und sollen«. Matveev bestätigte auch die nachher von der Sowjetunion verhement bestrittene internationale – sprich westliche – Absicherung der erwogenen Pakt-Intervention: Die Verantwortung für eine Intervention, so der Journalist, »hätte über den Warschauer Pakt hinausreichen müssen«.[120] Bekanntlich hatte als erster westlicher Politiker der französische Außenminister Roland Dumas die Unterstützung Frankreichs für eine mögliche sowjetische Intervention erklärt, an der man sich, falls notwendig, auch mit Freiwilligen beteiligen werde. Die holländische Regierung hatte sich ebenfalls positiv zu einer Ost-Intervention in Rumänien geäußert.[121] Die Vereinigten Staaten hatten der Sowjetunion signalisiert, daß die USA nichts gegen eine militärische Intervention der Sowjetunion oder anderer Mitglieder des Warschauer Pakts zugunsten der Opposition gegen Ceausescu einzuwenden hätten.[122] Großbritanniens Stellvertretender Außenminister William Waldegreve erklärte am

---

119 *Christian Science Monitor*, 27.12.1989.

120 Laut *AP* vom 3.2.1990 berichtet einer der vier vor Gericht gestellten Mitarbeiter Ceausescus, Ion Dinca, er sei bei seinem Prozeß nach dem Sturz Ceausescus Ende Dezember »wiederholt nach einem mit dem Kürzel ZZ bezeichneten Plan von fünf Staaten befragt worden, die im Falle eines Militärputsches in Rumänien intervenieren sollten«. Aus der Aussage Dincas, der behauptete, davon nichts gewußt zu haben, ging nicht hervor, ob es sich dabei ausschließlich um Staaten des Warschauer Pakts handelte oder nicht. Daß es dabei nicht um eine wünschenswerte Entwicklung, sondern vielmehr um eine »demokratische Neuauflage der Breschnew-Doktrin« mit westlicher Legitimierung gehandelt hätte, konnte Lothar Rühl in seiner scharfsinnigen Analyse in der Tageszeitung *Die Welt* vom 2.1.1990 nachweisen.

121 *AFP*, *AP*, 24.12.1989.

122 *The Washington Post*, 1.1.1990.

23.12.1989, sein Land könnte sich dazu bereitfinden, eine Intervention des Warschauer Pakts in Rumänien »verständlich« zu finden: Schließlich sei es nur der Sowjetunion oder einem anderen Staat des Warschauer Pakts möglich, militärisch einzugreifen.[123]

In seiner Rede vor den Volksdeputierten am 23.12. hatte Gorbatschow erklärt, die FNR habe sowjetische Hilfe angefordert, weil Einheiten der »Streitkräfte« gegen »das Volk« vorgegangen seien. Nicht nur die FNR, sondern auch die sowjetischen Medien haben in auffälliger Übereinstimmung den Versuch gemacht, die rumänische Armee dadurch zu diskreditieren, daß ihr eine Beteiligung an der gewaltsamen Repression in Temesvar und anderswo in die Schuhe geschoben wurde. Besonders auffällig ist diese Tendenz in dem *Pravda*-Kommentar zur Fernsehansprache Ceausescus vom 20.12.1989.[124] Sein Versuch einer Beweisführung, daß die Armee in Temesvar geschossen hat, gipfelt in der ironisch-rhetorischen Frage, »weshalb die Truppen die Unabhängigkeit des Landes auf den Straßen einer friedlichen rumänischen Stadt verteidigt« hätten? In seinem Aufruf an das rumänische Volk hatte Generalstabschef Gusa am gleichen Tage die gesamte Bevölkerung zur Bewahrung der »Ruhe im Lande«, aber auch der »Souveränität Rumäniens und der Integrität des Staates« aufgerufen. Sein Appell enthielt ein eindeutiges Bekenntnis zu einem »neuen Kurs«, der so schnell wie möglich bestimmt werden solle. Die Front – als deren Mitglied er am Vorabend von deren Vertretern angeführt worden war – erwähnte Gusa nicht. Tatsache ist: Generalstabschef Stefan Gusa, der sich offenbar der persönlichen Loyalität gegenüber dem inhaftierten Staatspräsidenten und obersten Befehlshaber der Armee, Nicolae Ceausescu, entpflichtet fühlte, jedoch noch im Sinne der geltenden rumänischen Militärdoktrin zu handeln entschlossen war, vertrat diese Position der Unabhängigkeit gegenüber der sowjetischen Führung. Es ist außerdem möglich, daß er mit der schnellen

123 *The Sunday Correspondent*, 24.12.1989.
124 *Pravda*, 22.12.1989.

Aburteilung Nicolae Ceausescus nicht einverstanden war. Nachdem die militärische Lage unter Kontrolle gebracht und die Macht im Staate nach der Hinrichtung Ceausescus an die FNR übergegangen war, wurde Stefan Gusa am 29. 12. 1989 als Erster Stellvertretender Verteidigungsminister und Generalstabschef entlassen – wegen seiner angeblichen Unfähigkeit, in wichtigen Situationen schnell und richtig zu entscheiden.

5. Die Außenpolitik: Neue Prioritäten, neue Probleme

Trotz der fieberhaften außenpolitischen Aktivitäten, die die neue rumänische Führung seit ihrer Machtübernahme an den Tag gelegt hat, fällt es zum gegenwärtigen Zeitpunkt noch schwer, ihren außenpolitischen Kurs genau zu bestimmen. In einer ersten Phase wurde Außenpolitik in Bukarest vorwiegend unter symbolischen Aspekten betrachtet. Zuerst, so schien es, wollten die neu an die Macht gelangten Männer erst einmal Dankesschulden für früh gewährte politische Unterstützung der neuen Führung abtragen. In Abweichung von der völkerrechtlichen Norm war nämlich die FNR von zahlreichen Staaten als – selbsternannte – Regierung zu einem Zeitpunkt anerkannt worden, als der Ausgang der revolutionären Wirren noch keinesfalls gesichert war.[1] Frankreich beispielsweise erkannte die Front bereits am 24. 12. 1989 als »gesetzliche Autorität« an, d. h. also noch vor der Verurteilung Ceausescus; Norwegen, Polen und Bulgarien folgten am 25. 12., die Sowjetunion und die USA am 26. 12., Nordkorea immerhin bereits am 27. 12. Japan und Kanada begrüßten am 24. 12. den Sturz Ceausescus. Ihre Unterstützung für die neue Führung verkündeten die Tschechoslowakei und Österreich am 24. 12., Italien am 25. 12. Die Führung des Iran, desjenigen Landes, wohin Nicolae Ceausescu seine letzte Auslandsreise unternommen und mit dem er umfangreiche Wirtschaftsabkommen vereinbart und Waffentransaktionen getätigt hatte, bekundete seine Solidarität mit der neuen Führung bereits am 24. 12. Die ersten ausländischen Besucher in dem von Ceausescu befreiten Rumänien wollten ebenfalls zur Festigung der Position der neuen Führung beitragen. Als erster Außenminister und als erster hochrangiger Besucher nach dem Sturz Ceausescus kam der Ungar Gyula Horn nach Bukarest. Ihm folgten der sowjetische

1 Siehe dazu den Aufsatz von Adrian Nastase in: *Lumea Azi* Nr. 1., 4. 1. 1990.

Außenminister Eduard Schevardnaze, Frankreichs Parlamentspräsident Laurent Fabius, die Außenminister Roland Dumas, Frankreich, Hans-Dietrich Genscher, Bundesrepublik Deutschland, Sten Andersson, Schweden, James Baker, USA, der stellvertretende britische Außenminister Waldegreve etc. Der rumänische Ministerpräsident reiste zum RGW-Treffen nach Sofia und zu einem ersten Staatsbesuch nach Frankreich, während Außenminister Sergiu Celac anläßlich des Abrüstungstreffens »Open Skies« in den Vereinigten Staaten auch mit amerikanischen Politikern zusammentraf. Daß die »provisorische« rumänische Führung internationale Kontakte suchte und nutzte, um ihr Image im Vorfeld der geplanten freien Wahlen aufzuwerten, braucht nicht weiter hervorgehoben zu werden.

Wer – so ist zu fragen – bestimmt die Richtung der rumänischen Außenpolitik im postrevolutionären Rumänien? Worin unterscheidet sie sich von Doktrin und Praxis der bisherigen rumänischen Außenpolitik? Auf welchen Gebieten wird Kontinuität gewahrt? Rumänien habe in den letzten Jahren – so der neue rumänische Außenminister Sergiu Celac,[2] bis 1978 Ceausescus Stardolmetscher für Russisch – viel internationales Prestige eingebüßt. Im rumänischen Außenministerium hoffte man, bald zu Professionalismus und den klassischen Arbeitsmethoden der Diplomatie zurückkehren zu können. Zur Zeit allerdings fehlt es der neuen Führung an einem genauen außenpolitischen Konzept ebenso wie an diplomatischem Geschick und Fingerspitzengefühl. Die Koordinierung der Außenpolitik zwischen dem Vorsitzenden des Rates der FNR, Ion Iliescu, dem Leiter der außenpolitischen Kommission des Rates, Silviu Brucan, und dem Ministerpräsidenten Petre Roman schien oft schwierig, so daß sich die Frage stellte: Gibt es noch keine klare Linie, soll sie vor den Wahlen nicht bekanntgegeben werden, oder sind die neuen Männer nicht fähig, ein klares Konzept unmißverständlich zu artikulieren? Wie soll man beispielsweise folgende Antwort des Ministerpräsidenten Roman auf

2 Außenminister Sergiu Celac in: *Radio Bukarest*, 10.1.1990.

die Frage eines amerikanischen Fernsehjournalisten nach der grundsätzlichen Ausrichtung der rumänischen Außenpolitik interpretieren: »Zur Zeit driften wir nach Osten, aber es wird weiter nach Westen gehen, als dies zur Zeit der Fall ist.«[3]

Völlig unklar ist auch noch, was die von *Radio Bukarest* am 24. Januar verbreitete Meldung zu besagen hat, Rumänien werde sich nicht an alle Verträge gebunden fühlen, die während der Ceausescu-Ära geschlossen wurden. Wie es in der Meldung hieß, seien einige Verträge nicht beim Außenministerium registriert gewesen (Geheimverträge?), andere widersprächen dem Völkerrecht oder Rumäniens internationalen Verpflichtungen. Einzelheiten wurden bisher nicht bekannt.

Corneliu Bogdan, der langjährige rumänische Botschafter in den Vereinigten Staaten, dann Leiter der Amerika-Abteilung im rumänischen Außenministerium und nach dem Sturz Ceausescus Staatssekretär im Außenministerium,[4] schien der über Ceausescu hinausgehenden Kontinuität den Vorzug vor einem radikalen »Umbau« der rumänischen Außenpolitik zu geben. In einem Interview mit der Zeitschrift für Außenpolitik, *Lumea Azi*,[5] betonte er, die traditionellen Grundlagen der rumänischen Außenpolitik der Zwischenkriegszeit, auf die sich bekanntlich auch die national orientierten Kommunisten nach 1964 gestützt hätten, müßten von der neuen Führung nicht über Bord geworfen werden. Die Grundprinzipien der rumänischen Außenpolitik während der Ceausescu-Ära seien »nicht schlecht« und auch keinesfalls neu gewesen, vielmehr seien sie – abgesehen davon, daß »Ceausescu in den letzten Jahren gänzlich die Orientierung verloren« habe – fast identisch mit jenen Positionen gewesen, die Rumäniens legendärer Außenminister Nicolae Titulescu[6] zwischen den beiden Weltkriegen vertreten

---

3 *Rompres*, 10. 2. 1990: Im englischen Originaltext: »We tilt east now, but it has to be west more than it is now.«

4 Er verstarb nach wenigen Tagen Amtszeit.

5 Nr. 1, 4. 1. 1990.

6 Nicolae Titulescu (1883–1941). Rumänischer Außenminister zwischen 1927–1928 und erneut 1932–1936; in den Jahren 1930 und 1931 wirkte er als Vorsitzender der Liga der Nationen.

habe. Für die neue Führung stelle sich daher nicht eigentlich das Problem »einer Strukturänderung, sondern vielmehr das der Rückkehr zu den Quellen in Übereinstimmung mit den Erfordernissen der Gegenwart«. Im Unterschied zu Bogdan sahen andere Kommentatoren den neuen Aufbruch eher als eine radikale Abwendung von der unter Ceausescu verfolgten Außenpolitik, wobei der Gedanke des Weiterwirkens traditionell definierter rumänischer Interessen in den Hintergrund zu treten scheint.[7] Sie verwiesen mit Nachdruck auf jene Aspekte der Außenpolitik Ceausescus, die Rumänien unter zunehmender Mißachtung seiner nationalen Interessen und unter Verzicht auf das traditionelle Instrumentarium der rumänischen Diplomatie in den letzten fünf Jahren weltweit isoliert haben. Ihre Forderungen konzentrierten sie daher auf den Abbau der unter Ceausescu akkumulierten Spannungen mit östlichen wie westlichen Staaten, die Beendigung der außenpolitischen Isolierung des Landes und seine Rückkehr nach Europa auf einer neuen, demokratischen Grundlage.

In der Tat sind einige Postulate der »neuen« auswärtigen Politik Rumäniens auf den ersten Blick nur schwer von jenen Prinzipien zu unterscheiden, wie sie spätestens seit 1964, dem Jahr der sogenannten »Unabhängigkeitserklärung« der RKP, zum klassischen außenpolitischen Repertoire dieses Landes gehört haben. Die Priorität der neuen Außenpolitik, so wird jetzt gesagt, gebühre der Förderung guter Beziehungen zu den Nachbarstaaten. Auch Ceausescu hatte in seinem Bestreben, die außenpolitischen Beziehungen Rumäniens zu regionalisieren und dabei zu entideologisieren, der Pflege gutnachbarlicher Beziehungen zunächst einen besonderen Stellenwert eingeräumt. In den letzten Jahren hatte jedoch die ideologische Komponente in der rumänischen Außenpolitik wieder einen hohen Stellenwert erhalten. Diese Entwicklung war um so auffälliger, als sie im Gegensatz zu der zunehmend pragmatischen Ausrichtung der sowjetischen Außenpolitik des neuen Denkens stand. Hier scheinen sich nun einige Änderungen anzu-

---

7 *Lumea Azi* Nr. 2, 11. 1. 1990.

bahnen: so zieht man offenbar in Bukarest nicht nur die Aufnahme diplomatischer Beziehungen zu Südafrika in Erwägung – Handel mit diesem Land hatte auch Ceausescu bereits getrieben –, sondern auch zu Südkorea. Am 23. 2. entsandte die neue Führung eine von einem Stellvertretenden Außenminister geleitete Delegation nach Südkorea, um die Möglichkeiten diplomatischer Beziehungen zu dem südostasiatischen Land zu erkunden. Eine solche Politik wäre zu Lebzeiten Ceausescus undenkbar gewesen. Nun heißt es nur, man beabsichtige keine Änderung der freundlichen Beziehungen zu Nordkorea.[8]

Unklar ist auch Rumäniens zukünftige Politik gegenüber den Entwicklungs- und Schwellenländern, die unter Ceausescu einen besonderen Stellenwert eingenommen hatte. Mit Ausnahme der frühen diplomatischen Verwicklungen, die für die neue Führung dadurch entstanden, daß einige ihrer Vertreter behauptet hatten, syrische, libysche oder persische Söldner hätten an der Seite von Ceausescus Prätorianergarden in die Kampfhandlungen eingegriffen, herrscht in dieser Hinsicht noch Unklarheit.

In der Praxis war seit dem Amtsantritt Michail Gorbatschows in der Sowjetunion und den dadurch in Ost- und Südosteuropa ausgelösten politischen Verwerfungen nicht nur das Verhältnis der Bukarester Führung zu Moskau, sondern auch zu Budapest, Sofia und sogar Belgrad zunehmend Belastungen ausgesetzt gewesen. Die Schuld für die Störungen in den Beziehungen zwischen Rumänien und seinen Nachbarn, so wird jetzt gelegentlich auch gesagt, »sei zweifellos nicht allein dem Regime in Bukarest anzulasten«,[9] doch »sei jetzt nicht der richtige Augenblick, um zu versuchen, sich in die Verantwortung zu teilen«. Nun soll, was unter Ceausescu zunehmend zur Phrase verkommen war, die Nachbarschaft von der neuen Führung mit neuen Inhalten gefüllt werden. Darunter verstehen die Nachbarn, der große Nachbar Sowjetunion im Osten und der problematische Nachbar Ungarn im Westen, die Bereitschaft der

8 Außenminister Celac in: *AP*, 24. 2. 1990.
9 *Romania Libera*, 4. 1. 1990.

neuen rumänischen Führung, sowjetischen und ungarischen Interessen weiter entgegenzukommen, als die Führung unter Ceausescu dies getan hatte.

Die Rolle der Sowjetunion: Neuanfang mit dem Wunschpartner?

Seit dem Amtsantritt Michail Gorbatschows in der Sowjetunion im März 1985 war die rumänische Führung unter Nicolae Ceausescu zunehmend sowjetischem Druck ausgesetzt, die rumänische Wirtschafts- und Sozialpolitik mit dem in der Sowjetunion angelaufenen Reform- und Öffnungsprozeß gleichzuschalten. Im benachbarten Rumänien fand Gorbatschow ein Gesellschaftsmodell vor, das sich in seinen Grundzügen mit dem durch Leonid Breschnew in der Sowjetunion verkörperten System deckte. Anläßlich seines Besuchs in Bukarest im Mai 1987 hatte Gorbatschow nicht gezögert, in einer landesweit von den rumänischen Medien verbreiteten Rede auf diese Parallelen zwischen Ceausescu und Breschnew hinzuweisen. Die Liste der Versäumnisse und Verfehlungen, die der sowjetische Parteichef in dieser Ansprache seinem Vorgänger anlastete, dabei jedoch offenbar auf die Politik seines Gastgebers abzielte, war lang. Sie reichte von dem Vorwurf einer vorwiegend extensiv orientierten Wirtschaftspolitik, der Beibehaltung streng zentralistischer Lenkungsmechanismen, der Verschleppung struktureller Anpassungsmaßnahmen an veränderte wirtschaftliche Rahmenbedingungen, der Vernachlässigung sozialer Bedürfnisse und Konsumerwartungen der Bevölkerung bis hin zu Familienpatronage, Korruption, Inkompetenz, mangelnder Offenheit und Demokratie sowie der wachsenden Entfremdung zwischen Parteiführung und Basis.[10] Der geplagten Bevölkerung, den aufstrebenden Parteikadern und den Vertretern der geistigen und künstlerischen Eliten präsentierte sich

10 Die Rede Gorbatschows wurde auch in der rumänischen Parteizeitung *Scinteia* vom 27.5.1987 abgedruckt.

Gorbatschow als Hoffnungsträger und Ideal-Typus der neuen, »linken« Führerpersönlichkeit. Ceausescus Argument gegen den Reformimport aus der Sowjetunion – Rumänien habe schon vor mehr als 20 Jahren seinen eigenen Weg der »Vervollkommnung« der Wirtschaft und Gesellschaft eingeschlagen – ließ der sowjetische Parteichef nicht gelten. Die sowjetische Führung, so Gorbatschow gegenüber Nicolae Ceausescu bei dessen Besuch in der Sowjetunion vom Oktober 1988, wisse sehr wohl zwischen »tiefgreifenden Reformen«, wie sie in einigen kommunistischen Staaten, allen voran in der Sowjetunion durchgeführt würden, und den »Bemühungen« anderer Bruderländer zu unterscheiden, die »ihre Probleme im Rahmen der bestehenden Strukturen zu lösen versuchten«.[11]

In Fortführung der von der RKP seit Beginn der 60er Jahre verfolgten Autonomiepolitik beharrte Ceausescu auf dem Recht der rumänischen Führung, eine eigenständige, an nationalen Zielsetzungen und Wertvorstellungen orientierte Entwicklungsstrategie zu verfolgen. Er machte von seinen starren Prinzipien keine Abstriche, obwohl spätestens gegen Ende der 70er Jahre deutlich geworden war, daß diese Strategie unnötig hohe Belastungen und Entbehrungen für die Bevölkerung mit sich brachte. Politische Autonomie und wirtschaftliche Autarkie blieben weiterhin die Leitsätze rumänischer Politik – und wurden vom »Führer« Ceausescu in zunehmendem Maße in den Dienst der Sicherung seiner absoluten Macht gestellt. Mit Recht sah Ceausescu in der Politik Gorbatschows eine Gefährdung seiner Machtposition, darauf gerichtet, das sowjetische Modell von Perestrojka und Glasnost wenn nötig auch gegen den Willen der dogmatisch-zentralistisch gesinnten Führungseliten im osteuropäischen Vorfeld der Sowjetunion durchzusetzen.

In der Tat war in keinem anderen Staat Osteuropas die Frage der wirtschaftlichen Umgestaltung und der innenpolitischen Liberalisierung auf eine so unmittelbare und brisante Weise mit der Frage nach dem Überleben der herrschenden Führungselite verbunden wie in Rumänien.

---

11 *Scinteia*, 6.10.1988.

Doch die Möglichkeiten der sowjetischen Führung, die Entwicklung in Rumänien im gewünschten Sinne zu beeinflussen, waren gering – dafür hatte die Bukarester Führung Vorsorge getroffen. Die Sowjetunion verfügte über enge Verbindungen zur herrschenden Machtelite aller Staaten des Warschauer Pakts – ausgenommen Rumänien. Überdies war die Sowjetunion in allen Warschauer-Pakt-Staaten, ausgenommen Rumänien, mit ständig dort stationierten Verbindungsoffizieren des Pakts präsent. Rumänien war neben Bulgarien das einzige Land des Warschauer Pakts, wo keine Truppen der Roten Armee stationiert waren. Die Einbindung der Armeen der anderen osteuropäischen Staaten in den Warschauer Pakt war viel enger als die der rumänischen Streitkräfte, die Ceausescu der Verfügungsgewalt der nationalen Exekutive unterstellt hatte. Auch die Verbindungen der Sicherheitsapparate mit dem KGB waren anderswo viel enger. Und mehr noch: Sehr zum Unwillen der Sowjetunion hatte Ceausescu alle Kontakte mit sowjetischen und anderen osteuropäischen Staaten auf der Ebene der Bürger, der gesellschaftlichen Organisationen und Künstlerverbände auf ein Minimum zurückgeschraubt. In ihrer Informationspolitik hatte die rumänische Führung sich von den anderen osteuropäischen Staaten – wie gleichzeitig auch vom Westen – fast völlig isoliert und abgeschottet.

Auf wirtschaftlichem Gebiet herrschte eine Art Patt-Situation: Rumänen wie Sowjets waren bemüht, den größtmöglichen wirtschaftlichen Vorteil bei gleichzeitigem Beharren auf ihren jeweiligen politischen Positionen zu erzielen. Im Unterschied zu anderen RGW-Staaten mußte Rumänien auf wichtige handelspolitische Vergünstigungen – insbesondere den lange Zeit günstigen Verrechnungsmodus für Rohöl und Erdgas – verzichten.[12] Wenn die Rohöl- und Erdgaslieferungen der So-

12 Zu einer detaillierten Analyse der rumänisch-sowjetischen Beziehungen siehe: Anneli Ute Gabanyi, »Gorbatschow in Bukarest: rumänisch-sowjetische Differenzen treten offen zutage«, in: *Südosteuropa* 5/1987, S. 267–275, und dies: Von Gorbatschow zu Gromyko: Zum Stand der rumänisch-sowjetischen Beziehungen«, in *Südosteuropa* 6/1988, S. 257–271.

wjetunion an Rumänien in den letzten Jahren dennoch gestiegen waren, dann deswegen, weil die Führung in Bukarest sich Ende der 70er Jahre entschlossen hatte, in Energiegewinnungsprojekte auf dem Territorium der Sowjetunion zu investieren. Auch war die Sowjetunion 1985, eigenen wirtschaftlichen Zwängen und Interessen folgend, bereit gewesen, erstmals rumänische Ausrüstungsgüter (vorwiegend Ölförderanlagen und Eisenbahnwaggons) im Austausch für sowjetische Energielieferungen zu akzeptieren. Die offizielle rumänische Propaganda war bemüht, den rein ökonomischen Charakter dieser Zusammenarbeit hervorzuheben – die sowjetische Seite verwies auf weitere Möglichkeiten wirtschaftlicher Zusammenarbeit für den Fall, daß Rumänien seine Wirtschaft reformiere und zu einer engeren Einbindung in die östliche Wirtschaftsgemeinschaft bereit sei.

Im Verlauf des Jahres 1989 hatten sich die Fronten zwischen der Sowjetunion einerseits und den reformfeindlichen Staaten DDR, Tschechoslowakei, Bulgarien und Rumänien andererseits zunehmend verhärtet. Nachdem die Sowjetunion am 10. März 1989 Rumänien auf einer Tagung der UN-Menschenrechtskommission die politische Solidarität versagt hatte, ging Ceausescu seinerseits in die Offensive. Er mischte sich in die KPdSU-interne Kontroverse zwischen Gorbatschow und Ligatschow – auf seiten von Gorbatschows Kontrahenten – ein und er stellte die Legitimität des territorialen und großmachtpolitischen Status der Sowjetunion in Frage, indem er in seiner Rede auf dem 14. Parteitag der RKP die Annullierung des Hitler-Stalin-Pakts verlangte.[13] Auf dem Warschauer-Pakt-Treffen Anfang Dezember in Moskau war der Konflikt nicht mehr zu vertuschen: Die Presse sprach von »einem offenen Meinungsaustausch«[14] – die diplomatische Umschreibung für eine kontrovers geführte Auseinandersetzung.

---

13 Bekanntlich mußte Rumänien als Folge des geheimen Zusatzprotokolls zu dem am 23.8.1939 geschlossenen sogenannten »Molotow-Ribbentrop-Pakt« Bessarabien und die Nordbukowina an die Sowjetunion abtreten.

14 *Romania Libera*, 5.12.1989.

Es habe früher »Reibereien und ernste Meinungsunterschiede« zwischen Rumänien und der Sowjetunion gegeben, obwohl man sich bemüht habe, nicht öffentlich darüber zu sprechen, berichtete *Radio Moskau*[15] im Stil der neuen Offenheit. Die Divergenzen seien insbesondere auf dem Gebiet der Außenpolitik sowie mit Blick auf die Reformprozesse in der Sowjetunion und Osteuropa aufgetreten. Nachdem – so der sowjetische Außenminister Schevardnaze in einem Interview[16] – Ceausescu das Land vom osteuropäischen Reformprozeß abgeschottet habe, sei er zuletzt zu offener Kritik übergegangen. Rumänien sei zu einer Bremse auf dem Wege des europäischen Einigungsprozesses geworden und habe sich von seinen Alliierten zunehmend isoliert. Rumäniens unabhängige Außenpolitik – so ein Kommentator[17] – sei in Wahrheit »antisowjetisch« gewesen, was gemäß der gängigen Sprachregelung der UdSSR auch »antirussisch« heißen soll. Ceausescu habe die nationalistische Propaganda zur Stützung seiner persönlichen Macht eingesetzt und dabei auch nicht davor zurückgeschreckt, Territorialfragen anzusprechen. So habe er auf dem 14. Parteitag der RKP sogar die Frage der Geheimprotokolle von 1939 aufs Tapet gebracht – offenbar, um einen historischen Wechsel auszustellen, den er bei Gelegenheit einzulösen hoffte. Mit der Absage der neuen rumänischen Führung an die mehr als 30jährige Autonomiepolitik des Landes gegenüber der Sowjetunion und der damit zusammenhängenden Neubestimmung der Position des ehemaligen »Störenfrieds« Rumänien im Warschauer Pakt und im RGW wird eine neue Etappe der rumänischen Politik überhaupt eingeleitet. Gerade im Bereich der rumänisch-sowjetischen Beziehungen werden noch vor der Wahl einer demokratisch legitimierten Regierung Pfähle eingeschlagen, die nachher vielleicht nicht mehr umzusetzen sind.

Die neue Führung versicherte denn auch, wie *Radio Mos-*

---

15 *Radio Moskau* in rumänischer Sprache, 29.12.1989.
16 *Romania Libera*, 7.1.1990.
17 *TASS*, 2.1.1990.

kau[18] wohlwollend vermerkte, sich der »Festigung der rumänisch-sowjetischen Beziehungen« widmen zu wollen. Die sowjetische Führung ist ihrerseits bereit, für den aus Moskauer Sicht beträchtlichen politischen Profit, der ihr aus der Kehrtwendung Rumäniens erwächst, kurzfristig materielle Einbußen hinzunehmen. Zu den Aktiva gehört aus sowjetischer Sicht die von Rumänien so lange verweigerte Verbeugung vor Gorbatschows und seiner Politik: »Ohne die Initiative Gorbatschows«, erklärte Staatssekretär Corneliu Bogdan,[19] »wären die Veränderungen in Osteuropa einschließlich derjenigen in Rumänien unmöglich gewesen.« Der Kotau vor Gorbatschow persönlich läßt darauf schließen, daß der sowjetische Staats- und Parteichef sehr wohl ein Interesse daran hatte, seine Position mit Blick auf die Aufwertung des Präsidialamtes zu verbessern und im Dauerkonflikt mit seinen Kritikern von Ligatschow bis Jelzin Punkte zu sammeln.

Die sowjetische Führung hofft nun, nach dem Sturz des letzten nonkonformen Regimes in Osteuropa alsbald mit dem »Wiederaufbau und der Modernisierung« des RGW und des Warschauer Pakts beginnen zu können, wie Außenminister Schevardnaze auf einer Pressekonferenz im Anschluß an seinen Besuch, den ersten eines sowjetischen Politikers bei der neuen Führung in Bukarest, erklärte.[20] Die rumänische Revolution sei insbesondere im Kontext des europäischen Einigungsprozesses von überragender Bedeutung. Nun könne man die Vorbereitungen für die Einberufung des Gipfeltreffens der 35 Signatarstaaten der KSZE-Akte von Helsinki beschleunigen. Offenbar hatte die sowjetische Führung Ceausescu im Hinblick auf diese Konferenz als möglichen Störfaktor eingestuft.

Als Gewinn betrachtet Moskau auch die neuerliche Öffnung Rumäniens zur Außenwelt im allgemeinen und zur Sowjetunion im besonderen. Die Grenzen zwischen den beiden Staa-

---

18 Sendung in rumänischer Sprache, 28.12.1989.
19 *New York Times*, 30.12.1989.
20 *Adevarul*, 7.1.1990.

ten sollten durchlässiger werden, die Kontakte auf allen Ebenen enger, der Kultur- und Informationsaustausch intensiver. Die Eröffnung von Informations- und Kulturzentren in den jeweiligen Hauptstädten gehörte denn auch zu den ersten konkreten Vereinbarungen, die beim Besuch des sowjetischen Außenministers Anfang Januar in Bukarest getroffen wurden. Am Text des Kommuniqués, das im Anschluß an Schevardnazes Besuch herausgegeben wurde,[21] ließ sich der Wandel im Verhältnis zwischen den beiden Staaten deutlich ablesen. Die neuen Formeln »Wahlfreiheit« und »territoriale Integrität« beschrieben die beiderseitigen Beziehungen, Unabhängigkeit und Souveränität wurden zugestanden – nur das früher schmückende Beiwort »national« fehlte. Von der Identität der Standpunkte in außenpolitischen Belangen war – nach Jahrzehnten – wieder die Rede.

Im Bereich des Handelsaustauschs schien die sowjetische Führung bereit zu sein, kurzfristig gewisse Einbußen hinzunehmen, auch wenn dies angesichts der sich verschlechternden Versorgungslage der sowjetischen Bevölkerung nicht leichtfällt. So verzichtete Moskau bis auf weiteres (aber befristet) darauf, daß Rumänien im Austausch für die unter dem Wirtschaftsabkommen für 1990 vereinbarten sowjetischen Rohöl- und Erdgaslieferungen Lebensmittel in die Sowjetunion lieferte. Damit akzeptierte Moskau den Ausfuhrstopp für Lebensmittel, den die neue Bukarester Führung als eine der ersten Sofortmaßnahmen verfügt hatte, um die Versorgung im eigenen Lande zu verbessern. Im Vergleich zu den Bedingungen, die die Sowjetunion den anderen osteuropäischen Staaten für die Lieferung von Rohöl und Erdgas bisher auferlegt hat, bedeutete dieses Zugeständnis keine Privilegierung der Rumänen, sondern einen Schritt in Richtung Gleichstellung. Auch ging das Zugeständnis nicht sehr weit: Wie der sowjetische Botschafter Evgenük Tyazhelnikov in einem Interview mit der Tageszeitung *Adevarul*[22] mitteilte, deckt der Wert der rumäni-

21 *TASS*, 6.1.1990.
22 19.1.1990.

schen Lebensmittelexporte nur 8% des Wertes der sowjetischen Rohölexporte nach Rumänien. Daß dies nicht unbedingt eine Frage der geringen Quantität der rumänischen Lebensmittelexporte sondern vielmehr der unter Ceausescu immer wieder angesprochenen niedrigen Preise ist, die Moskau für seine Lebensmittelimporte zu zahlen bereit war, zeigt die Tatsache, daß Rumänien immerhin noch 15% der gesamten sowjetischen Fleischeinfuhren deckt sowie jeweils 10% des importierten Geflügels und Frischgemüses.[23] Die Sowjetunion sagte dafür zu, ihren Energie-Lieferverpflichtungen in der vereinbarten Höhe nachzukommen. Vor dem Hintergrund westlicher Korrespondentenberichte,[24] daß Moskau seine mit Rumänien vereinbarten Energielieferungen Anfang November letzten Jahres gedrosselt hatte, kann man die nun gemachte Zusage, daß die vertraglich vereinbarten Produkte zur Gänze geliefert werden, richtig einschätzen.

Die Sowjetunion ist sehr darauf bedacht, daß ihr wirtschaftliches Entgegenkommen und die geleistete humanitäre Hilfe – Arzneimittel im Wert von 1,3 Millionen Rubel, 89 Waggons mit Kleidern und Lebensmitteln, 18000 Krankenhausplätze – der Öffentlichkeit zur Kenntnis gebracht werden. Doch von der »massiven Hilfe«, welche die Sowjetunion – so der außenpolitische Sprecher der Front, Silviu Brucan – Rumänien zukommen lassen wollte, war am Ende nicht viel zu spüren.[25] Zusätzliche Strom-Lieferungen aus der Sowjetunion müssen in harter Währung bezahlt werden – aus den von Ceausescu angelegten Hartwährungsreserven, wie der Wirtschaftsminister erklärte.[26] Auch mittel- und langfristig könnten der Sowjetunion aus dem Regimewechsel in Rumänien Vorteile erwachsen. An einem

23 Christian Foster vom US-Landwirtschaftsministerium in: *Süddeutsche Zeitung*, 30./31.12.1989.

24 *Deutschlandfunk*, 22.12.1989, *Süddeutsche Zeitung*, 8.1.1990.

25 In Rumänien umlaufende Gerüchte, die behaupten, daß die Lebensmittellieferungen in die Sowjetunion bereits wieder angelaufen seien, wurden in der Presse bestätigt; Siehe: *Romania Libera*, 29.1.1990.

26 *The Financial Times*, 22.1.1990.

Beispiel läßt sich diese Tatsache verdeutlichen: Eines der großen Investitionsprojekte der Ceausescu-Ära, welches die neue Führung anfangs aufgeben wollte, ist die Erweiterung und Modernisierung des Schwarzmeerhafens Constanta sowie der weitere Ausbau des Kanalsystems, wodurch Bukarest an den Donau-Schwarzmeer-Kanal angeschlossen werden sollte. Die Sowjetunion ist brennend an der Nutzung der alten Donau-Schiffahrtsroute interessiert, an welcher der jüngst modernisierte und vergrößerte sowjetische Hafen Reni liegt. Nicht abzuschätzen ist zur Zeit, welche weiteren Vorteile die Sowjetunion aus der Bereitschaft der neuen Führung ziehen wird, bei der künftigen Entwicklung der rumänischen Wirtschaft sowjetische Interessen mehr als bisher zu berücksichtigen – vorausgesetzt natürlich, die FNR bestimmt die rumänische Politik auch künftig so ungehindert, wie sie das in den ersten beiden Monaten seit ihrem Machtantritt getan hat.

Mit großer Aufmerksamkeit verfolgt die Sowjetunion die weitere politische Entwicklung in Rumänien. Die zugesagte »Wahlfreiheit« bedeutet nicht, daß die Sowjetunion auf ihr für selbstverständlich erachtetes Recht, als Kontroll- und Gerichtsinstanz über die politische Entwicklung in Osteuropa zu wachen, verzichtet hätte. Die Sowjetunion, so ihr Außenminister in einem Interview,[27] werde jede Option anerkennen, die das rumänische Volk bei den kommenden freien und demokratischen Wahlen treffe.[28] Er sagte jedoch auch ohne Umschweife, daß man der weiteren politischen Entwicklung in Osteuropa keineswegs unbeteiligt gegenüberstehe. Schevardnaze definierte jene politischen Strömungen in Osteuropa, die der Sowjetunion »nicht gefallen«: »die Entfesselung der dunklen Kräfte«, »Revanchismus«, »jede Form der politischen Ven-

---

27 *Romania Libera*, 7.1.1990.

28 Zugleich zitiert die sowjetische Nachrichtenagentur *TASS* am 24.1.1990 wohlwollend Äußerungen rumänischer Politiker wie jene des Front-Vorsitzenden Ion Iliescu, der das Mehrparteiensystem als ein »historisch überholtes Modell der Demokratie« bezeichnet hat.

detta« und überhaupt jede Form von Gewalt und Diktatur. Und natürlich unterstütze die Sowjetunion alle »Protestaktionen des Volkes«, die gegen die »Kräfte« gerichtet seien, die sich der revolutionären Erneuerung entgegenstellten.

Die Sowjetunion habe Rumänien nicht gedrängt, das sozialistische System beizubehalten, sagte der stellvertretende rumänische Außenminister Romulus Neagu.[29] Chefideologe Brucan jedoch hat eingeräumt, daß die Sowjetunion vom »rumänischen Modell«, das die »reformkommunistische« Phase übersprungen hat, nicht gerade begeistert sei, weil darin die kommunistische Partei als solche vom politischen Leben »praktisch ausgeschlossen wurde«.[30] Die Sowjetunion verfolgt das Schicksal der kommunistischen Partei in Rumänien nicht ohne Sorge, wobei dessen mögliche Auswirkungen auf die Ereignisse in der Sowjetunion und in den anderen osteuropäischen Staaten im Vordergrund stehen. Im Anschluß an die Demonstration vom 12. Januar 1990 in Bukarest, wo die Führung des Rates der FNR unter dem Druck der Menge ein Dekret über das Verbot der RKP unterzeichnet hatten,[31] warnte *Radio Moskau*[32] davor, den Forderungen nach einer »physischen Vernichtung der Kommunisten« nachzugeben, da dies die Gefahr »bewaffneter Konflikte« und einer »Destabilisierung Europas« zur Folge haben könne. Am darauffolgenden Tag übte die Parteizeitung *Pravda*[33] scharfe Kritik daran, daß die Führer der Front dem Druck der Demonstranten nachgegeben hätten. Sie zitierte nicht näher bezeichnete »Veteranen der RKP«, die ihrer Besorgnis über die »nachhaltige Diskreditierung des Sozialismus und der kommunistischen Ideologie in Rumänien« Ausdruck verliehen und vor der »Reaktion der Arbeiter« gewarnt hätten. Die Sowjetführung nimmt auch am laufenden Prozeß der Her-

---

29 *Reuter*, 8.2.1990.

30 *The Boston Globe*, 3.1.1990.

31 Das Dekret wurde vom Rat der Front der Nationalen Rettung am darauffolgenden Tag zurückgenommen, nicht ohne daß Parteiveteran Silviu Brucan auf negative Reaktionen aus Moskau hingewiesen hatte.

32 Sendung in rumänischer Sprache, 15.1.1990.

33 *Radio Moskau* in rumänischer Sprache, 16.1.1990.

ausbildung neuer politischer Strukturen im Nachbarland regen Anteil: Anfang Januar traf Valeri Musatov, der Stellvertretende Leiter der ZK-Abteilung für internationale Beziehungen der KPdSU, mit dem Leiter der zuständigen Kommission der FNR, Dumitru Mazilu, zusammen, um sich über die Ausarbeitung der neuen rumänischen Verfassung und des neuen Wahlgesetzes zu informieren.[34]

Zur Zeit stellt die Art und Weise, wie die rumänisch-sowjetischen Beziehungen von beiden Seiten heruntergespielt werden, ihren wohl interessantesten Aspekt dar. Offenbar hatte man weder in Moskau noch in Bukarest damit gerechnet, daß die Machtübernahme durch die FNR, die kommunistische Überzeugung und/oder Vergangenheit ihrer führenden Vertreter sowie ihre »Soviet connection« in der Öffentlichkeit soviel Staub aufwirbeln und die Front bei Teilen der Bevölkerung derart in Mißkredit bringen würde. Iliescu wollte Gorbatschow Ende Januar einen Besuch abstatten – nun schiebt er ihn vielleicht sogar bis nach den Wahlen im Mai hinaus. Offenbar will man um jeden Preis vermeiden, daß der Eindruck entstehen könnte, die Front sei bloß eine verkappte KP und der Sowjetunion enger verbunden, als die Wähler dies gutheißen könnten.

Ihren größten Aktivposten im Geschäft mit der neuen rumänischen Führung hofften die Männer im Kreml jedoch in der Bessarabien-Frage zu verbuchen. Wie man sich in Moskau die ideale rumänische Haltung in dieser Frage vorstellt, demonstrierte Silviu Brucan, Chefideologe der Front, auf einer Pressekonferenz[35] in Bukarest. Brucan übernahm die sowjetische Sprachreglung, indem er die »Rumänen« (im heutigen Rumänien) den »Moldauern« (statt zu sagen: den »Bessarabienrumänen« oder den »Rumänen jenseits des Pruth«) gegenüberstellte. Westliche Journalisten, die den in der Sowjetunion indizierten Begriff »Bessarabien« verwendeten, korrigierte Brucan sogar: Die sowjetische Nachrichtenagentur zitierte Brucan mit der

---

34 *Romania Libera*, 12.1.1990.
35 *The Boston Globe*, 3.1.1990, *TASS*, *Reuter*, 4.1.1990.

Bemerkung, das Territorium heiße »die Moldauische Sowjetische Sozialistische Republik«; eine »Bessarabien-Frage« existierte für die FNR nicht. Das Problem der »Moldauer«, die mehr Rechte und kulturelle Kontakte wünschten, würde die Öffnung der Grenze zwischen Rumänien und der Sowjetunion lösen. Für Ion Iliescu handelt es sich immerhin um eine »delikate Angelegenheit«, die bei Respektierung der bestehenden Grenzen und im Zuge der Herstellung gutnachbarlicher Beziehungen gelöst werden könne.[36]

Auch hier, wie so oft im Verlauf der revolutionären Umwälzungen in Osteuropa, haben die Mächtigen ihre Rechnung ohne »das Volk« gemacht – im konkreten Fall ohne das Volk Bessarabiens. Am 22. Dezember, wenige Stunden nach dem Sturz Ceausescus, fand in Kischinew, der Hauptstadt der Moldauischen Sowjetrepublik, eine große öffentliche Solidaritätskundgebung mit den »rumänischen Brüdern« in Rumänien statt, bei der angeblich zum erstenmal der Ruf nach der »Wiedervereinigung aller Rumänen« laut wurde.[37] Für viele Bessarabienrumänen bedeutet die Erringung der Autonomie innerhalb der Sowjetunion nur die Vorstufe für die Wiedervereinigung. Solange Ceausescu in Bukarest an der Macht war, konnte die sowjetische Führung den Diktator als Abschreckung gegen Vereinigungswünsche der Bessarabier ins Feld führen. Doch mit dem Ende Ceausescus ist diese Barriere gefallen. Sozusagen über Nacht wurden die 23 Millionen rumänischen Staatsbürger für die drei Millionen Rumänen in der Moldaurepublik zum großen, demokratisch legitimierten nationalen Vorbild. Der nationale Impetus der Bessarabienrumänen ist nicht zu bremsen: Zum Schrecken der neuen Lokalverwaltung in Jassy, der Hauptstadt der (auch Bessarabien umfassenden) historischen Provinz Moldau, riefen einige von denen, die mit den ersten Hilfstransporten nach Rumänien gekommen waren, am 24. Dezember dort laut nach Wiedervereinigung.[38] Am 23. Ja-

36 *Die Welt*, 8. 1. 1990.
37 *The London Times*, 2. 1. 1990.
38 *Le Monde*, 2. 1. 1990.

nuar demonstrierten radikale Anhänger der nationalrumänischen Volksfront in Kischinew für den Wiederanschluß Bessarabiens an Rumänien und – ein Novum – forderten den Abzug der in Kischinew stationierten sowjetischen Truppen.[39] Entsprechend dem Beispiel ihrer Brüder in Bukarest, deren Fernsehsendungen sie seit dem Sturz Ceausescus, begeistert verfolgten, riefen die Bessarabienrumänen in Kischinew dabei dieselben Slogans; einer davon lautet: »Nieder mit dem Kommunismus!«[40]

Die Revolution – zuerst in Bessarabien, dann in Rumänien – hat eine Eigendynamik entwickelt, die schwer zu bremsen oder gar zu stoppen sein wird. Seitdem die rumänischen Behörden am Heiligabend die Reisepaßbestimmungen gelockert hatten, ergoß sich ein Strom von Besuchern über die Brücke, die bei Jassy über den Pruth führt. Es sei wie am Brandenburger Tor in Berlin gewesen, schreibt ein Reporter. Die Menschen in ihrem Überschwang sind davon überzeugt, daß Gorbatschow die Vereinigung der Rumänen dies- und jenseits des Grenzflusses zulassen werde: »Er kann es sich zwar nicht leisten«, meinte ein Mitglied des neuernannten Provinzrates der FNR in Jassy – »aber er hat kaum eine andere Wahl.«[41]

Die Parallelen zur Entwicklung im geteilten Deutschland sind offensichtlich – und sie werden von den Rumänen dies- und jenseits der rumänisch-sowjetischen Grenze als Argument für die Forderung nach Wiedervereinigung ins Feld geführt. Am 23. Dezember wandten sich eine Gruppe rumänischer Schriftsteller und Intellektueller aus Rumänien und der Moldauischen Sowjetrepublik, die sich »Nationales Aktionskomitee Bukarest-Kischinew Freier Übergang« nannte, in einem offenen Brief an den sowjetischen Staats- und Parteichef Gorbatschow sowie an den Kongreß der Volksdeputierten. Darin hieß es, für die Rumänen zu beiden Seiten der Grenze müsse es die glei-

---

39 *Frankfurter Allgemeine Zeitung*, 24. 1. 1990.

40 Dies berichtet der in Kischinew lebende Dramenautor Valeriu Butnaru in einem Interview mit der Tageszeitung *Tineretul Liber*, 21. 1. 1990.

41 *The Independent*, 8. 1. 1990.

chen Rechte wie für die Deutschen geben. Die Grenze als solche wird nicht in Frage gestellt, doch soll sie ebenso wie jene zwischen der Bundesrepublik Deutschland und der DDR völlig durchlässig gemacht werden. Die Unterzeichner fordern die uneingeschränkte Reisefreiheit, die Aufhebung des Paß- und Visumzwangs sowie den Verzicht auf den Zwangsumtausch. Ein gleichlautender offener Brief wurde am 26.12.1989 auch an den Bukarester Rat der FNR geschickt. Wie die Zeitung *Tineretul Liber*[42] weiter berichtete, hätten der rumänische und der sowjetische Außenminister sich anläßlich Shevardnazes Besuch in Bukarest positiv zu den Forderungen der Unterzeichner geäußert. Er war mit der neuen rumänischen Führung übereingekommen, die Grenzregelung nach dem Beispiel derjenigen zwischen der Sowjetunion einerseits und Ungarn und Polen andererseits zu liberalisieren. Tatsächlich begannen sowjetische Grenztruppen mit dem Abbau der Stacheldrahtzäune auf einer Länge von 50 km. Auch ließ die sowjetische Nachrichtenagentur verlauten, die Formalitäten des Grenzüberganges seien vereinfacht worden.[43] Die Rolle des Bremsers im Tauziehen um die Grenzfrage hat offenbar der Erste Parteisekretär der Moldauischen Sowjetrepublik, Piotr Lucinski; um die Kontakte zwischen »Rumänen und Moldauern« zu erleichtern, schlägt er nur Gemeinschaftsunternehmen vor.[44] Sein mehrfach angekündigter Besuch in Rumänien ist bislang nicht zustandegekommen.

Doch nicht nur die Führung der Moldaurepublik, sondern auch die FNR muß Farbe bekennen, will sie verhindern, daß die Entwicklung an ihr vorbeiläuft. Am 17. Januar traf Ion Iliescu mit einer Schriftstellerdelegation aus Bessarabien zusammen. Sie baten um Unterstützung für den geplanten Übergang vom kyrillischen Alphabet[45] zur lateinischen Schreibweise: genannt wurden Druckereiausrüstungen, Schulbücher,

42 29.1.1990.

43 *AP*, 11.1.1990.

44 *Tineretul Liber*, 9.1.1990.

45 Das kyrillische Alphabet war den Rumänen Bessarabiens von Stalin aufge-

Fotokopiergeräte, Lehrkräfte, Archivmaterial u. ä. Der sowjetische Botschafter war bei der Begegnung anwesend.

Die Bessarabienfrage könnte für alle Beteiligten zu einem Nullsummenspiel werden. Zwar ist die Gefahr gebannt, daß ein rumänischer Staatschef (Ceausescu) die Rechtmäßigkeit der Grenzen öffentlich in Zweifel ziehen könnte, doch nun wächst der Vereinigungsdruck von unten – aus der Sicht der Sowjets vermutlich die gefährlichere Alternative. Doch auch die rumänische Führung kann, wenn sie sich dem Druck von unten zu offen entgegenstellt, Gefahr laufen, von der Opposition ins Abseits gedrängt zu werden. Die bedeutendste Oppositionspartei, die Nationale Bauernpartei, hat die Bessarabienfrage bereits in ihr Programm aufgenommen.

RGW und Warschauer Pakt: keine Sonderrolle mehr für Rumänien?

Aus der Sicht der Sowjetunion bedeutet die Ablösung des Ceausescu-Regimes durch eine sowjetloyale Führung mehr als eine positive Wende im bilateralen Verhältnis zu einem Nachbarstaat. In Moskau erhofft man sich davon auch das Ende der unter Ceausescu geführten Obstruktionspolitik im Warschauer Pakt ebenso wie im Rat für Gegenseitige Wirtschaftshilfe. Seit Beginn der 60er Jahre hatte Rumänien seine militärische Zusammenarbeit mit den Truppen des Warschauer Pakts reduziert, mit dem Ziel, die nationale Verfügungsgewalt über die rumänischen Streitkräfte auszuweiten. Die Liste der rumänischen »Abweichungen« von der Generallinie des sowjetbeherrschten Warschauer Pakts ist lang: eine Verteidigungsdoktrin des nationalen Interesses; das Ausscheren aus dem Waffenbeschaffungsmonopol des Warschauer Pakts und der Aufbau einer eigenen Waffenproduktion; die Weigerung, den erhöhten Rüstungsbedarf der Sowjetunion mitzutragen; die

zwungen worden, um die Identität zwischen der in der Moldauischen Sowjetrepublik gesprochenen Sprache und dem Rumänischen zu verschleiern.

Ablehnung der Durchzugsgenehmigung für Truppen des Warschauer Pakts durch rumänisches Staatsgebiet; das Ausbrechen aus der gemeinsamen Front in der Abrüstungsdebatte; Widerstand gegen den Einsatz von Pakttruppen außerhalb Europas etc.

Die wachsenden Spannungen zwischen Ungarn und Rumänien bedeuteten zudem eine Schwächung des östlichen Bündnisses im allgemeinen und seiner südlichen Flanke im besonderen.[46] Mehrfach hatte Gorbatschow die Notwendigkeit angemahnt, den »Allianzbeziehungen« zwischen Rumänien und der Sowjetunion eine »neue Qualität« zu verleihen. Für die anderen reformorientierten Mitglieder des Warschauer Pakts wie Ungarn und Polen bedeutete Ceausescus Rumänien eine Bedrohung ihres eigenen politischen Kurses, eine Einschätzung, der sich nach dem Fall Honeckers, Jakes' und Schiwkows auch die DDR, die Tschechoslowakei und Bulgarien anschlossen. Nicht von ungefähr entschloß sich die Sowjetunion unmittelbar nach dem Umsturz in Rumänien, ihren Militärflugplatz nahe der ostungarischen Stadt Debrecen zu räumen und einen weiteren Truppenabzug aus Ungarn anzukündigen: Debrecen war aus der Sicht der Sowjetunion als Aufmarschbasis gegen Rumänien nun offenbar nicht mehr wichtig.

Ceausescu fühlte sich im Warschauer Pakt offenbar zuletzt nicht nur isoliert, sondern auch bedroht. Die Sowjetunion, so hatte Ceausescus Bruder Ilie, damals noch stellvertretender rumänischer Verteidigungsminister, im Herbst letzten Jahres in einem Interview[47] betont, werde kein einziges Mitgliedsland des Warschauer Pakts gegen einen westlichen Angriff verteidigen. Hingegen hätten Sowjetunion und Warschauer Pakt mehrere haßerfüllte Kampagnen gegen Rumänien gestartet.

Die von der neuen rumänischen Führung bei ihrem Macht-

---

46 Siehe dazu den Kommentar von Krzysztof Wojna in: *Radio Warschau*, 23.12.1989.

47 *The Independent*, 22.12.1989.

antritt abgegebene Erklärung, sie stehe zu den internationalen Verpflichtungen Rumäniens, zuallererst zu jenen, die dem Land aus dem Warschauer Vertrag erwachsen, ist nicht weiter sensationell. Aus sowjetischer Sicht entscheidend waren die offiziellen rumänischen Stellungnahmen zur Fortdauer nicht nur der politischen, sondern auch der militärischen Funktion des Warschauer Pakts.[48] Nun erkennt auch die Bukarester Führung die Bedeutung des sowjetischen Reformprozesses für die Entwicklung in Rumänien, Europa und der Welt und damit, anders als das vorherige Regime, die »internationale Verantwortung« Moskaus für die weltweite Entwicklung des Sozialismus, an. Rumänien, wie ein Kommentator der rumänischsprachigen Sendungen von *Radio Moskau* bereits am 28. 12. voller Genugtuung vermerkte, nehme nun dieselbe Position ein wie die übrigen sozialistischen Staaten: »Bei allem Meinungspluralismus, der zwischen den einzelnen sozialistischen Staaten besteht, erkennen dennoch alle die Notwendigkeit an, den Warschauer Pakt zu stärken.«

Die Frage des Verbleibs Rumäniens im Warschauer Pakt ist für die neue rumänische Führung kein Thema: Der Pakt, so der rumänische Außenminister Celac,[49] ist ein geopolitisches Faktum und werde als solches nicht in Frage gestellt. Auch sehe man in Bukarest keinen Grund, für ein Umdenken in dieser Frage. »Wir haben noch nie den Wunsch ausgesprochen, aus dem Pakt auszutreten«, sagte Ion Iliescu in einem Interview mit der Tageszeitung *Le Monde*.[50] Dem gegenüber verwies ein Kommentator der Wochenzeitung *Flacara*[51] auf die immer noch wirksame Selbstzensur bei diesem Thema. Nach wie vor warte man darauf, daß »Moskau dazu seine Befehle bekanntgebe oder sein Machtwort spreche«. In der Hinsicht habe sich im Warschauer Pakt nichts geändert, aber: »Gegen wen soll der Warschauer Pakt uns denn jetzt verteidigen? Welche äußeren

---

48 Vizeaußenminister Corneliu Bogdan in: *Agerpres*, 29. 12. 1989.
49 *AP*, 24. 2. 1990.
50 27. 2. 1990.
51 26. 1. 1990.

Gefahren lauern noch auf unser Land, derentwegen wir uns den Luxus erlauben sollten, einem zum Anachronismus gewordenen Militärbündnis anzugehören?«

Auch in der Frage der zukünftigen rumänischen Haltung gegenüber dem RGW scheint es noch keine eindeutige Linie zu geben – was angesichts der Kürze der Zeit nicht weiter verwunderlich ist. Ceausescus Politik der Behinderung gleichgeschalteter Reformschritte in den Mitgliedsstaaten mit dem Ziel, die Integration des RGW gemäß neuen, marktwirtschaftlichen Prinzipien voranzutreiben, gehört in ihrer Absolutheit sicherlich der Vergangenheit an. Es sollte jedoch nicht übersehen werden, daß der Widerstand, den Rumänien seit Ende der 50er Jahre der von der Sowjetunion angestrebten supranationalen RGW-Integration entgegengesetzt hatte, tiefer geht, als es jetzt den Anschein haben könnte. Zuletzt war Rumänien das einzige Mitglied gewesen, daß sich der Schaffung eines gemeinsamen Ost-Marktes nach dem Muster der EG widersetzt hatte. Die Festlegung des Termins für den mehrmals verschobenen RGW-Gipfel erfolgte erst, nachdem mit Rumänien auch die letzte Bastion des Dogmatismus und Zentralismus gefallen war. Auf dem Treffen in Sofia wurde deutlich, daß die neue rumänische Haltung, wie sie von Premierminister Petre Roman vertreten wurde, so neu nicht ist. Nun, da Rumäniens RGW-Zugehörigkeit nicht mehr unter dem Gesichtspunkt einer politischen Option betrachtet werde, sagte Roman in einem Zeitungsinterview,[52] beurteile man die künftige Zusammenarbeit nach wirtschaftlichen Kriterien. Man werde daher prüfen, inwieweit eine reformierte Organisation des RGW den Interessen Rumäniens entspreche und danach weitere Entscheidungen treffen. Zum gegenwärtigen Zeitpunkt, so hatte er auch in Sofia erklärt,[53] sei man für die Beibehaltung des Bilateralismus in den Wirtschaftsbeziehungen zwischen den RGW-Partnern. Neue, dynamischere Formen des Austausches wie beispielsweise die Herstellung direkter Firmenbeziehungen könnten am besten

52 *Lumea Azi*, 8.2.1990.
53 *Romania Libera*, 12.1.1990.

auf der Basis der bestehenden zweiseitigen Zusammenarbeit realisiert werden. Von einer Bereitschaft der neuen Führung, Wirtschaftsreformen durchzuführen, ist in seiner Rede ebenso wenig zu lesen wie in den Ausführungen seines Vorgängers Constantin Dascalescu. So sahen es auch die anderen Teilnehmer an der Gipfelkonferenz: »Die Rumänen wissen nur das, was sie auf keinen Fall wollen«, kommentierte *Radio Budapest*;[54] »Wie einer ihrer Delegierten sagte, befindet sich das Land in einer so schweren Wirtschaftskrise und ist technologisch so rückständig, daß sie an die Marktwirtschaft kaum zu denken wagen.« Bisher ist die neue rumänische Regierung auch nicht von der seinerzeit vom Ceausescu-Regime gemachten Weigerung abgegangen, die Währungen der einzelnen RGW-Staaten untereinander konvertibel zu machen. Man sei nicht unbedingt dafür, Zahlungen im gegenseitigen Handelsaustausch in konvertibler Währung abzuwickeln, doch sollte ihre Abwicklung auf Hartwährungsbasis erfolgen.[55] Die Möglichkeiten, die sich für Rumänien aus einer weiteren Öffnung des RGW zur europäischen Gemeinschaft ergeben, will man in Bukarest gerne nutzen.

Die Beziehungen zu Ungarn – nur eine kurze Wetterbesserung?

Eine der dringlichsten Aufgaben der neuen rumänischen Führung mußte darauf gerichtet sein, die Beziehungen zum Nachbarland Ungarn auf eine neue Grundlage zu stellen. Sie hatten seit 1988 ein Maß an Schärfe erreicht, wie es zwischen zwei Mitgliedsstaaten des Warschauer Pakts bis dahin unbekannt war. Die Lage der auf zwei Millionen geschätzten ungarischen Minderheit in Rumänien war im Zuge der allgemeinen Versorgungskrise und des wachsenden Assimilationsdrucks durch das

---

54 10.1.1990.

55 Stefan Stancu, der Stellvertretende Außenhandelsminister, in: *Adevarul*, 13.1.1990.

nationalistische Regime Ceausescus zunehmend schwieriger geworden. Rund 30000 Menschen waren aus Rumänien nach Ungarn geflohen. Aus dem Zwist zwischen zwei benachbarten Staaten war längst ein Streitfall geworden, der die Gremien des Warschauer Pakts ebenso beschäftigte wie die KSZE-Konferenzen und die Vereinten Nationen. Der Konflikt betraf jedoch weniger die Territorial- und Minderheitenfragen, als vielmehr die Reformfrage. Aus ungarischer Sicht war es, so Ungarns Außenminister Gyula Horn,[56] »von existentieller Bedeutung«, daß das »Ceausescu-Regime hinweggefegt und eine demokratische Umgestaltung begonnen wurde«. Zum 14. Parteitag der RKP im November 1989 hatte die regierende Ungarische Sozialistische Partei keinen Delegierten entsandt. Einen Tag nach dem Beginn der gewaltsamen Unterdrückung der Unruhen in Temesvar stimmte das ungarische Parlament einem Antrag zu, den reformierten Pastor Laszlo Tökes und die Klausenburger Menschenrechtlerin Doina Cornea für den Friedensnobelpreis vorzuschlagen. Nachdem Nicolae Ceausescu Ungarn beschuldigt hatte, in Temesvar nationalistische Umtriebe zur politischen Destabilisierung Rumäniens provoziert zu haben, brach die Ungarische Sozialistische Partei ihre Beziehungen zur RKP ab. Am gleichen Tag kündigte der ungarische Außenminister an, seine Regierung erwäge, den 1948 geschlossenen Pakt über Freundschaft und Zusammenarbeit mit Rumänien aufzukündigen.[57] Ein Dringlichkeitsausschuß der ungarischen Regierung, dem Politiker und Militärs angehörten, hatte – wie Horn Tage nach dem Umsturz erläuterte – am Morgen des 23. Dezember »ernsthaft überlegt, ob man militärische Hilfe leisten solle«,[58] ja diese sogar angeboten: »Wir haben sie am Sonnabend, den 23. 12. 1989, gefragt, ob sie Munition oder irgend eine andere Unterstützung brauchen. Sie haben uns gedankt, sagten aber, daß dafür keine Notwendigkeit bestehe.«[59]

56 *Frankfurter Allgemeine Zeitung*, 2. 2. 1990.
57 *Radio Budapest*, 21. 12. 1989.
58 *UPI*, 29. 12. 1989.
59 *Radio Budapest*, 25. 12. 1989.

Ohne auf Einzelheiten näher einzugehen, verwies der ungarische Außenminister auch auf »gewisse Dienste«, die Ungarn »geleistet habe, damit das rumänische Militär zielgerichtet gegen den Terrorapparat vorgehen konnte«.[60] Man habe sich im Dringlichkeitsausschuß dann darauf geeinigt, auf der Stelle diplomatische Kontakte mit der Bundesrepublik Deutschland, Österreich und Italien aufzunehmen, um eine sofortige Einberufung des Sicherheitsrats der Vereinten Nationen in die Wege zu leiten.

(Das Vorhaben scheiterte an einem Veto der Volksrepublik China.)

Eines machte Ungarns Regierung von Anfang an klar: Die Neugestaltung der Beziehungen zwischen den beiden Staaten ist für Budapest eine Frage von grundsätzlicher Bedeutung. Die Qualität dieser Beziehungen – so wird von offizieller ungarischer Seite betont[61] – werde davon abhängen, wie sich der Status der in Rumänien lebenden ungarischen Minderheit in Zukunft entwickelt. Budapest ließ es auch nicht an Anspielungen auf die besondere Rolle fehlen, welche die in Rumänien lebenden Ungarn – man verwies auf Pfarrer Tökes in Temesvar – in der Anfangsphase der Revolution gespielt habe. Daraus wurde mehr oder weniger implizit ein Anspruch auf schnelle und umfassende Lösungen für die Wünsche und Forderungen der ungarischen Minderheit abgeleitet.

Unmittelbar nach dem Machtantritt der neuen Führung, zu deren ersten Maßnahmen auch die Annullierung mehrerer minderheitenfeindlicher Gesetze gehört hatte, ergoß sich eine Flut hochrangiger Besucher aus Ungarn in das bisher so streng abgeschottete Nachbarland. Ungarns Außenminister Gyula Horn war der erste ausländische Gast überhaupt, der mit der neuen Führung bereits am 29. Dezember zusammentraf. Er war gekommen, um den neuen Machthabern in Bukarest die Vorstellungen seiner Regierung für die künftigen beiderseiti-

---

60 *Frankfurter Allgemeine Zeitung*, 2.2.1990.

61 Pal Szüts, Ungarns Botschafter in Bukarest, in einem Interview mit der Zeitung *Tineretul Liber*, 25.1.1990.

gen Beziehungen zu erläutern.[62] Sie beruhten einerseits auf dem Respekt Ungarns vor Rumäniens territorialer Unabhängigkeit und Souveränität, andererseits auf Wiederherstellung und »maximaler Sicherung« der Rechte der ungarischen Minderheit. Die Mitwirkung Ungarns beim Wiederaufbau der kulturellen Strukturen der Minderheit sei dabei »eine Bedingung«. Unmittelbar nach seinen Gesprächen mit der rumänischen Führung, bei denen auch die Wiedereröffnung des ungarischen Konsulats in Klausenburg und des rumänischen Konsulats in Debrecen sowie die (unter Ceausescu verhinderte) Eröffnung von Kulturinstituten zur Sprache kam, zeigte Horn sich zuversichtlich: Die Rumänen hätten sich bereiterklärt, den freien Vertrieb ungarischer Presseerzeugnisse in Rumänien zuzulassen und die Ausstrahlung ungarischer Fernsehsender zu ermöglichen.

Weitergehende ungarische Forderungen nach Gewährung bzw. Wiederherstellung einer »gewissen Autonomie«[63] der ungarischen Minderheit wurden anläßlich des Besuchs des ungarischen Kulturministers Ferenc Glatz in Bukarest und der rumänischen Minister für Kultur und Erziehung, Andrei Plesu und Mihai Sora, in Budapest erörtert und zugestanden, etwa die von rumänischer Seite für den Herbst dieses Jahres zugestandene Wiedereröffnung der ungarischen »Bolyai«-Universität in Klausenburg sowie der ungarischen Hochschulinstitute in Tirgu-Mures.[64] Änderungen im Bereich des muttersprachlichen Oberschulunterrichts wurden bereits für den Beginn des zweiten Trimesters des laufenden Schuljahres angekündigt. Am 6. Februar wurde erstmals seit vielen Jahren wieder ein Kulturabkommen zwischen Ungarn und Rumänien unterzeichnet.

---

62 *Radio Budapest*, 30. 12. 1989, und *Frankfurter Allgemeine Zeitung*, 2. 2. 1990.

63 Kulturminister Ferenc Glatz in einem Interview mit der Zeitung *Romania Literara* Nr. 4, 25. 1. 1990.

64 Die Zusammenlegung der ungarischen »Bolyai«-Universität mit der rumänischsprachigen Klausenburger »Babes«-Universität sowie die Auflösung der unabhängigen ungarischen Hochschulinstitute in Tirgu-Mures erfolgte im Jahre 1959.

Eine Ausweitung der politischen Kontakte zwischen den beiden Staaten wurde bei einem Treffen zwischen Karoly Kiraly, dem neuernannten Stellvertretenden Vorsitzenden des Rates der FNR, und einer ungarischen Parlamentariergruppe erörtert, die Rumänien am 4. Januar besuchte. Die Wirtschaftsbeziehungen zwischen den beiden Staaten wurden in dem Anfang Januar geschlossenen ungarisch-rumänischen Handelsabkommen auf eine erneuerte Grundlage gestellt. Das darin festgelegte Handelsvolumen liegt unter dem von 1989, doch soll das Abkommen den Rahmen für zusätzliche Kontrakte zwischen den Betrieben der beiden Staaten schaffen. Auch soll der bilaterale Handelsaustausch erstmals in konvertibler Währung erfolgen.[65]

Ein Problem, das bisher noch nicht gelöst werden konnte, betrifft die rund 30000 Flüchtlinge aus Rumänien, die Ungarn in den vergangenen beiden Jahren aufgenommen hat. Nach dem Umsturz ist der Flüchtlingsstrom als Folge der neugewährten Reise- und Ausreisefreiheit zumindest anfangs sogar noch angestiegen.[66] Bis zum 18. Januar waren rumänischen Angaben zufolge erst 1000 Personen, die vor dem Umsturz nach Ungarn oder Jugoslawien geflüchtet waren, wieder nach Rumänien zurückgekehrt. Um die in Ungarn lebenden Flüchtlinge zu einer Rückkehr zu ermuntern, forderte Budapest von der rumänischen Führung gesetzliche Garantien dafür, daß die Rückkehrer keinerlei Vergeltungsmaßnahmen zu erwarten hätten und moralisch und materiell rehabilitiert würden.[67]

Neuerlich zu einer Verschlechterung des Klimas zwischen den beiden Nachbarstaaten führten Demonstrationen und Gegendemonstrationen ungarischer und rumänischer Schüler im Anschluß an die nicht selten übereilt durchgeführte Umwandlung ehedem gemischtsprachiger in rein ungarische Schulen. Der interimsmäßige rumänische Präsident Ion Iliescu warf der

---

65 *Reuter*, 11. 1. 1990.
66 *Radio Budapest*, 4. 1. 1990.
67 *Reuter*, 24. 1. 1990.

ungarischen Minderheit in Rumänien »Separatismus«[68] vor, ungarische Regierungsvertreter sahen das Gespenst des »großrumänischen«[69] Nationalismus wieder auferstehen. Am 1. Februar ließ die ungarische Regierung verlauten, sie werde ein beiderseitiges Abkommen aufkündigen, das es den nach Ungarn geflüchteten rumänischen Staatsbürgern ermöglichen würde, ihre rumänische Staatsbürgerschaft bei Erlangung der ungarischen Staatsbürgerschaft zu behalten. Nachdem die rumänische Führung auf nicht näher erläuterte ungarische Forderungen nach zusätzlichen Vereinbarungen nicht eingegangen war, kündigte Budapest das Abkommen am 19. Februar. Nun warf Budapest den Rumänen vor, die Einweihung des ungarischen Kulturinstituts hinauszuzögern und die Wiedereröffnung des ungarischen Konsulats in Klausenburg unter einem Vorwand zu verschleppen.[70] Inzwischen mußte – erstmals nach dem Umsturz – ein rumänischer Diplomat von der Regierung in Budapest Vorwürfe an die Adresse der Bukarester Führung in Empfang nehmen. Rumänien soll sich auch weiterhin gegen den Import vorwiegend historischer Bücher aus dem Nachbarland sträuben, die aus rumänischer Sicht die Wahrheit verfälschten und daher nicht willkommen seien.[71] Die Haltung der rumänischen Führung in dieser Frage, so der stellvertretende ungarische Außenminister Imre Szokai, lasse Zweifel an der Ehrlichkeit der rumänischen Absichtserklärungen zur Wiederaussöhnung zwischen den beiden Völkern aufkommen.

---

68 *Adevarul*, 26. 1. 1990.

69 Außenminister Horn in: *Frankfurter Allgemeine Zeitung*, 2. 2. 1990.

70 *Radio Budapest*, 24. 1. 1990 und *MTI*, 26. 2. 1990.

71 Gemäß den Angaben von *Radio Budapest*, 6. 1. 1990, hatten Vertreter der ungarischen Lehrergewerkschaft Geschichtsbücher im Wert von 100000 Forint an ungarischsprachige Lehrer in Rumänien verteilt. Darunter befanden sich auch die von der ungarischen Akademie herausgegebene dreibändige Geschichte Siebenbürgens, die bei Erscheinen im Jahre 1986 zu heftigen polemischen Angriffen rumänischer Politiker und Historiker Anlaß gegeben hatte.

Ein Hauptsatz der rumänischen Außenpolitik nach Ceausescu lautet: Rückkehr nach Europa und Wiedereingliederung in die europäische Zivilisation mitsamt ihrem politischen und geistigen Wertesystem, aktive Teilnahme am Bau des gemeinsamen europäischen Hauses. Als Beweis für die radikal geänderte rumänische Haltung zum europäischen Integrationsprozeß führt man in Bukarest die Abkehr von Ceausescus KSZE-Politik an. Man verweist darauf, daß das rumänische Außenministerium bereits am 8. Januar offiziell erklärt habe, Rumänien wolle die KSZE-Schlußakte in ihrer Gesamtheit achten und ziehe die am 15. Januar 1989 bei der Wiener Nachfolgekonferenz gemachten Einschränkungen und Zusatzerklärungen zurück. Man setze sich für die vollständige Anwendung und Achtung der Helsinki-Charta ein. In der Tat gehörte zu den ersten Amtshandlungen der neuen rumänischen Führung die Annullierung der meisten die Menschen- und Bürgerrechte einschränkenden Gesetze und Dekrete der Ceausescu-Ära. Eine rumänische Filiale des Internationalen Helsinki-Watch-Komitees wurde in Bukarest gegründet,[72] außerdem erklärte sich die neue Führung bereit, mit »Amnesty International«[73] zusammenzuarbeiten.

Rückkehr nach Europa – das bedeutet für die neue rumänische Führung auch die Wiederannäherung an die Europäische Gemeinschaft. Diese Beziehungen waren am Vorabend von Ceausescus Sturz an einem absoluten Tiefpunkt angekommen. Bereits seit April letzten Jahres waren die Verhandlungen zwischen der Europäischen Gemeinschaft und Ceausescus Rumänien über ein neues Handelsabkommen sowie alle hochrangigen Kontakte seitens der EG unterbrochen worden. Angesichts des gewaltsamen Vorgehens gegen die Demonstranten im Temesvar entschloß man sich am 21. 12. in Brüssel dazu, das Allgemeine Präferenzabkommen für rumänische Industrie-

72 *New York Times*, 6. 1. 1990.
73 *Adevarul*, 14. 1. 1990.

und Agrargüter aufzuheben und die Stahlimporte aus diesem Land auf dem bestehenden Niveau einzufrieren. In der neuen politischen Situation nach dem Sturz Ceausescus verhielt man sich zunächst abwartend und entschloß sich, die getroffenen Sanktionsbeschlüsse nicht in die Praxis umzusetzen.[74]

Am 7.1. betonte der Rat der FNR in einer Erklärung die besondere Bedeutung, die man in Bukarest dem Ausbau der Beziehungen zur EG beimesse. Die neugebildete rumänische Regierung erkenne die Europäische Gemeinschaft an; Rumänien sei bereit, einen Botschafter am Sitz der Gemeinschaft in Brüssel zu akkreditieren. Bereits zuvor hatte die EG Soforthilfe im Wert von 7,6 Millionen Dollar an Rumänien zu leisten versprochen. Frans Andriessen, der außenpolitische Kommissar der EG, erklärte, die EG sei bereit, über ein Handelsabkommen sowie ein Kooperationsabkommen mit Rumänien zu verhandeln. Der rumänische Landwirtschaftsminister äußerte darüber hinaus auch die Absicht seines Landes, den Beobachterstatus bei der Europäischen Gemeinschaft zu beantragen.[75] Die rumänische Opposition und nicht zuletzt die unbeugsame Doina Cornea hat den Westen inzwischen davor gewarnt, Rumänien Wirtschaftshilfe zu leisten, solange die Interims-Führung noch an der Macht sei.[76]

Neu an der rumänischen Haltung gegenüber der europäischen Gemeinschaft ist auch die Wahl des Ansprechpartners. Hatte die rumänische Regierung seit der Aufnahme diplomatischer Beziehungen zwischen Bonn und Bukarest im Januar 1967 die Bundesrepublik als den Staat der E(W)G angesehen, der dem Balkanland die Tür zu den Märkten der Gemeinschaft öffnen solle, so drängt nun Frankreich in diese Rolle. »Rumänien«, so schreibt der Korrespondent der Pariser Zeitung *Libération*[77], »integriert sich in gewisser Weise wieder in Europa, und Frankreich erbietet sich, ihm dabei Pate zu stehen.« Es

---

74 *Reuter*, 29.12.1989.
75 *Reuter*, 12.2.1990.
76 *The London Times*, 19.2.1990.
77 11.1.1990.

gebe Leute in Frankreich, so heißt es weiter, die den französischen Run auf Rumänien als »öffentliches Übernahmegebot Frankreichs an Rumänien« bezeichnen, »als ob Frankreich, das in den meisten der ehemaligen Volksdemokratien nicht in demselben Maße wie die Bundesrepublik Deutschland vertreten war, hier eine Möglichkeit gefunden habe, um seinen Rückstand wettzumachen.« Genauso sieht man es auch in Rumänien. Silviu Brucan, der Vorsitzende der außenpolitischen Kommission des Rates der FNR, meinte in einem Pressegespräch bereits Ende Dezember,[78] Rumänien solle seine Beziehungen innerhalb Europas vorwiegend zu den lateinischen Ländern Frankreich und Italien sowie zu Großbritannien ausbauen. Die Bundesrepublik werde ohnehin mit der DDR beschäftigt sein.

In der Tat existiert eine Beziehungs-Tradition zwischen Rumänien und Frankreich. Rumänien ist das einzige Land Osteuropas, dessen Sprache dem Französischen verwandt ist und wo Französisch immer noch von vielen Gebildeten gesprochen wird. Seit der Mitte des vorigen Jahrhundert lieferte Frankreich gesellschaftliche und kulturelle Leitbilder für die gehobenen Schichten Rumäniens, die dann als Moden große Breitenwirkung entfalteten. Frankreich ist immer noch, wie schon im Revolutionsjahr 1848, das bevorzugte Exilland der Rumänien. Zu Beginn der 60er Jahre hatten Gheorghiu-Dej und später Ceausescu die Öffnung Rumäniens zu Frankreich betrieben; die beiderseitigen Beziehungen erreichten mit dem Rumänien-Besuch General de Gaulles im Jahre 1968 einen Höhepunkt. Danach traten die rumänisch-französischen Beziehungen in eine Phase der Ernüchterung und schließlich der Abkühlung, wobei die enttäuschende Entwicklung der Wirtschaftsbeziehungen ein Grund gewesen sein dürfte.

Nun, da sich die jahrzehntelang verfestigten Strukturen in Osteuropa zu lockern beginnen, sieht die Führung in Paris offenbar neue Chancen, in ein traditionelles Interessengebiet zurückzukehren – aus politischen, aber auch aus wirtschaftlichen

78 *The Financial Times*, 29. 12. 1989.

Gründen. Trotz der katastrophalen Versorgungslage im Lande ist Rumäniens Wirtschaft langfristig ein interessanter Partner: Immerhin ist das Land schuldenfrei und sein Importbedarf sehr hoch.

Eine Anzahl von rumänisch-französischen Wirtschaftsprojekten steht bereits fest. Es handelt sich um die mit französischer Hilfe geplante Modernisierung des Stahlkombinats von Galati, Erdöl-Schürfrechte im Schwarzen Meer für die Konzerne »Elf« und »Total« und die Möglichkeit des Baus eines neuen Kernkraftwerks mit Hilfe der Firma »Électricité de France«.[79] Am 23. Dezember 1989, als der Sieg der Front noch ungewiß schien, hatte Außenminister Dumas der Sowjetunion bedeutet, daß Frankreich »sich einer sowjetischen Intervention in Rumänien nicht nur nicht widersetzen werden, sondern diese Aktion – beispielsweise durch die Entsendung von Freiwilligen-Brigaden – unterstützen würde«.[80]

Frankreich war das erste Land, welches die neue Führung der FNR als die legale Staatsmacht Rumäniens anerkannte. Der Präsident der französischen Nationalversammlung Laurent Fabius flog am 3. 1. 1990 nach Bukarest, um »die Solidarität Frankreichs mit dem rumänischen Volk« zu signalisieren.[81] Der französische Außenminister Roland Dumas legte Wert darauf, dem von Ceausescu befreiten Rumänien als erster westlicher Außenminister seinen Besuch abzustatten. Anläßlich seines Aufenthalts in Bukarest verglich ein rumänischer Dichter im Beisein des »lyrisch«[82] gestimmten Gastes aus Paris die Wiederannäherung zwischen den beiden lateinischen Schwesternationen mit dem Fall der Mauer zwischen der Bundesrepublik und der DDR. Sechs französische Minister und zahlreiche niedrigere Chargen hatten Rumänien während der ersten sechs Wochen nach dem Sturz Ceausescus besucht. Sein erster offizieller Auslandsbesuch – das Sofioter Treffen der Mi-

---

79 *Romania Libera*, 18. 3. 1990.
80 *Reuter*, 24. 12. 1989.
81 *AFP*, 3. 1. 1990.
82 *Libération*, 12. 1. 1990.

nisterpräsidenten der RGW-Staaten nicht mitgerechnet – führte den rumänischen Ministerpräsidenten, der in Toulouse studiert hatte, Mitte Februar nach Frankreich.

Die Regierung in Paris hat Rumänien Soforthilfe im Werte von 25 Millionen Francs zukommen lassen, private Hilfssendungen nicht mitgerechnet. Weder die französische noch die rumänische Seite leugnet das starke wirtschaftliche Interesse Frankreichs an dem, was der französische Außenminister »die Wiederaufnahme der bevorzugten Beziehungen zu Rumänien«[83] genannt hat. Der Weg dazu führt über die Medien. Seit dem Umsturz haben öffentliche und private französische Stellen große Anstrengungen unternommen, um der französischen Sprache, der französischen politischen Meinung und Kultur in Rumänien zu intensivem Einfluß zu verhelfen. Französische Bibliotheken haben 100000 Bücher gespendet, es wurde ein Satellitendienst eingerichtet, der dem rumänischen Fernsehen täglich ein vierstündiges Gratisprogramm liefert. Frankreich plant, vom Dach des Gebäudes des französischen Kulturinstituts in Bukarest zweisprachige Programme zu senden. Bereits im Januar nahm ein Ableger des privaten Pariser Radiosenders FUN in Bukarest seine Sendungen auf. Die Pariser Zeitschrift *Actuel* eröffnete noch während der Revolutionswirren in Bukarest ihre neue Radiostation namens »NOVA 22». Beide Sender werden, wie es heißt, von rumänischen Studenten und Künstlern betrieben. Irgendwann in der Zukunft sollen diese Sender in Werbeträger umgewandelt werden. Thierry de Beauce, der Stellvertretende Minister für Kulturbeziehungen, hat die französische Strategie für alle Staaten Ost- und Mitteleuropas, die sich auf dem Weg der Öffnung und der Demokratisierung befinden, so beschrieben: »Die Elite an der Macht ist intellektuell und akademisch gebildet; mit Hilfe der kulturellen Programme bekommen wir den direkten Zugang zu dieser Elite.«[84]

Bonns Beziehungen zur neuen Bukarester Regierung waren von vornherein weniger überschwenglich. Dazu trug wohl auch

---

83 *Libération*, 12. 1. 1990.

84 *Newsweek*, 26. 2. 1990.

die Tatsache bei, daß die deutschen Diplomaten in Bukarest, die bereits vor dem Sturz Ceausescus Ziel terroristischer Attacken gewesen waren, während des Umsturzes nicht nur bedroht, sondern auch regelrecht angegriffen worden waren. Die Wohnung eines Mitarbeiters der Botschaft brannte aus, er und seine Familie hatten sich in Sicherheit bringen können.[85] Die gedämpfte Stimmung zwischen beiden Staaten hat möglicherweise auch damit zu tun, daß die Bundesrepublik auch als Folge des »Sorgerechts« für die deutsche Minderheit in Rumänien, das im bilateralen Verhältnis zwischen der Bundesrepublik Deutschland und Rumänien immer schon eine Rolle gespielt hatte, zu Unrecht als weniger kategorische Kritikerin der Verhältnisse in Rumänien angesehen wurde. Vor zehn Jahren, als Rumäniens Westhandel noch in voller Blüte stand, war die Bundesrepublik Deutschland nach der Sowjetunion Rumäniens zweitgrößter Handelspartner.[86] Zwar ging das deutsch-rumänische Handelsvolumen entsprechend der allgemeinen Reduzierung des rumänischen Devisenhandels im vergangenen Jahrzehnt stark zurück. Ein Aufschwung hätte dank bestehender Kontakte und gemeinsamer Kooperationserfahrung für bundesdeutsche Unternehmen jedoch eine gute Basis. Gespräche sind wieder angelaufen, die gemischte Rumänisch-Deutsche Wirtschaftskommission soll bald wieder zusammentreten.[87]

Als erster Besucher aus der Bundesrepublik kam FDP-Chef Otto Graf Lambsdorf am 5. Januar 1990 nach einer Visite im benachbarten Bulgarien. Die Freien Demokraten sehen den Ereignissen in Rumänien mit einigem Interesse entgegen, ist es doch das Land Südosteuropas, in dem eine liberale Partei – die sogenannten Nationalliberalen – zu den beiden wichtigsten

85 *Die Welt*, 2.1.1990.

86 Zum bilateralen Verhältnis siehe: Anneli Ute Gabanyi, »Ausreiseanspruch gegen völkerrechtliche Anerkennung – Rumänien und die Bundesrepublik Deutschland«, in: Hrsg.: O. N. Haberl/H. Hecker, *Unfertige Nachbarschaften. Die Staaten Osteuropas und die Bundesrepublik Deutschland*, Essen 1989, S. 69–91.

87 Der Botschafter der Bundesrepublik Deutschland Dr. Klaus Terfloth in einem Interview mit der Zeitung *Adevarul*, 2.2.1990.

Traditionsparteien, den sogenannten »historischen Parteien«, im Lande gehört.

Bundesaußenminister Hans-Dietrich Genscher hatte sich bereits Anfang Januar zu einem Besuch in Rumänien angesagt; er kam schließlich im Anschluß an die Rumänienreise des französischen Außenministers Dumas. Der Besuch diente der Information über die politische Lage und über Hilfsmöglichkeiten für das Land, die der Außenminister mit dem Präsidenten des Rates der Front, Iliescu, mit Ministerpräsident Roman und Außenminister Celac, aber auch dem ehemaligen rumänischen Außenminister Corneliu Manescu und Vertretern der demokratischen Parteien erörterte. Während einer Reise nach Hermannstadt und Temesvar informierte sich Genscher, der von einer 35köpfigen Delegation begleitet wurde, in zahlreichen Gesprächen mit Vertretern der Siebenbürger Sachsen und Banater Schwaben über ihre Lage nach dem Sturz Ceausescus.[88]

Bereits wenige Tage nach Genschers Besuch wurde die erste, vom Bundesaußenminister zugesagte Strom-Lieferung in das rumänische Netz eingespeist. Insgesamt liefert die Bundesrepublik Strom für zweimal 35 Tage im Wert von insgesamt 50 Millionen Mark, was die Energieversorgung der rumänischen Bevölkerung über den Winter sichern half. Innerhalb von zwei Monaten hat die Bundesrepublik an Rumänien außerdem medizinische Hilfe im Wert von 30 Millionen Mark und Lebensmittelhilfe im Wert von 10 Millionen Mark geleistet, die vorwiegend aus privaten Spenden stammen.[89] Außerdem erwog die Regierung in Bonn, ihr seinerzeit von Ceausescu nicht honoriertes Angebot einer Kreditlinie von 500 Millionen Mark zur Förderung der Gründung mittlerer und kleiner Unternehmen in Siebenbürgen und dem Banat zu erneuern – zum Wohle nicht nur der Deutschen, sondern der gesamten Bevölkerung in den betreffenden Regionen.[90] Die Haltung der Bundesrepublik

---

88 *Reuter*, 15. 1. 1990, und *Frankfurter Allgemeine Zeitung*, 18. 1. 1990.

89 Botschafter Terfloth im Gespräch mit der Zeitung *Romania Libera*, 28. 1. 1990.

90 Botschafter Terfloth in: *Adevarul*, 2. 2. 1990.

gegenüber der deutschen Minderheit in Rumänien, so betonte Genscher, sei hinsichtlich ihrer Ausreise aus Rumänien bzw. ihrer Einreise in die Bundesrepublik unverändert. Allerdings ergäben sich infolge der Liberalisierung der rumänischen Innen- und Minderheitenpolitik neue Möglichkeiten für die Bundesregierung, die Lebensbedingungen sowie das schulische und kulturelle Leben der deutschen Bevölkerung in Rumänien positiv zu beeinflussen.

Eine Bonner Regierungsdelegation unter Leitung von Ministerialdirigent Karl-Heinz Neukirchen, dem Stellvertretenden Vorsitzenden der Kulturabteilung des Auswärtigen Amtes, eruierte in ausführlichen Gesprächen die Wünsche der siebenbürgisch-sächsischen Minderheitenvertreter.[91] Verabredet wurden Hilfsmaßnahmen wie die Lieferung von Zeitungen, Zeitschriften, Lehrmitteln, Büchern, Vervielfältigungsgeräten für Schulen; die Entsendung von deutschen Gastlehrern nach Rumänien, Fortbildungsmöglichkeiten für Lehrkräfte in der Bundesrepublik Deutschland, Schüleraustausch, Schul- und Ortspartnerschaften, Ausstattungshilfen für Schülerinternate, finanzielle Unterstützung für den Ankauf siebenbürgisch-sächsischen Kulturguts, Ausrüstungsgegenstände für die landeskundlichen Forschungsstellen, Hilfe für die deutschsprachigen Medien und die Gründung eines deutschen Kulturinstituts in Hermannstadt.

Zwar scheint die noch in Rumänien verbliebene deutsche Minderheit angesichts der Aufhebung der Ausreisebeschränkungen durch die neue rumänische Führung die Möglichkeiten zu nutzen, um alsbald in die Bundesrepublik Deutschland umsiedeln zu können. Dennoch bleibt zu hoffen, daß diese Maßnahmen, ganz abgesehen von der damit angestrebten Signalwirkung für die Unentschlossenen, eine echte materielle und kulturelle Überlebenshilfe für jene Deutschen in Rumänien darstellt, die bleiben wollen. Sie könnten in einem veränderten politischen Klima vielleicht jene Mittlerfunktion zwischen der Bundesrepublik und Rumänien einnehmen, die

---

91 *Neuer Weg*, 26. und 27. 1. 1990.

ihnen bei der Anbahnung der diplomatischen Beziehungen zugedacht war.

Die Entwicklung der Beziehungen zwischen dem nachrevolutionären Rumänien und den Vereinigten Staaten von Amerika verläuft keincswegs geradlinig. Seit Mitte der 80er Jahre verfügte das Balkanland – einstmals ein wichtiger Faktor in Amerikas Politik der »Differenzierung« seiner Beziehungen zu den osteuropäischen Staaten – über keine Sympathien mehr in Washington. Je geringer das politische und ökonomische Interesse der Vereinigten Staaten an Rumänien wurde – im Zuge der Tilgung seiner Auslandsschulden hatte Bukarest seine Devisenimporte radikal reduziert –, desto stärker konnte sich die Sensibilität für die katastrophalen Lebensbedingungen der Bevölkerung und die Verletzung der Menschen- und Minderheitenrechte in Rumänien entwickeln. Angesichts der sich abzeichnenden Politik des Interessenausgleichs zwischen den Vereinigten Staaten und der Sowjetunion Gorbatschows saß der Perestrojka-Gegner Ceausescu am Ende zwischen allen Stühlen.

Als sich die Lage in Rumänien nach dem Beginn des Aufruhrs in Temesvar zuspitzte, sandte der amerikanische Außenminister eine schriftliche Botschaft an seinen sowjetischen Amtskollegen Eduard Schevardnaze, worin er Moskau dazu aufforderte, Druck auf das Ceausescu-Regime auszuüben, um die gewaltsame Unterdrückung des Aufstands zu beenden. Am 24. Dezember 1989 hatte US-Außenminister Baker außerdem in einem Fernsehinterview erklärt, die Vereinigten Staaten »würden eine sowjetische Intervention in Rumänien begrüßen, wenn diese für den Triumph der revolutionären Kräfte notwendig« sei.[92] US-Truppen waren bekanntlich zur selben Zeit in Panama einmarschiert. Dies ist in der Tat – wie der amerikanische Kommentator Don Oberndorfer vermerkt – das erste Mal in der Geschichte, daß die Vereinigten Staaten die Idee eines militärischen Eingreifens der Sowjetunion öffentlich gutgeheißen haben. Danach war offenbar weder der einen noch der an-

---

92 *Washington Post*, 1.1.1990.

deren Großmacht wohl bei der Geschichte. Sowjetische und rumänische Medien, die den Standpunkt Moskaus vertraten, versuchten den Eindruck zu erwecken, die USA hätten Moskau mit ihrer Einladung zum Eingreifen in Rumänien eine Falle gestellt, um Gorbarschow und seine Politik des Neuen Denkens zu diskreditieren.[93] In den Vereinigten Staaten wiederum wollte man, so scheint es, das erste Überengagement dadurch vergessen machen, daß man den nun regierenden »revolutionären Kräften« erst einmal zurückhaltend begegnete. Nachdem sich die neue rumänische Führung etabliert hatte, sandte der amerikanische Präsident Bush dem neuen rumänischen Staatschef Ion Iliescu am 27. Dezember 1989 ein Glückwunschtelegramm, worin er die Hoffnung ausdrückte, daß die neue Regierung in Bukarest bald Reformen und einen Rechtsstaat einführen werde. Für die Zeit des Übergangs stellte Bush Rumänien die Unterstützung der USA in Aussicht.

Schon bald jedoch zeigten sich die neuen rumänischen Politiker über die aus ihrer Sicht mangelnde politische und wirtschaftliche Unterstützung durch die Vereinigten Staaten enttäuscht: Man habe zwar einen netten Brief bekommen, doch alle weiteren Maßnahmen der USA seien »überhaupt nicht befriedigend, ganz einfach weil sie nicht existieren«.[94] Die humanitäre Soforthilfe der Vereinigten Staaten – Hilfsgüter im Wert von 500000 Dollar, Medikamente im Wert von 250000 Dollar und 25000 Dollar aus einem Sonderfonds der US-Botschaft in Bukarest[95] – war den Rumänen, wie sie offen sagten, zu wenig. Am stärksten schmerzte jedoch die Enttäuschung darüber, wie die US-Administration auf die Annullierung des von Ceausescu im Jahre 1988 erlassenen Dekrets reagierte, womit Rumänien auf die Gewährung der Meistbegünstigungsklausel (MFN) durch die USA verzichtet hatte. Eine erste Stellungnahme des amerikanischen Außenministeriums schien den

93 Eduard Schevardnaze in: *Argumenty i Fakty*, 2/1990, und *Romania Libera*, 9.1.1990.
94 *Reuter*, 8.2.1990.
95 *AFP*, 9.2.1990.

Rumänen gute Aussichten für die Wiedergewährung der Klausel einzuräumen; man bezeichnete dort die neugewährte Reisefreiheit – den im sogenannten Jackson-Vanik-Amendment festgelegten Vorbehalt für diese Vergünstigung – als Schritt in die richtige, demokratische Richtung. Auch die US-Unternehmer zeigten sich an der Wiedergewährung der günstigen Zollbestimmungen für Rumänien interessiert, doch das Vorhaben scheiterte am Widerstand des US-Kongresses. Die Lage ist paradox: Während in Bukarest derselbe US-Manager und Vertreter zahlreicher amerikanischer Firmen Verhandlungen führte, der in dieser Eigenschaft häufig mit Ceausescu zusammengetroffen war, sprach sich in Washington dasselbe Mitglied des Kongresses, Frank Wolf, das Ceausescu zu seinen Lebzeiten am heftigsten kritisiert hatte, auch unter den veränderten Umständen gegen die Gewährung der Meistbegünstigungsklausel an Rumänien aus. Rein rechtlich könnte der Präsident diese Entscheidung zwar – wie im Falle Polens – auch ohne Zustimmung des Parlaments fällen, doch der Wille dazu ist zur Zeit nicht vorhanden.

Auch in politischer Hinsicht hatten die Männer der neuen Führung Rumäniens mehr von den USA erwartet. Es hat den Anschein, als sei man in Bukarest nicht abgeneigt, den – inzwischen gewachsenen – Einfluß Moskaus durch verbesserte Kontakte zu Washington in gewohnter Manier auszubalancieren. Während sich die Außenminister, Parlamentspräsidenten und Parteivorsitzenden Westeuropas in Bukarest die Klinke in die Hand gaben, blieben die Vereinigten Staaten diesem Reigen fern. Außer dem Kongreßmitglied Frank Wolf waren aus den USA nur zwei Experten für Menschenrechtsfragen[96] sowie der Direktor der Informationsbehörde der Vereinigten Staaten USIA, Bruce Gelb, zu Besuch gewesen. Erst nachdem in Bukarest die Einrichtung eines dem Modell des »Runden Tisches« entsprechenden sogenannten »Provisorischen Rates der Natio-

96 Richard Schifter, der für Menschenrechtsfragen zuständige Stellvertretende US-Außenminister und Geri Laber, der Direktor der in den USA beheimateten Menschenrechtsorganisation »Helsinki Watch«.

nalen Einheit« beschlossen worden war, kam der amerikanische Außenminister zu einem vierstündigen Kurzbesuch nach Rumänien. Baker sagte den Rumänen Lebensmittelhilfe in Höhe von 80000 Dollar zu sowie wirtschaftliche und politische Unterstützung unter der Bedingung, daß die Entwicklung in Richtung auf »freie und faire Wahlen, Offenheit, Freiheit und Demokratie« verlaufe.[97] Vertreter der Parteien, mit denen Baker anläßlich seines Besuchs in Bukarest zusammentraf, drängten darauf, daß die USA Rumänien nur dann politische Unterstützung gewähren sollten, wenn eine demokratische Entwicklung garantiert sei.[98] Den gegenwärtigen Stand der Beziehungen seines Landes zu den USA bezeichnete Iliescu als »kalt«.[99] Mit Worten, wie sie vor nicht allzulanger Zeit aus dem Munde Ceausescus zu hören gewesen waren, kritisierte Iliescu Amerikas »Einmischung in die inneren Angelegenheiten« Rumäniens, für die er auch die Vertreter der Oppositionsparteien in seinem Lande verantwortlich machte.

---

97 *Rompres*, 11.2.1990.
98 *AP*, 11.2.1990.
99 *Le Monde*, 27.2.1990.

6. Eine Chance für die Marktwirtschaft?

An jenem 22. Dezember 1989, als die Ceausescu-Diktatur gestürzt wurde, waren Vertreter der FNR als Reformer aufgetreten, die versprachen, die gesamte Wirtschaft gemäß den Prinzipien von Rentabilität und Effizienz, Dezentralisierung, Förderung der freien Initiative, einer kompetenten Wirtschaftsleitung und der Unterstützung für die Kleinlandwirte umzugestalten. Das klang zwar vage und nicht gerade nach Marktwirtschaft, weckte aber dennoch Hoffnungen auf eine Abkehr vom System der zentralistischen Kommandowirtschaft. Die mangelnde begriffliche Klarheit der programmatischen Erklärung war jedoch kein Zufall gewesen. Anfangs wollten sich die Führer der Front nämlich auf eine genaue Definition des von ihnen angekündigten »restructurare« überhaupt nicht einlassen. Anfang Januar 1990 schloß Ministerpräsident Roman[1] die Möglichkeit eines Übergangs zur Marktwirtschaft wegen der Überzentralisierung der bestehenden Strukturen aus. Auch wollte er sich nicht auf grundlegende Reformen festlegen: ein »akzeptables Verhältnis zwischen Plan und Markt«, eine »gewisse Autonomie für die Betriebe«, aber keine Reprivatisierung. Wenn Reformen, definiert als »Dezentralisierung« und »schrittweise Einführung von Marktkräften«, dennoch zum Zuge kommen sollten, dann – so Silviu Brucan[2] – nicht gleich, und vor allem »nicht in dem Tempo, das der Westen«[3] Rumänien aufzwinge.

Spätestens als die FNR ihren Entschluß, an den für Mai geplanten Wahlen teilzunehmen, öffentlich bekanntgab, war sie genötigt, ihre Position näher zu bestimmen. Doch auch ihre am 7. Februar 1990 verabschiedete sogenannte »Programm-Platt-

---

1 *Le Monde*, 4.1.1990.

2 *Neue Zürcher Zeitung*, 2.2.1990.

3 *The Independent*, 22.1.1990.

form«[4] enthält keine klare Positionsbestimmung und auch kein eindeutiges Bekenntnis zur Marktwirtschaft. Die Begriffe – »Schaffung einer effizienten und modernen Wirtschaft« und »Bruch mit dem totalitären Wirtschaftssystem« – sind schwammig. Die Front, so heißt es, steuere den »stufenweisen Übergang« zu einem »liberalisierten, dezentralisierten, vielseitigen Wirtschaftssystem« an, das »auf Marktmechanismen gegründet« sei. Die Schaffung nicht näher bezeichneter »neuer Strukturen« soll in Übereinstimmung mit den vorhandenen materiellen und menschlichen Ressourcen erfolgen. Konkurrenz soll zugelassen, Monopole in jeglicher Form sollen verboten sein. Hinsichtlich der Eigentumsformen spricht das Programm der Front von der »Auffächerung« in staatliches, genossenschaftliches, Anteils- und privates Eigentum, und zwar nach folgendem Muster: Bei den großen Industriebetrieben soll das Staatseigentum, »in den Marktmechanismus integriert«, erhalten werden; kleinere Betriebe können als Aktiengesellschaften und gemischte Gesellschaften auch mit ausländischer Kapitalbeteiligung gegründet werden; Privatunternehmen soll es vorwiegend im Bereich der kleinen Warenproduktion und im Dienstleistungssektor geben.

Im Hinblick auf die Wahlen setzt die neue Führung auf eine arbeitsteilige Propaganda. Zum einen setzt sie darauf, daß die »Angst vor einer Privatisierung«[5] in der rumänischen Bevölkerung weit verbreitet ist und daß demnach jede politische Kraft, die im Wahlkampf gegen die Privatisierung auftritt, einen erheblichen Teil der Wählerstimmen aus dem Milieu der Arbeiter wie auch der ehemaligen KP-Funktionäre für sich mobilisieren kann. Also greift man zu längst vergessen geglaubten klassenkämpferischen Parolen. Iliescu macht gegen eine »globale »Privatisierung«[6] des Landes Front, die zu einem Ausverkauf des Landes an ausländische Kapitalisten führen werde.

---

4 *Radio Bukarest*, 7.2.1990. Siehe dazu auch: Petra Pissulla in: *Neue Zürcher Zeitung*, 11./12.3.1990.
5 *Tineretul Liber*, 8.3.1990.
6 *The London Times*, 7.2.1990, *Actualités Roumaines*, 6.3.1990.

Der Bevölkerung wird suggeriert, eine allzu schnelle Umstellung der Wirtschaft entsprechend den Gesetzmäßigkeiten des kapitalistischen Marktes werde der Bevölkerung untragbare Lasten auferlegen und zu sozialen Spannungen führen. Daher müsse die Einführung der Marktwirtschaft nicht Ergebnis, sondern Voraussetzung einer Reform sein.

Bewußt schürt die Führung der Front bei der Bevölkerung Sozialneid, Zukunftsangst, Westfeindlichkeit. Die Polemik, die in Tenor und Wortwahl an die Rede Nicolae Ceausescus auf dem 14. Parteitag der RKP erinnert, zielt auf die beiden großen »historischen« Parteien des Landes, die Nationale Bauernpartei und die Nationalliberale Partei ab, die das Land angeblich zurück in die Zeiten von Massenelend und Arbeitslosigkeit führen wollen.

Mit Blick auf westliche Politiker und Wirtschaftsleute geben sich Mitglieder der Regierung gelegentlich weniger militant, manche sogar pragmatisch. So ist beispielsweise die Erklärung Ministerpräsident Petre Romans zu verstehen, man wolle »die Planwirtschaft... beseitigen« und plane einen »schrittweisen Übergang zur Marktwirtschaft«.[7] Er sprach sogar von der Möglichkeit, daß im Zuge dieses Übergangs Fabriken, die mit Verlust arbeiteten, reorganisiert oder geschlossen werden würden. Allmählich setzte sich in Bukarest die Einsicht durch, daß »vom Osten nichts zu erwarten«[8], eine grundlegende Sanierung und Modernisierung der rumänischen Wirtschaft hingegen nur auf der Grundlage fortschrittlicher, d. h. westlicher Technologie möglich sei. Auch können die Führer der Front nicht mehr übersehen, daß der Westen seine Bereitschaft, Rumänien eine über das humanitäre Maß hinausgehende Unterstützung zu gewähren, an die Reformwilligkeit der Front knüpfen wird. Nicht nur Oppositionspolitiker wie der Führer der Nationalliberalen Partei, Radu Campeanu, sondern auch Oppositionelle wie die Dissidentin Doina Cornea haben dem Westen inzwischen gera-

---

7 *Radio Bukarest*, 26.2.1990.

8 Ministerpräsident Roman vor Energie- und Wirtschaftsfachleuten. Siehe dazu: *AP*, 6.3.1990.

ten, der derzeitigen rumänischen Führung nur humanitäre Unterstützung, nicht aber langfristige Wirtschaftshilfe zukommen zu lassen. Doina Cornea plädierte im rumänischen Fernsehen zudem für eine weitgehende Privatisierung in Industrie und Landwirtschaft.[9]

Nach außen hin betont die rumänische Regierung ihr Interesse an westlichen Investoren. Während seines Frankreichbesuchs ließ Roman verlauten, daß ein neues Joint-Venture-Gesetz in Vorbereitung sei, das in Rumänien künftig Mehrheitsbeteiligungen ausländischen Kapitals bis zu 100% möglich machen würde. Bisher ist ein solches Gesetz jedoch nicht veröffentlicht worden.[10]

In der rumänischen Öffentlichkeit wird die Frage der zukünftigen Wirtschaftsform heiß diskutiert. In der Tages- und Fachpresse erscheinen fast täglich Aufsätze und Meinungsäußerungen zu diesem Thema, in denen für und wider die Marktwirtschaft argumentiert und mögliche Risiken gegen erhoffte Vorteile abgewogen werden. Für zahlreiche Autoren stellt der Markt schlichtweg die ökonomische »Normalität« dar, die sozialistische Kommandowirtschaft aber eine Verirrung mit den bekannten Folgen für Fortschritt und Wohlstand im östlichen Teil der Welt:[11]

»Im Falle Rumäniens muß klar gesagt werden, daß das wirtschaftliche Desaster, in dem das Land sich befindet, das Scheitern eines Systems belegt und nicht nur das Ergebnis der wirtschaftlichen Verirrungen während der letzten 25 Jahre der Ceausescu-Diktatur. Diese Diktatur hat nur die absurden Fehler eines ›unwirtschaftlichen‹ Wirtschaftssystems verschlimmert. Und wenn sich jetzt, im Anschluß an die Revolution, das Problem des Umbaus der rumänischen Wirtschaft derart akut stellt, ist es da nicht natürlich, wenn wir nach dem Normalzu-

9 *The London Times*, 7.2.1990.

10 *Reuter*, 17.2.1990, und *Radio Bukarest*, 2.3.1990. Das rumänische Außenhandelsgesetz von 1971 erlaubt Beteiligungen von ausländischem Kapital an Gemeinschaftsunternehmen bis zu einer Höhe von 49%.

11 *Lumea Azi* Nr. 5, 1.2.1990.

stand der Wirtschaft Ausschau halten, nach gelungenen und nicht nach mißlungenen Experimenten?«

Der Autor verwies auf die große Vielfalt dessen, was unter dem Begriff Marktwirtschaft zusammengefaßt wird und betonte, daß die Sozialgesetzgebung vieler marktwirtschaftlich organisierter Staaten »sozialistischer« sei als die der »sozialistischen Staaten«.

Die Kompromißformel, die zur Zeit die meiste Zustimmung nicht nur bei Mitgliedern der Front, sondern auch bei Oppositionsvertretern findet, enthält folgende Elemente: Konkurrenz, Beendigung der Monopolstellung des (bisher staatlichen) Produzenten gegenüber der Masse der Konsumenten, indirekte Steuerung der Wirtschaft durch den Staat, Öffnung zum Weltmarkt. Der Prozeß soll über mehrere Jahre hinweg abgestuft und abgefedert verlaufen, um wirtschaftliches Ungleichgewicht und soziale Ungerechtigkeit zu vermeiden.[12]

Popularität auf Pump

Für die ersten drei Monate des Jahres hatte die Front ein Dringlichkeitsprogramm entworfen: »Den Winter überleben«, nannte es Wirtschaftsminister Stanculescu.[13] Damit war nicht primär das wirtschaftliche Überleben des Landes, sondern das politische Überleben der neuen Führung gemeint. Der – inzwischen ins Verteidigungsressort hinübergewechselte – Wirtschaftsminister ging offenbar davon aus, daß das am 20. Mai 1990 frei gewählte Parlament das bis dahin entwickelte Wirtschaftsprogramm der FNR in seiner »endgültigen Fassung« bestätigen werde.[14] Im Verlauf des Jahres 1990 will Stanculescu die wirtschaftliche Stabilisierung des Landes erreichen, 1991/1992 die dringlichsten Korrekturen durchführen, nicht näher bezeichnete Ungleichgewichte vermindern und die Landwirt-

---

12 Aurel Iancu in: *Adevarul*, 24. 1. 1990.
13 *Frankfurter Allgemeine Zeitung*, 8. 2. 1990.
14 *Frankfurter Allgemeine Zeitung*, 8. 2. 1990.

schaft wiederbeleben. 1993 – so der Wirtschaftsminister – könne dann hoffentlich der Aufschwung einsetzen.

Die in einer ersten Phase ergriffenen wirtschaftlichen Sofortmaßnahmen der neuen Führung räumten der Versorgung der Bevölkerung und der Befriedigung ihrer elementaren Grundbedürfnisse absolute Priorität ein. Man wollte den Lebensstandard schnell und spürbar anheben – an die Kosten oder gesamtwirtschaftlichen Folgen schien dabei keiner zu denken.

Zunächst wurde der Export von Lebensmitteln gestoppt und die Ausfuhr von Erdölprodukten eingeschränkt. Die 1981 vom Diktator verfügte Lebensmittelrationierung wurde zurückgenommen, die Einschränkungen und Preisaufschläge im Bereich des privaten Verbrauchs von elektrischem Strom und Gas aufgehoben. Im sozialen Bereich wurde innerhalb der ersten Wochen nach dem Antritt der neuen Führung ein Bündel von populären Sofortmaßnahmen geschnürt, ohne daß die »Experten« der Front sich über deren Folgelasten lange den Kopf zerbrochen hätten. Die Mindestrenten der LPG-Bauern wurden von 250 auf 500 Lei verdoppelt,[15] alle Sozialrenten angehoben.[16] In Anbetracht des zu erwartenden Anstiegs der – nicht mehr verdeckten – Arbeitslosigkeit im Lande wurde ein Gesetz erlassen, das es berufstätigen Frauen fortan erlaubt, den gesetzlichen Mutterschaftsurlaub von bisher 112 Tagen auf ein Jahr auszudehnen. Während dieser Zeit erhalten sie 65 % ihres bisherigen Arbeitslohns.[17] Auch wurde das Rentenalter (60 Jahre für Männer und 55 Jahre für Frauen) für gewisse Kategorien von Beschäftigten um zwei bis vier Jahre herabgesetzt. Die zum unfreiwilligen Arbeitsdienst eingesetzten Wehrpflichtigen werden stufenweise von den Baustellen abgezogen.[18]

Die Bürger wurden von Zahlungen und Abgaben befreit, die Ceausescu ihnen seit 1982 mit dem Ziel auferlegt hatte, den Überhang an Kaufkraft in der Bevölkerung zu reduzieren.

---

15 *AP*, 5.2.1990.
16 *Monitorul Oficial* Nr. 24, 9.2.1990.
17 Verordnung Nr. 31, *Monitorul Oficial*, 19.1.1990.
18 *Rompres*, 8.2.1990.

Dazu gehörte der 1982 verfügte Zwangsverkauf sogenannter »Gesellschaftsanteile« (eine Art Belegschaftsaktien) an die Bevölkerung in Höhe von rund 23 Mrd. Lei innerhalb von fünf Jahren[19] ebenso wie die kommunale Arbeitspflicht der Bürger, die durch Ausgleichszahlungen abgegolten werden konnte.[20] Zu den bei der Bevölkerung hochwillkommenen, jedoch außerordentlich kostenintensiven Maßnahmen gehörten des weiteren der Schuldenerlaß für alle LPGs sowie der finanziellen Sanktionen, mit denen viele Betriebe unter Ceausescu wegen Nichterfüllung der Produktionspläne belegt worden waren. Für die dafür erforderliche Aufstockung der Geldmenge wurde die Geldpresse[21] bemüht: 38 Mrd. Lei waren es in den ersten Tagen nach der Revolution, für die es nur in den ersten Tagen nach dem Sturz Ceausescus eine gewisse Deckung durch die auf dem Binnenmarkt vorhandene Warenmenge gab. Weitere 22 Mrd. sollen nach Angaben des Wirtschaftsministers folgen.[22]

Zu den Sofortmaßnahmen im Bereich der Industrie gehörte die sofortige Schließung einer großen, noch unbekannten Anzahl von Investitionsprojekten. Als ehemaliger Leiter des Amtes für Wasserwirtschaft nannte Iliescu in seiner Neujahrsansprache natürlich an erster Stelle den Bukarest-Donau-Kanal mit einem Gesamtwert von 25 Mrd. Lei, das Bewässerungsprojekt im Raum zwischen Donau, Jiu und Arges (4 Mrd. Lei), der weitere Ausbau des Freihafens von Constanta (über 20 Mrd. Lei) und des Donaudeltas,[23] des Wärmekraftwerks von Anina (11 Mrd. Lei), des empörend prunkvollen Bukarester »Hauses der Republik« (bisher 5 Mrd. Lei) sowie zahlreicher weiterer Projekte im Bereich des Bergbaus, der metallverarbeitenden und chemischen Industrie. Der Minister für die chemische Industrie nannte als Beispiel für aufgelassene Investitionsprojekte die Ammoniakwerke in Navodari und Slobozia sowie den

19 *Scinteia*, 10.2.1990.
20 Gesetz Nr. 1/1985.
21 *dpa*, 18.2.1990.
22 *Adevarul*, 8.2.1990.
23 *Monitorul Oficial* Nr. 22, 8.2.1990.

Verzicht auf den weiteren Ausbau der Fabrik für die Erzeugung von schwerem Wasser in Drobeta-Turnu Severin.[24]

Zögernde Abkehr vom Zentralismus

Angesichts der Kritik an den überwiegend gefälschten Statistiken und dem eklatanten Datennotstand während der »Ära« Ceausescu würde man von der neuen Führung ein hohes Maß an Transparenz und Auskunftsfreudigkeit erwarten; doch die neue Offenheit bezieht sich vorwiegend auf Vorgänge aus der Amtszeit Ceausescus. Zwar ist der Informationswert dieser in den Medien praktizierten »Vergangenheitsbewältigung« im wirtschaftlichen Bereich hoch anzusetzen. Erst jetzt wurde beispielsweise bekannt, daß im Mai 1989 im Reaktor Nr. 1 des im Bau befindlichen Kernkraftwerks in Cernavoda ein Brand stattgefunden hat, dessen Ursachen immer noch ungeklärt sind.[25] Erstmals wurden die rumänischen Zeitungsleser über den Grad der Umweltverschmutzung in einigen Regionen des Landes informiert.[26] Der neugegründeten Umweltbewegung sind 625 Fälle schwerer Umweltverschmutzung in Rumänien bekannt.[27] Die Presse berichtet jetzt erst über das Ausmaß der versteckten Arbeitslosigkeit der Jugendlichen (ein Drittel aller Schulabgänger) sowie der Landarbeiter zur Zeit Ceausescus[28] –

---

24 *Adevarul*, 7.1.1990.

25 *Adevarul*, 26.1.1990.

26 In der nordsiebenbürgischen Stadt Baia Mare, so wurde berichtet, habe die Schwefeldioxydkonzentration im Trinkwasser der Stadt dreimal höher als maximal zulässig gelegen; sie hätten das Vierundzwanzigfache der zulässigen Konzentration bei Blei und ungefähr das Sechsfache bei Kadmium erreicht. Gelegentlich seien jedoch auch Werte gemessen worden, die die zugelassenen Konzentrationen um das 60 bis 100fache überstiegen hätten. Dementsprechend sei in relativ kurzer Zeit in der Region die Häufigkeit des Auftretens gewisser Gefäß- und Tumorerkrankungen um mehr als das 300fache angestiegen; die Lebenserwartung habe in Baia Mare zwölf Jahre unter dem Landesdurchschnitt gelegen. Siehe dazu: *Romania Libera*, 28.1.1990.

27 *The Daily Telegraph*, 19.1.1990.

28 *Adevarul*, 9.1.1990.

doch wo bleiben die Angaben über die Zahl derer, die infolge der Schließung der großen Industriebetriebe und Bauvorhaben landesweit ihren Arbeitsplatz verloren haben oder aufgrund eines neuen Gesetzes[29] in Zwangsurlaub geschickt oder zu minderbezahlter Teilzeitarbeit verurteilt worden sind? Allein im Kreis Jassy waren zu Beginn des Monats Februar 15000 Arbeitssuchende gemeldet.[30]

Bei all dem fällt jedoch auf, daß die Analyse systemimmanenter Ursachen dieser Mißstände unterbleibt; statt dessen muß immer und überall Ceausescu als Sündenbock herhalten. Mit Wirtschaftsdaten geht die neue Führung beinahe noch sparsamer um als der Diktator in seinen letzten vier Jahren, als das Statistische Jahrbuch auf ein Drittel seines früheren Umfangs zusammengeschrumpft war. Die Wirtschaftspläne Ceausescus gelten nicht mehr, die neuen, wie es heißt, geänderten Pläne wurden bisher nicht veröffentlicht. Zur Wirtschaftsentwicklung im Januar und Februar 1990 gab es zu den auf ein Minimum reduzierten Indikatoren keine absoluten Zahlen, sondern nur in Prozenten ausgedrückte Hinweise auf die Dynamik dieser Entwicklung im Vergleich zu der des Vorjahres.

Von der versprochenen Dezentralisierung ist bisher nicht viel zu spüren. Die Industriezentralen wurden – mit wenigen Ausnahmen im Bereich der Leichtindustrie[31] – ebenso beibehalten wie das System der zentralen Planung überhaupt, auch wenn das durch die Zusammenlegung des Staatlichen Planungskomitees mit dem ehemaligen Ministerium für technischmaterielle Ausrüstungen geschaffene Super-Wirtschaftsministerium nur noch 14 (statt bisher 100) ökonomische und finanzielle Indikatoren sowie 400 (anstelle von bisher 1800) Erzeugnisse kontrolliert.[32] Forderungen von Wirtschaftswissenschaftlern, das Investitionsgesetz von 1980 »mit seinen primitiven Indikatoren« gänzlich zu streichen,[33] fanden bisher kein Gehör.

---

29 *Monitorul Oficial* Nr. 10, 14. 1. 1990.
30 *Adevarul*, 9. 2. 1990.
31 *Monitorul Oficial* Nr. 19, 5. 2. 1990.
32 Wirtschaftsminister Victor Stanculescu in: *Adevarul*, 8. 2. 1990.
33 *Tribuna Economica* Nr. 4, 26. 1. 1990.

Zwar wurde die von Ceausescu aufgehobene staatliche Garantie der Minimallöhne wieder eingeführt, doch die Praxis der Lohnabzüge bei Nichterfüllung der Produktionsvorgaben, wie sie durch das Gesetz über den sogenannten »Globalakkord« seit 1983 üblich wurden, besteht weiter.[34]

Auch im Bereich der Außenhandelsbeziehungen gilt, was für die gesamte Wirtschaftspolitik der neuen rumänischen Führung charakteristisch zu sein scheint: Man will den Makel und den Ballast der Ceausescu-Ära abwerfen, ohne die strukturellen Voraussetzungen zu schaffen, die für einen wirklichen Neubeginn unerläßlich sind. Von einem Verzicht des Staates auf sein Außenhandelsmonopol war bisher keine Rede. Entsprechend der Devise: »Was gut ist, soll nicht geändert werden«, will der Stellvertretende Außenhandelsminister Ceausescus zentralistische Kontrolle der gesamten Aus- und Einfuhrtätigkeit durch das Ministerium für Außenhandel beibehalten sehen. Durch die Verlagerung von Außenhandelsbefugnissen auch an Industriezentralen,[35] die bisher noch nicht mit Exportabteilungen ausgestattet oder an Außenhandelsunternehmen angebunden waren, wird die hypertrophe Bürokratie zusätzlich aufgebläht. Von einer Neuordnung des Bankwesens auf marktwirtschaftlicher Grundlage ist bislang nicht die Rede.

In der Landwirtschaft wurde zwar die Auflösung der »Agro-Industriellen Räte« beschlossen, die von Ceausescu als Instrumente der zentralistischen Planung und Steuerung der gesamten landwirtschaftlichen Tätigkeit konzipiert worden waren. Zugleich wurden jedoch die Landwirtschaftsämter auf Kreisebene aufgewertet, die nicht nur die Aufgaben, sondern auch die ehemaligen Mitarbeiter der abgeschafften Räte übernehmen werden – ein deutlicher Hinweis darauf, daß die neuen Machthaber nicht beabsichtigen, auf den Eingriff des Staates in die Landwirtschaft zu verzichten. Auch die sogenannten Maschinen- und Traktorenstationen, ein in Osteuropa inzwischen einmaliges Relikt stalinistischer Zentralisierung in der Landwirtschaft, werden unter der neuen Führung fortbestehen.

---

34 Siehe auch: Petra Pissulla in *Neue Zürcher Zeitung*, 11./12.3.1990.
35 Das rumänische Äquivalent der DDR-Kombinate.

Liberalisierungstendenzen – positiv

Wenn auch eine strukturelle Reform bisher ausgeblieben ist, so ist doch nicht zu übersehen, daß die neue rumänische Führung Gesetze verabschiedet hat, die, wären sie noch vor wenigen Monaten erlassen worden, als Zeichen eines innenpolitischen Liberalisierungsvorgangs Aufsehen erregt hätten. Zu den begrüßenswerten Initiativen gehört die Streichung des von Ceausescu im April 1989 gesetzlich verankerten Verbots der Kreditaufnahme im Ausland. Positiv zu bewerten ist auch die am 6. Februar 1990 erfolgte Abwertung der rumänischen Währung gegenüber der Leitwährung des amerikanischen Dollar, wobei das komplizierte duale System wegfällt, das für kommerzielle Transaktionen einen anderen Wechselkurs (14–15 Lei pro US$) als für nicht kommerzielle (8–9 Lei pro US$) vorsah. Der neue vereinheitlichte Kurs beträgt 21 Lei pro US$. Auch ist die neue rumänische Führung dazu übergegangen, ihre während der Endphase des Ceausescu-Regimes schwer gestörten Beziehungen zum Internationalen Währungsfonds und zur Weltbank zu normalisieren. Begrüßenswert ist außerdem ein Gesetz, das es rumänischen Staatsbürgern ermöglicht, fortan Überweisungen von Devisen anzunehmen, in Valuta zu beheben oder in Lei umzutauschen.[36] Seit kurzem ist auch der private Kauf von Wohnungen aus dem Staatsfonds erlaubt; Ausländer, die sich in Rumänien niederlassen wollen, können ebenfalls gegen Zahlung von Devisen Wohneigentum erwerben.[37]

Die wichtigste Liberalisierungsmaßnahme betrifft jedoch die Ausweitung der Gewerbefreiheit in der Kleinindustrie in einem Maße, wie sie seit der Verstaatlichungsakte von 1948 in Rumänien unbekannt gewesen war.[38] Zwar hatte Ceausescu im Zuge seiner – »Vervollkommnung« genannten – Pseudoreform die Zügel für gewisse Kategorien von Gewerbetreibenden in

---

36 *Monitorul Oficial* Nr. 13, 10. 1. 1990.
37 *Monitorul Oficial* Nr. 22, 8. 2. 1990.
38 *Adevarul*, 7. 2. 1990.

zwei Anläufen gelockert, doch hatten die schrittweise Rücknahme der liberalen Bestimmungen, hohe Steuern und das wirtschaftliche und gesellschaftliche Klima insgesamt dafür gesorgt, daß sie ein Schattendasein führten und bei der Versorgung der Bevölkerung keine Rolle spielen konnten.

Mit Hilfe der Neuregelung des Handwerks- und Dienstleistungssektors sollen – so die Präambel zur neuveröffentlichten Verordnung[39] – wichtige Voraussetzungen für die Anhebung des Lebensstandards, die Erfüllung der Konsumwünsche der Bürger und eine bessere Nutzung vorhandener Arbeitskraftkapazitäten geschaffen werden. Demnach sind in Rumänien ab sofort Kleinunternehmen mit bis zu 20 Beschäftigten (bisher 3) zugelassen, ebenso Gewinngemeinschaften und Familiengemeinschaften. Auch einzelne Personen können Dienstleistungsbetriebe anmelden, sofern sie ihren Wohnsitz in Rumänien haben. Zu den interessanten Vorhaben des Gesetzes gehört die den Unternehmern gebotene Möglichkeit, als Arbeitskräfte nicht nur Rentner, sondern auch Angestellte anderer vergesellschafteter Betriebe einzustellen, sofern diese ihre gewerbliche Tätigkeit außerhalb ihrer Dienststunden ausüben.

Zur Gründung oder Abwicklung der freiberuflichen Tätigkeit dürfen die Unternehmer nicht nur eigene Geldmittel sowie Bankkredite einsetzen, sondern auch Finanzmittel aus dem Ausland in Devisen oder Lei. Die Rumänische Bank für Außenhandel behält sich allerdings das Recht vor, die Bedingungen für solche Transaktionen zu bestimmen. Die neuen Kleinbetriebe können ihre Preise und Tarife selbst bestimmen und sowohl direkt als auch durch Einschaltung von Außenhandelsfirmen Export treiben. Von ihren Deviseneinnahmen erhalten die Unternehmer 50% in rumänischer Währung ausbezahlt, über den Rest des Devisenbetrags können sie frei verfügen.

---

39 *Adevarul*, 7.2.1990.

Die Landwirtschaft: Halbherzige Reform oder echte Revolution?

In seiner Neujahrsrede kündigte Präsident Iliescu eine Neuordnung des Bodennutzungsrechts sowie eine Reihe weiterer Maßnahmen an, die sich nach Ansicht der Front bereits im Jahre 1990 positiv auf die landwirtschaftliche Produktion auswirken werden.[40] Damit hofft die neue Führung, die rumänische Landwirtschaft, deren Erträge in der Vergangenheit unter Ceausescu stark übertrieben worden waren,[41] innerhalb von zwei Jahren sanieren zu können. Das neue Programm zur Anregung des Agrarsektors signalisiert eine Abkehr von Ceausescus Politik der schrittweisen Vergesellschaftung der verbliebenen privaten bzw. privat genutzten Bauernwirtschaften, die er dem Trend zur Liberalisierung der privaten Landwirtschaftstätigkeit in den meisten anderen RGW-Staaten bewußt entgegengesetzt hatte. Im Juni 1986 war allen, auch den privaten Bauern, das Recht zur freien Nutzung ihrer Grundstücke entzogen worden. Ihnen wurden seither von den Planungsbehörden die anzubauenden Kulturen vorgeschrieben und sie mußten die von denselben Behörden programmierten Erträge an den sogenannten Staatsfonds abliefern. Schließlich sollten auch die vom Prozeß der Vergesellschaftung noch ausgesparten Zonen in Genossenschaften zusammengefaßt werden.

Die neue Agrargesetzgebung sieht drei wesentliche Neuerungen vor:

– In den schwachentwickelten gebirgigen Gegenden sowie im Einzugsbereich der Städte kann den dort ansässigen LPG-Bauern sowie anderen Bewohnern landwirtschaftlich nutzbarer Grund langfristig übertragen werden. Die Parzellen sollen so groß sein, daß die antragstellenden Landwirte sie gemein-

40 *Agerpres*, 31. 12. 1989.

41 Anstelle der von Ceausescu für 1989 gemeldeten Getreideernte in Höhe von 60 Millionen Tonnen habe die Produktion bloß 16,9 Millionen Tonnen betragen, sagte Iliescu in: *Agerpres*, 1. 1. 1990.

sam mit ihren Familienangehörigen ohne fremde Arbeitskraft bearbeiten können. Die Bauern müssen ihre Erträge nicht mehr an den Staat abliefern; sie dürfen mit dem Staat Lieferverträge abschließen, ihre Produkte aber auch zu Preisen, die sich entsprechend Angebot und Nachfrage ergeben, frei auf den Märkten verkaufen. Den Bauern ist freigestellt, das LPG-eigene Vieh zur Aufzucht zu übernehmen mit der Maßgabe, mindestens 70% der erzielten Milch- oder Fleischerträge an den Staat abzuliefern.

– Mitglieder der landwirtschaftlichen Produktionsgenossenschaften in den verbleibenden, nicht im Hügelland oder in Stadtnähe gelegenen Regionen ist es freigestellt, Parzellen zur privaten Nutzung in einer Größenordnung bis zu 5000 qm pro Person zu übernehmen. Solche Grundstücke können auch anderen Personen zur privaten Nutzung übertragen werden, die bereit sind, sich wieder auf dem Land niederzulassen und der dortigen landwirtschaftlichen Produktionsgenossenschaft beizutreten. Auch die Staatsgüter können ihren Angestellten Grundstücke bis zu einer Größe von 5000 qm zur Nutzung übergeben.

– Schließlich können die Generalversammlungen der örtlichen LPGs auch anderen Personen, die in der Gemeinde oder in benachbarten Städten leben, jedoch nicht Mitglieder der LPGs sind, bis zu 2500 qm pro Familie zuweisen, sofern sie sich bereit erklären, das Land gut zu bestellen und Steuern zu zahlen.

Das Hauptaugenmerk der neuen Führung ist jedoch offenbar auf die Beschäftigten der LPGs und der Staatsgüter gerichtet, deren Löhne und Renten bisher in weitem Abstand hinter dem Einkommen und der sozialen Absicherung der Industriearbeiter herhinkten.

Das neue Gesetz sieht auch den Erlaß jener Restschulden der LPGs vor, die im Zuge des 1989 von Ceausescu verfügten Schuldenerlasses noch stehengeblieben waren. Die bisherigen Kreditrestriktionen für staatliche, genossenschaftliche und private landwirtschaftliche Betriebe wurden aufgehoben.

Es dauerte einen Monat, bis die von Iliescu angekündigten

Maßnahmen in zwei Verordnungen veröffentlicht wurden.[42] Wer jedoch gehofft hatte, die neue Führung werde sich zu einer tiefgreifenden Änderung der Eigentumsformen im Bereich der Landwirtschaft durchringen und den 1949 eingeleiteten und 1961 abgeschlossenen Enteignungsprozeß in der Landwirtschaft rückgängig machen, sah sich enttäuscht: Auch mit diesem Gesetz soll die Vorrangstellung des sozialistischen Eigentums in Gestalt der Staatsgüter und der LPGs nicht angetastet werden, wie der Landwirtschaftsexperte der Front und Staatssekretär im Landwirtschaftsministerium, Victor Surdu, ausführte.[43] Bei jenen Produktionsgenossenschaften, die sich im Zuge der Aufteilung des Bodenbestands im Hügelland faktisch selbst auflösten, handle es sich um »absolut bankrotte« Unternehmen, die seit Jahren nichts mehr produziert hätten und im Falle ihres Weiterbestands nicht die geringste Entwicklungschance besäßen.

Doch es gilt in der Landwirtschaft, was auch in vielen anderen Bereichen der gesellschaftlichen Entwicklung Rumäniens nach dem Sturz Ceausescus zu beobachten ist: Viele der ursprünglich zentral gesteuerten Prozesse haben die ihnen vorgegebene Entwicklungskurve längst verlassen und eine Eigendynamik entfaltet, die mit der ursprünglichen Strategie häufig nicht mehr viel gemeinsam hat. Fernab vom Bukarester Presse-Hotel und somit auch fernab der Weltöffentlichkeit vollzieht sich die vielleicht einschneidendste Umwälzung nach dem Sturz des Ceausescu-Regimes. Die Dezemberrevolution habe ursprünglich nicht auf dem Lande begonnen, schrieb die Zeitung *Dreptatea*,[44] »die wahre Revolution« aber finde jetzt dort statt.

Seit Bekanntgabe der neuen Bestimmungen scheint der Ansturm der Bauern auf die freigegebenen Bodenflächen nicht mehr zu bremsen zu sein: Seit Ankündigung der Überführung in die private Nutzung von geplanten 2 (von insgesamt 9,5) Mio.

---

42 Verordnung Nr. 42 und 43 in: *Monitorul Oficial* Nr. 17, 30. 1. 1990.
43 *Adevarul*, 5. 1. 1990.
44 *Democratia* Nr. 2, 29. 1. 1990.

Hektar Ackerland[45] sind bereits 3 Mio. Hektar verteilt worden.[46] Vielerorts haben die Bauern nicht nur die ausgewiesenen Ackerflächen in Besitz genommen, sondern auch Weideland unter sich aufgeteilt. In der rumänischen Presse ist von »Chaos«[47] als Folge der fehlenden gesetzlichen Festlegung die Rede:

»...In manchen Orten herrscht das Chaos. Jeder tut, was er will. Einige Landwirtschaftliche Produktionsgemeinschaften sind aufgelöst worden, weil ihre Mitglieder den Boden untereinander nach eigenem Gutdünken aufgeteilt haben. Sie haben Grenzpfähle eingeschlagen und damit basta...«[48]

Der Popularitätsgewinn, den die FNR damit anfangs bei den Bauern erringen konnte, war erheblich, doch nun mehren sich warnende Stimmen: Einige Kritiker meinen, die Maßnahme ginge nicht weit genug, andere finden, die Führung sei bereits zu weit gegangen.

Zum Sprachrohr jener, die eine weitergehende Liberalisierung im Bereich der Landwirtschaft bis hin zu einer vollkommenen Reprivatisierung des Eigentums an Grund und Boden unterstützen, gehört die liberale Tageszeitung *Romania Libera*.[49] Dort abgedruckte Leserbriefe von Bauern kritisieren, daß die neuen Regelungen bestenfalls halbherzig seien. Die Tatsache, daß ihnen der Boden nur zur Nutzung überlassen, nicht aber in ihren Besitz übergeben wird, nährt Mißtrauen und Unsicherheit: Wer, so fragen die Bauern, könne Angst davor haben, daß die Bauern sich bereichern: »Wer hat schon ein reiches Land mit armen Bauern gesehen?« Die ersten Streiks von Bauern werden gemeldet, die eine schnelle Privatisierung des Bodens fordern.[50]

Ganz anders liest sich das in der Zeitung *Adevarul*, der

45 Victor Surdu in: *Flacara* Nr. 3, 19.1.1990.
46 *Rompres*, 6.3.1990.
47 Über eine geordnete Auflösung der LPG im Dorfe Afumati in der Nähe der Hauptstadt berichtet die Zeitung *Romania Libera*, 25.1.1990.
48 *Romania Libera*, 30.1.1990.
49 28.2.1990.
50 *AP*, 4.3.1990.

ehemaligen Parteizeitung *Scinteia*, jetzt Sprachrohr der FNR. Dort kommen »die wahren Bauern«, wie sie sich nennen, mit ganz anderen Meinungen zu Wort. Sie seien für die Politik der Front, erklären sie, weil sie in deren Landwirtschaftsprogramm eine Verbesserung der sozialen und wirtschaftlichen Lage des rumänischen Bauern auf der Grundlage des ordnungspolitischen Status quo erblicken. Sie weisen die Forderung nach einer »Privatisierung um jeden Preis« zurück, die angeblich von »Politikern erhoben wird, die das rumänische Dorf in den vergangenen Jahrzehnten nur als Touristen kennengelernt haben« – ein Hinweis auf Exilrumänen, die im Rahmen der neugegründeten politischen Parteien aktiv sind.

Auch die in *Tineretul Liber*[51] umbenannte ehemalige Hauspostille des kommunistischen Jugendverbandes UTC, *Scinteia Tineretului*, äußert ihre Besorgnis angesichts der Privatisierung, die sich in vielen Dörfern spontan von unten vollzieht:

»Wer gibt diesen Leuten das Recht, sich ganz allein eine solche Verantwortung aufzubürden? Der Boden ist ein nationales Eigentum, und wir können damit nicht Schindluder treiben, nur weil einige ›Revolutionäre‹ der Meinung sind, daß die Landwirtschaft ein Selbstbedienungsladen ist, ganz einfach weil sie sich selbst zu ›Bauern‹ ernennen, die angeblich über ›historische Rechte‹ verfügen. In den meisten Fällen sind aus dieser chaotischen Situation nicht jene als Sieger hervorgegangen, die einen gesetzlichen Anspruch hatten, sondern die das ›Gesetz des Stärkeren‹ auf ihrer Seite hatten.«

Bereits im Januar hatte *Radio Bukarest*[52] von Schlachtungen berichtet, die auf den Dörfern wegen Viehfuttermangels getätigt würden. Trotz massiver Hilfslieferungen aus dem Westen stehen Saatgut und Düngemittel nur begrenzt zur Verfügung.[53]

---

51 21.1.1990.
52 15.1.1990.
53 *dpa*, 18.2.1990.

Getäuschte Hoffnungen, falsche Versprechungen

»Lügen haben kurze Beine«, erklärte Wirtschaftsminister Stanculescu vor westlichen Reportern,[54] »und auf kurzen Beinen kann die Wirtschaft nicht lange laufen.« Damit hatte er natürlich das Desaster der 24 Jahre währenden Ceausescu-Ära gemeint. Die Anzeichen mehren sich jedoch, die darauf hindeuten, daß die FNR eine Wirtschaftspolitik betreibt, die keines der bisherigen Strukturprobleme löst, dafür aber in unverantwortlicher Weise neue Schwierigkeiten schafft, die für die Zukunft des Landes eine schwere Hypothek darstellen.

Die populistischen Sofortmaßnahmen der FNR unmittelbar nach dem Sturz Ceausescus wurden nur zögernd in die Praxis umgesetzt – das betrifft vor allem die versprochene Lieferung von Elektrizität, Gas und Warmwasser an die Haushalte –, oder sie wurde bald zurückgenommen. Die Rationierung der Lebensmittel wurde bereits am 5. Januar 1990 wieder eingeführt. Verantwortlich für die sich erneut verschlechternde Versorgungslage war angeblich – genau wie unter Ceausescu – das schlechte Wetter oder der säumige Güterverkehr.[55] Der wahre Grund aber war der, daß zur gleichen Zeit mit rumänischen Lebensmitteln gefüllte Güterzüge wieder in Richtung Sowjetunion zu rollen begannen. Ministerpräsident Roman hatte in einem Interview mit der französischen Tageszeitung *Le Monde* am 14. Januar 1990 bestätigt, daß die zeitweilig »blockierten« Lebensmittellieferungen an die Sowjetunion »im Rahmen der Möglichkeiten wieder aufgenommen worden« seien. Am 10. Februar veröffentlichte die Tageszeitung *Romania Libera* dann auf ihrer ersten Seite die Photographie eines Warenetiketts in russischer Sprache, das mit dem Datum 29. 1. 1990 versehen war. Bei dem in »Karpatenwurst« umbenannten Produkt handelte es sich um die berühmte »Hermannstädter Salami«, eine Spezialität, die auch im postrevolutionären Rumänien nicht in den Läden aufgetaucht war. Von der Regierung, die

---

54 *Frankfurter Allgemeine Zeitung*, 8. 2. 1990.
55 *Radio Bukarest*, 15. 1. 1990.

den Export von Lebensmitteln – von Romans »Ausrutscher« in der französischen Presse abgesehen – vehement bestreitet, forderte die Zeitung eine Erklärung. Ihr Versprechen, am 1. März die Fünf-Tage-Woche (40 Stunden) für alle Arbeitnehmer einzuführen, hat die Regierung ebenfalls zurückgestellt. Angesichts der Tatsache, daß Ceausescu dasselbe Versprechen in der Vergangenheit mehrmals gemacht, jedoch nie eingelöst hatte, war die Enttäuschung bei den Bürgern darüber besonders groß.

In der Presse fehlte es nicht an Warnungen vor einer Politik, die von wahltaktischen Überlegungen statt von den realen wirtschaftlichen Gegebenheiten und Möglichkeiten des Landes ausgeht:[56]

»Die populären Maßnahmen sind eine Falle, die vermieden werden muß, weil der gegenwärtige Stand der Wirtschaft sie nicht tragen kann. Indem man sie dennoch ergreift, kann man nur erreichen, daß sich die Ungleichgewichte verstärken und daß die wirtschaftlichen und sozialen Kosten ihrer späteren Korrektur wachsen. Zudem werden in der Bevölkerung falsche Vorstellungen hinsichtlich der bestehenden Möglichkeiten wachgerufen, die ihrerseits Forderungen wachrufen, die die Lage nur zusätzlich komplizieren können.«

In einem weiteren Aufsatz warnte derselbe Autor[57] vor einer Außenhandelspolitik, die, in dem sicheren Bewußtsein, eine schuldenfreie Wirtschaft übernommen zu haben, die erhöhten Konsumbedürfnisse der Bevölkerung und den Energiebedarf der Wirtschaft über neue Kredite finanziert. Eine solche Politik würde Rumänien in zwei bis vier Jahren exakt dieselbe Auslandsschuld bescheren, die sich Ende 1980 angesammelt hatte. Für das laufende Jahr sagte er ein Handelsdefizit von ungefähr einer Mrd. Dollar voraus. Die neue Führung hat so ziemlich alle »übereilten Maßnahmen« getroffen, vor denen renommierte Wirtschaftswissenschaftler[58] unmittelbar nach dem Sturz Ceausescus gewarnt hatten.

---

56 *Lumea Azi* Nr. 2, 11. 1. 1990.
57 Ilie Serbanescu in *Lumea Azi* Nr. 4, 25. 1. 1990.
58 Ion Blaga in: *Adevarul*, 30. 12. 1989.

Aus den spärlichen veröffentlichten Daten ergibt sich ein unvollständiges, keineswegs rosiges Bild der rumänischen Wirtschaftslage: Die rumänischen Devisenexporte fielen im Januar 1990 um 41% (im folgenden jeweils im Verhältnis zum gleichen Monat des Jahres 1989), im Februar 1990 um weitere 32%. Die Ausfuhren in die sozialistischen Staaten fielen im Januar 1990 um 42,5% und um weitere 38% im Februar 1990. Hingegen stiegen die in harter Währung bezahlten Einfuhren des Landes im Januar 1990 um 10,2% und um stolze 43% im Februar dieses Jahres. Dies bedeutete für den Monat Januar ein Zahlungsbilanzdefizit im Westhandel von 51,2%; im Februar betrug das Defizit in der Zahlungsbilanz gar 75%.

Im Januar wurden im Vergleich zum entsprechenden Vorjahreszeitraum um 7,2% und im Februar um 23% mehr Konsumgüter an die Bevölkerung ausgeliefert. Der Einzelhandel verzeichnete im Januar ein Plus von 14,7%, im Februar waren es noch 6,3%. Im gleichen Zeitraum fiel das Volumen der industriellen Produktion hingegen steil ab: um 21,8% im Januar 1990 und um 19% im Februar 1990. Und auch die Arbeitsproduktivität ließ im Vergleich zum entsprechenden Zeitraum des Vorjahres nach: Sie fiel um 24,3% im Januar und noch einmal um 22% im Februar 1990.[59]

Jede Regierung, die nach den Wahlen antritt, muß damit rechnen, nicht nur die katastrophale Hinterlassenschaft Ceausescus, sondern auch das zusätzlich von dessen »kompetenten« Nachfolgern angerichtete Chaos zu sanieren. Die gefährlichste Hinterlassenschaft der Front besteht jedoch möglicherweise darin, mit ihren Wahlgeschenken und -versprechungen Erwartungen in der Bevölkerung geweckt zu haben, die keine Regierung erfüllen kann.

---

59 *AFP, Reuter*, 18.2.1990; *Rompres*, 8.3.1990.

7. Einmal Demokratie – und zurück?

Nur wenige Tage dauerte es, bis die FNR ihre Zusage, ein Mehrparteiensystem in Rumänien zuzulassen, wahrmachte: Am 31. Dezember 1989 wurde der politische Pluralismus gesetzlich verankert.[1] Im Unterschied zu den meisten anderen osteuropäischen Staaten waren in Rumänien nach der erzwungenen Abdankung des Königs und der Ausrufung der »Rumänischen Volksrepublik« am 31.12.1947 politische Parteien auch dem Namen nach abgeschafft worden. Die Sozialdemokratische Partei war mit der in »Rumänische Arbeiterpartei« umbenannten kommunistischen Partei zwangsvereinigt worden. Blockparteien gab es nicht. Bei seinem Machtantritt im Jahre 1965 hatte Nicolae Ceausescu die Rumänische Arbeiterpartei wieder in Rumänische Kommunistische Partei umbenannt. Seither hat sich der Propagandaapparat der RKP bemüht, der These Glaubwürdigkeit zu verleihen, wonach in Rumänien ein in der Welt einzigartiges System inner- und außerparteilicher Demokratie geschaffen worden sei, das dem – für überholt erklärten – Mehrparteiensystem westlicher Prägung vorzuziehen sei.

Das neue Parteiengesetz gestattet allen rumänischen Bürgern ohne Ansehen von Rasse, Nationalität, Bildungsgrad, Geschlecht oder politischer Überzeugung, politische Parteien oder Organisationen zu gründen und an den angekündigten freien Wahlen teilzunehmen. Ausgenommen sind allein »faschistische Parteien« und solche, deren »Auffassungen der Staats- und Rechtsordnung Rumäniens zuwiderlaufen«. Um eine politische Partei oder Organisation beim Bukarester Stadtgericht anmelden zu können, müssen die neuen Parteien Organisationsstatut, politisches Programm und Finanzmittel bekanntgeben und mindestens 251 Mitglieder nachweisen können.

---

1 *Radio Bukarest*, 31.12.1989 und *Romania Libera*, 4.1.1990.

Der neue Pluralismus: Parodie oder Propaganda?

Bereits unmittelbar nach dem Sturz Ceausescus waren Parteien wie Pilze aus dem Boden geschossen: Am 19. Januar 1990 registrierte das Bukarester Stadtgericht 13 neue Parteien, am 25. Januar waren es 19, am 8. Februar 32, am 19. Februar 1990 42 und am 23. März 61.[2] Die Tendenz ist weiterhin steigend, die Parteienlandschaft inzwischen völlig unübersichtlich.[3]

---

2 *Romania Libera*, 24.3.1990. Die meisten Parteien haben ihren – nicht selten provisorischen – Sitz in Bukarest, doch manche sind auch in Provinzstädten wie Arad, Constanta, Craiova, Kronstadt, Sfintu-Gheorghe, Temesvar und Tirgu-Mures gemeldet.

3 Um die Qual der Wahl, mit der die rumänischen Wähler konfrontiert sind, auch nur andeutungsweise zu skizzieren, seien die Namen der bisher registrierten Parteien aufgeführt: Christliche und Demokratische Nationale Bauernpartei, Umweltbewegung Rumäniens, Rumänische Sozialistische Demokratische Partei, Nationalliberale Partei, Christlich-Demokratische Union, Klausenburger Demokratische Partei, Demokratische Partei Rumäniens, Partei der Demokratischen Einheit, Rumänische Umweltpartei, Partei der Christlichen Einheit Rumäniens, Fortschrittliche Partei, Rumänische Sozialdemokratische Partei, Nationaldemokratische Partei Rumäniens, Liberale Partei (der Freiheit) Rumäniens, Humanistische Umweltpartei, Partei der Demokratischen Einheit der Moldau, Sozialistische Liberale Partei, Rumänische Bauernpartei, Freie Demokratische Partei, Rumänische Christliche Sozialdemokratische Partei, Partei der Rumänischen Freiheit und Demokratie, Demokratische Landwirtepartei Rumäniens, Rumänische Republikanische Partei, Partei der Freidemokratischen Jugend, Gewerkschaft Bruderschaft der Arbeiter und Bauern Rumäniens, Demokratische Partei der Arbeit, Front der Nationalen Rettung, Demokratische Verfassungspartei Rumäniens, Volkspartei Rumäniens, Rumänische Volksfront, Sozialistische (Unabhängige) Gerechtigkeitspartei, Genossenschaftspartei, Partei für den Nationalen Wiederaufbau, Demokratische Partei der Freien Roma, Unabhängige Ungarische Partei, Partei Republikanische Einheit, Temesvarer Rumänische Demokratische Front, Freie Demokratische Soziale Gerechtigkeitspartei, Bewegung Moderne Demokratie, Partei Allianz für Demokratie, Partei Christlich-Demokratische Union Rumäniens, Demokratisch-Fortschrittliche Partei, Christlich-Republikanische Partei, Partei Arbeit und Soziale Gerechtigkeit in Rumänien, Partei des Nationalen Wiederaufbaus, Partei der Sozialen Gerechtigkeit (Neue Demokratie), Arbeiterallianz »Freiheit«, Partei des Freien Austausches, Vereinigte Partei der Roma, Stehgeiger und Zigeuner-Holzschnitzer Rumäniens, Partei der Roma Rumäniens, Rumänische Nationalpartei, Radikaldemokratische Partei, Bürgerforum Cluj-Napoca, Nationale Einheitspartei der Rumänen Siebenbürgens.

Die Liste der Parteinamen liest sich wie eine Parodie[4] des Pluralismus – und das ist kein Zufall: Die im Parteiengesetz vorgegebene ungewöhnlich niedrige Zahl von Mitgliedern, die für die Registrierung einer Partei notwendig ist, hat diese Entwicklung geradezu provoziert. Eine Karikatur verdeutlicht die Situation auf plastische Weise: Auf die Frage eines Reporters, wie viele Parteien wohl in Rumänien entstehen würden, antwortet der Interviewte: »Höchstens 23 Millionen.«[5]

Das Spektrum der neu entstandenen Gewerkschaften, Standesorganisationen, Interessenverbände etc. ist ebenfalls sehr breit, ihre Zahl ebenfalls noch im Wachsen begriffen. Wenige Monate nach dem Sturz Ceausescus – die Front hat alle Verbände aus der Zeit der Diktatur für aufgelöst erklärt – ist die neue Führung eifrig bemüht, nicht nur die alten Strukturen der Partei, sondern auch jene der wichtigsten Massenorganisationen neu zu beleben und ihren eigenen Zielen unterzuordnen. An den Schaltstellen sitzen, wie auch im Falle der RKP-Organisationen, zumeist die Männer (seltener die Frauen) der zweiten und dritten Garnitur. Auf diese Weise entstanden anstelle der alten Gewerkschaften die »Freien Gewerkschaften Rumäniens« mit, wie es heißt, inzwischen 1,5 Millionen Mitgliedern, die in 2049 Unterorganisationen zusammengeschlossen sind.[6] Diese »Freien Gewerkschaften« sollen an die Stelle der unmittelbar nach dem Sturz Ceausescus gegründeten Betriebskomitees der FNR treten, die bei den Arbeitern nicht sehr beliebt sind, wie eine Meinungsumfrage zeigte.[7] Viele der neuen Par-

---

4 Bereits am 7.1.1990 sprach die Zeitung *Romania Libera* von einer »Parodie« und »Karikatur« des politischen Lebens, das die Führung ganz bewußt »atomisiere«. Die Tatsache, daß der »despotische Monolog« durch »liberales Geschwätz« ersetzt worden sei, verheiße nichts Gutes.

5 *Romania Libera*, 20.1.1990: So viel Einwohner hat Rumänien.

6 *Rompres*, 21.2.1990. Im neuen Gewerkschaftsstatut ist das anfangs in Aussicht gestellte Streikrecht nicht mehr enthalten. Die neue Gewerkschaft hat offenbar auch den Besitz der alten »Syndikate« übernommen. Siehe dazu: *Romania Muncitoare*, 2.2.1990.

7 *Romania Libera*, 2.2.1990. 75,2% sprachen sich für freie Gewerkschaften aus, 18,9% waren für die Beibehaltung der Betriebsorganisationen der FNR.

teien und Organisationen entstanden auf der Grundlage der zahlreichen Interessenvertretungen der Ceausescu-Ära unter neuem Namen in ihren alten Räumlichkeiten mit ihren alten Mitarbeitern neu. Ein neugegründetes »Provisorisches Demokratisches Komitee der Union der Freien Bauernschaft Rumäniens« ist identisch mit der nur scheinbar aufgelösten Nationalunion der Landwirtschaftlichen Produktionsgenossenschaften. Die »Freie Rumänische Jugend« stellt die Neuauflage des alten kommunistischen Jugendverbandes UTC dar, die »Kinder des Freien Rumäniens« traten in die Fußstapfen der ehemaligen »Pioniere« und »Falken des Vaterlandes«.

Daneben entstanden jedoch auch von der Front unabhängige Organisationen. Die unabhängige Gewerkschaft »Bruderschaft der Arbeiter und Bauern« ließ sich als politische Organisation registrieren. In Kronstadt wurde in Anlehnung an die Arbeiterunruhen von 1987 eine »Unabhängige Gewerkschaft 15. November« gegründet. An den Universitäten wurde nach dem Sturz Ceausescus vielerorts echte Basisdemokratie geübt; an den jeweiligen Hochschulen entstanden »Freie Studentenverbände« und »Ligen der Studenten«.

Auch die Minderheiten organisierten sich. So formierten sich die »Ungarische Demokratische Union in Rumänien«, das »Demokratische Forum der Rumäniendeutschen«, ein »Verband der Türkischen Muslime«, mehrere Parteien und Verbände der nunmehr als Minderheit anerkannten Roma,[8] eine Vereinigung der Banat-Bulgaren usw.

Zahlreiche Standesorganisationen wurden gegründet wie der »Verband der Handwerker und Gewerbetreibenden in Ru-

---

8 Erstmals seit Kriegsende wurden die in Rumänien lebenden Zigeuner als Minderheit anerkannt. Ihre Zahl, die bisher nicht zuletzt auch deswegen nicht genau bekannt war, weil sich ein Großteil dieser Volksgruppen bei den Volkszählungen als Rumänen deklarierten, wird nun vom Zigeunerkönig Ioan Cioaba mit 2,3 Millionen angegeben (*The Independent*, 17.2.1990). Damit wären die Roma die zweitgrößte Minderheit Rumäniens, noch vor den Ungarn, deren Zahl – gemäß einer Anfang 1988 durchgeführten Zählung, deren Ergebnisse bisher in Rumänien nicht veröffentlich worden waren – bei 1753,2 Millionen liegen soll. Siehe dazu: *Romania Libera*, 21.3.1990.

mänien«, die »Rumänische Medizinische Vereinigung«, oder Interessenvertretungen wie der – sehr selbstbewußt auftretende – »Verband der Ehemaligen Politischen Häftlinge« oder der »Landesverband der Behinderten«. Unter den zahlreichen neugegründeten Vereinigungen auf kulturellem und wissenschaftlichem Gebiet verdient die sogenannte »Gruppe für den Gesellschaftlichen Dialog« besonders hervorgehoben zu werden. Ihr gehören zahlreiche ehemalige Dissidenten (Mircea Dinescu, Andrei Plesu) und oppositionelle Intellektuelle ohne enge Bindungen an die neuen Machthaber an (Doina Cornea, Stefan Augustin Doinas, Petru Cretia). Ihre Zeitschrift mit dem Titel »22« gehört zu den interessantesten Publikationen im nachrevolutionären Rumänien.

Erstmals gibt es auch nationalorientierte Verbände der Rumänen wie die »Gesellschaft Stefan der Große« und die Vereinigung der Rumänen aus Siebenbürgen, »Vatra Romaneasca«.

Auf die Frage eines französischen Zeitungsreporters,[9] ob die Führung der Front angesichts der Vielzahl der neu entstandenen Parteien nicht beunruhigt sei, antwortete deren Chefideologe Silviu Brucan, man finde das normal. Mehr noch: Es sei doch »interessant«, wie viele der neuen Parteien mit der Programm-Plattform der FNR übereinstimmten. Dies, so Brucan, sei »eine neue Form des politischen Pluralismus«. Die Front, so erklärte er einem anderen Journalisten,[10] werde so breit sein, daß »sehr wenig Platz außerhalb von ihr« übrig bleiben werde. »Das ist unsere Strategie.« »Im Programm der Front können sich alle politischen Richtungen wiederfinden«, erklärte auch Ministerpräsident Petre Roman vor Journalisten.[11] Man strebe einen »neuen politischen Pluralismus« an. Und Andrei Plesu, Rumäniens neuer Kulturminister, hatte eine »vernünftige« und schnelle Lösung parat: Man solle

9 *La Croix*, 29.12.1989.
10 *The Daily Telegraph*, 29.12.1989.
11 *Der Spiegel*, 8.1.1990.

»die anderen Parteien so, wie sie sind, in die Front einbringen«.[12]

Bei einer Zusammenkunft mit Vertretern mehrerer Jugendverbände erläuterte der Präsident des Rates der FNR, Ion Iliescu, das Konzept des »neuen« rumänischen Pluralismus,[13] das fast wörtlich Ceausescus vielbändigen Gesammelten Werken entnommen zu sein scheint. Wie Ceausescu betonte auch Iliescu den »original rumänischen Beitrag« zur Demokratieforschung und hob die Vorreiterrolle[14] Rumäniens bei der Umsetzung des Konzepts in die politische Praxis hervor.

Viele, so Iliescu, setzten Demokratie mit dem Mehrparteiensystem gleich, als ob die politische Auseinandersetzung zwischen mehreren Parteien die Garantie für ein demokratisches Gemeinwesen darstelle. Iliescus Argument: Das Mehrparteiensystem habe den Aufstieg des Faschismus nicht verhindern können. Die heutige westliche Demokratie sei keine »echte« Demokratie und der Parteienpluralismus, wie ihn der Westen praktiziere, sei kein »echter Pluralismus«. Rumänien wolle sich nicht an irgendwelchen Vorbildern orientieren und es wolle auch nicht aus den Erfahrungen der Vergangenheit, sprich der rumänischen Tradition der Vorkriegszeit, schöpfen. Hier habe es infolge der Revolution einen historischen Bruch gegeben, der die Voraussetzungen schaffe für die Einführung der »rumänischen Demokratie des ausgehenden 20. Jahrhunderts«. Die ideale Form für diese ideale Demokratie sei die »Front« im allgemeinen und die »Front der Nationalen Rettung« im ganz besonderen.[15]

---

12 *The Observer*, 15. 1. 1990.

13 *Adevarul*, 23. 1. 1990.

14 Das war Ceausescus »berühmte« Theorie des »Protochronismus«, die rumänische Variante der von Stalin entwickelten These von der sowjetischen Priorität auf allen Gebieten der Wissenschaft, Kunst und Politik.

15 Die »Volksfront« gehört in Rumänien in der Tat zur Tradition, aber nicht zur demokratischen Tradition. Im Jahre 1938 gründete der rumänische König Carol II. nach faschistischem Muster eine Monopolpartei, die sogenannte »Front der Nationalen Wiedergeburt«. Siehe dazu: Hugh Seton-Watson, *Eastern Europe Between the Wars 1918–1941*, Boulder and Lon-

Die politischen Parteien sind in den Augen der Führung der Front so etwas wie ein notwendiges Übel, das man nicht vermeiden kann, weil man das demokratische Gesicht im In- und Ausland wahren muß. Sie sind so etwas wie die demokratische Staffage für die endgültige Übernahme der Macht durch jene, die sie bis dahin nur »provisorisch« ausgeübt haben.[16]

Den meisten der kleinen Phantom- oder Satellitenparteien hat die Front Geburtshilfe geleistet mit dem Ziel, sie bald in ihren Schoß zurückzuholen. Sie verstehen sich denn auch nicht als Oppositionsparteien, sondern als »alternative politische Kräfte« zur Front.[17] Es sind Parteien »ohne Rückgrat, ohne Programm, ohne Persönlichkeit«, deren einziges Ziel es ist, die »pseudoparlamentarische Parität« zugunsten der FNR aufzubessern, wie ein Journalist der regimekritischen *Romania Libera*[18] schreibt. Im Lager der eigentlichen Opposition schätzt man, daß weit mehr als die Hälfte der Parteien »von der Front erfunden« wurden.[19]

Die Männer der neuen Führung bestreiten nicht, daß sie zu führenden Vertretern der neuen Parteien in vorrevolutionärer Zeit Verbindung hatten.[20] So scheint der Vorsitzende der Sozialistisch-Demokratischen Partei, Marius Circiumaru, ein Intimus von Front-Präsident Iliescu zu sein, an dessen Seite er am 22.12.1989 ins Zentrum der Revolution gelangt war. Eine

---

don, 1982, S. 209–216. Zur kommunistischen Tradition wiederum gehören die Volksfronten, die im Zeitraum zwischen dem Sturz des Regimes von Marschall Antonescu am 23. August 1944 und der von den Sowjets erzwungenen Abdankung des rumänischen Königs Mihai I. am 31. Dezember 1947 gebildet wurden. Schließlich und endlich hatte auch Nicolae Ceausescu für die von ihm geschaffene populistisch-nationalistische Dachorganisation die Bezeichnung »Front« (»Front der Sozialistischen Demokratie und Einheit«) gewählt.

16 Siehe dazu: *Adevarul*, 25.1.1990.

17 So sagte es ein Vertreter der Nationaldemokratischen Partei, siehe: *Adevarul*, 26.1.1990.

18 17.2.1990.

19 Valentin Gabrielescu, Sprecher der Nationalen Bauernpartei, in: *Reuter*, 1.2.1990.

20 *Frankfurter Allgemeine Zeitung*, 18.1.1990.

Glosse, veröffentlicht in einer Wochenzeitung,[21] erzählt die tragikomische Geschichte der Gründung dieser Partei, die vermutlich nicht untypisch ist. Demzufolge schickte Iliescu-Freund Circiumaru eine Abordnung in die Bukarester Textilfabrik »Bucegi«, um die bei der Registrierung erforderlichen 251 Mitglieder zu werben. Nachdem der Direktor der Fabrik der Partei beigetreten war, unterzeichneten auch 142 der fast ausschließlich weiblichen Arbeitskräfte der Fabrik das Beitrittsformular. Bezeichnenderweise war darauf vermerkt, daß die Sozialistisch-Demokratische Partei »ihre Tätigkeit an der Seite der Front der Nationalen Rettung« ausüben werde. Als die Arbeiterinnen merkten, daß sie hereingelegt worden waren, traten sie in einen unbefristeten Streik. Die Stimmung unter den Frauen, so berichtet der Autor der Glosse, war auch deswegen so schlecht, weil sie daheim von ihren Männern dafür verprügelt wurden, daß sie es gewagt hatten, Parteipolitik zu machen.

Inzwischen hat sich ein »Block« nicht näher bezeichneter »demokratischer Parteien und Bewegungen«[22] gebildet, welcher der FNR seine Unterstützung zusagt und an der Seite der Front den »Dialog« mit den anderen politischen Parteien aufnehmen will.

Die Front – Spieler und Schiedsrichter zugleich?

In dem Maße, wie neue Parteien und Organisationen entstanden, stellte sich in der Öffentlichkeit immer drängender die Frage nach der Rolle, die die Front in der veränderten politischen Wirklichkeit spielen würde. Nun wurde ausgesprochen, was von Anfang an offenkundig gewesen war: Daß nämlich der Rat der FNR sich selbst nicht als Sachwalter der Staatsmacht für die Zeit des Übergangs vom Sturz der Diktatur bis zu den freien Wahlen gesehen, sondern von vornherein die Absicht gehabt hatte, die konfiszierte Macht zu behalten.

---

21 *Flacara* Nr. 8, 21.2.1990.
22 *Rompres*, 29.1.1990.

Die Haltung der neuen Führung war vom ersten Tag ihres öffentlichen Auftretens an diffus gewesen. Mihai Draganescu, der Stellvertretende Ministerpräsident und ein einflußreicher Mann der Front, behauptete gegenüber einem britischen Journalisten,[23] die Teilnahme an den Wahlen sei »ursprünglich nicht geplant gewesen«, man werde jedoch vom »Volk« dazu gedrängt. Hingegen hatte Silviu Brucan[24] bereits Tage zuvor erklärt, die Front wolle an den Wahlen teilnehmen, aber nicht als Partei, sondern als »pluralistische Organisation«. Er machte auch keinen Hehl daraus, daß der Rat der Front ein reines Zweckbündnis sei, das nur bis zu den Wahlen halten müsse. Danach – so Brucan – sei das unwichtig: »Wir werden dann vier, vielleicht fünf Jahre freie Hand haben.«

Ähnlich zweideutig war auch die von der FNR am 22. Dezember dekretierte Abschaffung der Ein-Parteien-Herrschaft gewesen. Der Westen interpretierte dies als Absicht, die kommunistische Ein-Parteien-Herrschaft zu beenden. Doch so war es nicht gemeint gewesen: Da die Männer der Front sich nicht als Partei konstituieren wollten, schlossen sie für die Zukunft jede Ein-Parteien-Herrschaft aus, ließen jedoch die Möglichkeit einer Ein-Front-Regierung offen. Sollte also eine einzige der *Parteien* der Opposition die Wahlen im Mai gewinnen, dürfte sie nicht allein regieren. Gewinnt jedoch die Front, stünde ihrer Alleinregierung kein Gesetz im Wege.

Die Front, so hatte ihr Chefideologe Brucan treffend formuliert, möchte bei den Wahlen »Spieler und Schiedsrichter zugleich«[25] sein. Dies aber wollen die Vertreter der Opposition und ein Teil der rumänischen Öffentlichkeit nicht akzeptieren. Am 11. Januar stellte der Journalist Octavian Paler in der unabhängigen Tageszeitung *Romania Libera* drei Forderungen an die Führung der Front:

Sie müsse auf die »nationale Legitimität verzichten, die nur für die Übergangzeit gegolten« habe und sich »ein neues Pro-

23 *The Independent*, 10. 1. 1990.
24 *The Independent*, 29. 12. 1989.
25 *The Washington Post*, 5. 1. 1990.

gramm geben, das ihre künftigen Absichten« klar definiere. Auch dürfe sie »ihre priviligierte Situation nicht dazu ausnützen, die anderen Parteien in ihren Bemühungen um die Errichtung einer wirklichen Demokratie in Rumänien zu behindern«.

Die FNR – so eine andere Zeitung[26] – sei die einzige Partei in Rumänien, die nach dem 22.12.1989 in der Illegalität gearbeitet habe. Sie habe ihre Teilnahme an den Wahlen bekanntgegeben, bevor sie überhaupt existiert habe. Die Absicht der Front, sich als »Superpartei« zu konstituieren, entspreche nicht den ursprünglichen Zielsetzungen der Revolution.

Angesichts der zunehmenden Distanzierung der Bevölkerung von der Front, wie sie sich auch bei der ersten antikommunistischen Demonstration in Bukarest am 12.1.1990 zeigte, entschloß sich Ion Iliescu, die Teilnahme der Front als »Massenbewegung« an den geplanten Wahlen bekanntzugeben. Er kündigte gleichzeitig die Veröffentlichung des vom Rat der Front erarbeiteten Wahlgesetzes an und schlug vor, die ursprünglich für April geplanten Wahlen auf den 20. Mai zu verschieben.[27]

Zugleich gewannen die Vertreter der historischen Parteien zunehmend an Selbstvertrauen. Sie wollten, um es mit den Worten Radu Campeanus, der Generalsekretärs der Nationalliberalen Partei zu sagen, »nicht nur Zuschauer, sondern Teilhaber der Macht« sein.[28] Am 26. Januar veröffentlichten die führenden Vertreter der Nationalen Bauernpartei, der Nationalliberalen Partei und der Sozialdemokratischen Partei eine Erklärung, worin sie der FNR vorwarfen, die »Revolution konfisziert« zu haben, und sie zum sofortigen Rücktritt aufforderten.[29]

---

26 *Flacara* Nr. 8, 21.2.1990.

27 Kommuniqué des Rates der Front der Nationalen Rettung in: *Neuer Weg*, 25.1.1990.

28 *Frankfurter Allgemeine Zeitung*, 30.1.1990.

29 *Adevarul*, 26.1.1990

Desinformation, Diversion, Psychoterror

Um ihren Forderungen Nachdruck zu verleihen, riefen die drei Parteien für den 28. 1. 1990 zu einer Demonstration auf.[30] Daraufhin ging die Front zum Kampf gegen die Oppositionsparteien über. Dabei scheute sie auch nicht vor »Desinformation, Diversion, Psychoterror« zurück – so ein Journalist[31] über den »neuen Terrorismus« der Macht in Rumänien. Die Art und Weise, wie Meinungen manipuliert und Stimmungen gesteuert werden, verrate, so ein rumänischer Kommentar, »die Hand des Fachmannes«, eines »Demagogen« mit »politischer Erfahrung«.[32] Dem rumänischen Volk werden demokratische Traditionen und Demokratiefähigkeit von der Führung der Front abgesprochen. Auch heißt es, die neu- oder wiedergegründeten Parteien seien nicht zur Übernahme der Regierungsverantwortung bereit und verfügten außerdem über keine Führungspersönlichkeiten.[33]

Die Propagandamaschinerie der Front bedient sich der klassischen stalinistischen Grundmuster der gezielten Verleumdung. Insbesondere gegen drei führende Persönlichkeiten der Nationalen Bauernpartei bzw. der Nationalliberalen Partei wurden regelrechte Kampagnen gestartet: gegen den wegen seiner Stellung in der Nationalen Bauernpartei 17 Jahre lang eingekerkerten Corneliu Coposu, den 1940 nach Großbritannien emigrierten Millionär und Mäzen Ion Ratiu und den ehemaligen politischen Häftling, dann im französischen Exil lebenden Radu Campeanu. Campeanu und Ratiu kehrten nach der Revolution nach Rumänien zurück. »Spontane« Leserbriefschreiber warfen den beiden Politikern zynisch ihre »Abwesen-

---

30 Das Ziel der Demonstration vom 28. Januar war die Gewaltentrennung; es bestand darin, den Rat der Front der Nationalen Rettung dazu zu bewegen, auf das Monopol der gesetzgeberischen und exekutiven Macht in Übereinstimmung mit seinem eigenen Dekret zu verzichten.

31 *Romania Libera*, 7. 2. 1990.

32 Ibid.

33 Silviu Brucan in *Frankfurter Allgemeine Zeitung*, 25. 1. 1990, und Laszlo Tökes in: *Radio Bukarest*, 30. 1. 1990.

heit« aus dem öffentlichen Leben vor: »Wo waren sie 43 Jahre lang? Was haben sie von 1947 bis zum Jahre 1989 für Rumänien geleistet?«[34] Sie wurden als »Flüchtlinge« und »Verräter« apostrophiert, die angeblich Champagner, Kaviar und »Dollars« an Demonstrationsteilnehmer verteilen, um Wählerstimmen zu kaufen.[35] Es ist die Rede von »Demagogie«, »Wahlfälschungen«, »Prügeleien und Morden«, derer sich die Vertreter der beiden Traditions-Parteien in der Zeit zwischen den Weltkriegen schuldig gemacht hätten.[36] Und natürlich wird der seitens dieser Politiker angeblich geplante »Ausverkauf des Landes« an ausländische Kapitalisten angeprangert oder die Gefahr einer Aufteilung des Bodens an die Großgrundbesitzer von anno dazumal beschworen.[37]

Die schärfsten Vorwürfe gegen die Vertreter der »historischen« Parteien werden von führenden Vertretern der Front und der Regierung erhoben: Von einem »Flirt mit den Neofaschisten« sprach der Stellvertretende Ministerpräsident Gelu Voican-Voiculescu,[38] Ministerpräsident Roman warf ihnen einen »versuchten Staatsstreich«[39] vor. Innenminister Jean Moldoveanu behauptete, Geld und Genußmittel bei Demonstranten sichergestellt zu haben, mit denen diese von Vertretern der »historischen« Parteien bestochen worden seien.[40] Die offizielle Nachrichtenagentur *Rompres*[41] berichtete, drei der Demonstranten, die am 18.2.1990 das Regierungsgebäude gestürmt hätten, seien Mitglieder der Nationalen Bauernpartei gewesen.

Am Tage nach der Anti-Front-Demonstration mobilisierte die Front ihrerseits »die Arbeiter«: Sie ließ Bergleute aus weit entfernten Städten in Sonderzügen zur bestellten Demonstra-

---

34 *Romania Libera*, 14.1.1990.
35 *Romania Libera*, 8.2.1990.
36 *Democratia*, 29.1.1990.
37 *Tineretul Liber*, 28.1.1990.
38 *AFP*, 24.2.1990.
39 *AFP*, 31.1.1990.
40 *AFP*, 21.2.1990.
41 *AFP*, 19.2.1990.

tion nach Bukarest bringen, um »die Front zu schützen«. Dies geschah nicht zuletzt auch unter Mißachtung der von der Führung selbst erlassenen Demonstrationsgesetze, die unangemeldete Demonstrationen sowie solche, die an Wochentagen stattfinden, verbieten. Die Front scheint fest entschlossen, die Herrschaft über die Straße, die sie während des Umsturzes gewonnen hat, um keinen Preis – auch nicht den des Einsatzes von Gewalt – an die Opposition abzugeben. Die Tatsache, daß Einbrüche in Parteizentralen sowie Tätlichkeiten (auch ein Mord) auf Vertreter der großen Parteien im ganzen Land an dem Tag stattfanden, an dem eine gewalttätige Menge vor den Sitz der Nationalen Bauernpartei in Bukarest aufmarschiert war, macht den zentral gelenkten Charakter dieser Einschüchterungsaktion deutlich.[42]

Diese versuchte Einschüchterung der Opposition hatte jedoch nicht den gewünschten Erfolg. Die kritische Haltung der Bevölkerung und der Presse gegenüber der Front sowie der sich abzeichnende Vertrauensverlust bei westlichen Politikern und Medien, zwang sie zum Handeln. Am 6. Februar 1990 meldete sich die FNR als »politische Gruppierung« beim Stadtgericht in Bukarest an und veröffentlichte ihre Wahlplattform.[43]

Ein Runder Tisch auch in Rumänien

In seiner Fernsehansprache nach der ersten Sitzung des inzwischen in Osteuropa so verbreiteten Runden Tisches definierte Ion Iliescu den neugeschaffenen »Provisorischen Rat der Nationalen Einheit« als eine Art Vor-Parlament.[44] Seine Aufgabe sei es, das Wahlgesetz für die Wahlen am 20. Mai auszuarbeiten. Bei der Gründung des Provisorischen Rates war eine »paritätische« Besetzung mit je 90 Mitgliedern der Front der Na-

42 *Romania Libera* vom 4.2.1990 berichtete von knapp zwanzig solchen Fällen, die der Zeitung bekannt worden waren.
43 *Rompres* 6.2.1990;
44 *Rompres*, 2.2.1990.

tionalen Rettung und aller anderen Parteien beschlossen worden. Am 10. Februar stand dann die endgültige Zusammensetzung fest. Demnach hatte der Provisorische Rat der Nationalen Einheit insgesamt 241 Mitglieder. Die bis zu jenem Zeitpunkt eingetragenen 35 Parteien stellten mit je drei Vertretern insgesamt 105 Ratsmitglieder, die Führung der Front der Nationalen Rettung ernannte 106 »prominente, um die Revolution verdiente Persönlichkeiten« aus ihren Reihen. Hinzu kamen noch 27 Vertreter der Vereinigungen der nationalen Minderheiten und drei Vertreter des Verbandes der ehemaligen politischen Häftlinge. Die Vertreter jener Parteien, die nach dem Stichtag registriert wurden, konnten als Beobachter an den Zusammenkünften des Provisorischen Rates teilnehmen.[45] Am 16. Februar wurde Ion Iliescu »durch Zuruf«[46] zum Präsidenten des Provisorischen Rates der Nationalen Einheit bestimmt. Zu Stellvertretern gewählt wurden der Vorsitzende der Nationalliberalen Partei Radu Campeanu, Ion Caramitru, Karoly Kiraly, Cazimir Ionescu und Ion Manzatu sowie Dan Martian als Sekretär. Kiraly, Ionescu und Martian gehören zugleich auch der Führung FNR an.

In ersten Stellungnahmen bezeichneten Vertreter der traditionellen Parteien die Bildung des gesetzgebenden Provisorischen Rates als einen »ersten politischen Sieg der politischen Parteien«.[47] Das Machtmonopol der Front sei gebrochen. Die erzielte Regelung sei zwar nicht vollkommen, jedoch das Beste, was unter den gegebenen Bedingungen machbar gewesen sei.[48] Zwar mußten die Vertreter der Opposition von ihren ursprünglichen Forderungen auch Abstriche machen. Von einem Rücktritt der FNR und der Bildung einer Übergangsregierung, wie sie die drei »historischen« Parteien am 25. Januar gefordert hatten, war nicht mehr die Rede. Die Führung der Front konnte auch verhindern, daß andere Parteien an der Regierung

45 *Rompres*. 10.2.1990.
46 *Frankfurter Allgemeine Zeitung*, 15.2.1990.
47 Radu Campeanu in: *Romania Libera*, 20.2.1990.
48 Corneliu Coposu und Radu Campeanu in: *The Baltimore Sun*, 2.1.1990.

beteiligt wurden. Das Kabinett von Ministerpräsident Roman, so Iliescu, bestehe aus »unpolitischen Technokraten« und solle auch weiterhin von der Rettungsfront gestellt werden.[49]

Die in der rumänischen Presse geäußerte Kritik an der frontlastigen Zusammensetzung des neuen Parlaments ist zweifellos berechtigt. Einem Land, so schrieb ein Kommentator,[50] in dem eine Partei oder Bewegung mehr als die Hälfte der Sitze im Parlament innehabe, drohe die Gefahr einer Diktatur. Mit Recht wurde auch der gravierende Mangel an Transparenz beklagt: Die Namen aller Mitglieder des Provisorischen Rates der Nationalen Einheit wurden ebensowenig bekanntgegeben wie Monate zuvor die Zusammensetzung des Rates der FNR.[51]

Erwartungsgemäß versuchten Ion Iliescu und die anderen Mitglieder der Front, ihre zahlenmäßige Überlegenheit in dem neugebildeten Provisorischen Rat voll auszuspielen. Iliescu versuchte, Vertreter anderer Parteien einzuschüchtern und herabzusetzen,[52] indem er die bereits erwähnten randalierenden Bergleute auch im Sitzungssaal des Rundes Tisches aufmarschieren ließ.[53]

Anfangs schien es, als habe die regierende Front durch die Einbindung des Allparteienparlaments in die Regierungsverantwortung mehr gewonnen als die Opposition. Die am 18. Februar von Rowdies inszenierte Erstürmung des Amtssitzes des Provisorischen Rates sollte der Bevölkerung signalisieren, daß die Demonstrationen von nun an nicht nur gegen die Front, sondern gegen alle Parteien gerichtet waren. Auch bediente sich die Führung der Front des neuen Allparteienparlaments, um unpopuläre Maßnahmen durchzusetzen. Dazu gehörte die Ermächtigung der Betriebsdirektoren, Arbeitsniederlegungen zu beenden,[54] der Aufschub der versprochenen Verkürzung der

49 *AP*, 1.2.1990 und *Neue Zürcher Zeitung*, 3.2.1990.
50 Gheorghe Rautu in: *Romania Libera*, 29.1.1990.
51 *Romania Libera*, 6.2.1990.
52 Protest der Liberalen Sozialistischen Partei in: *Rompres*, 12.2.1990.
53 *Frankfurter Allgemeine Zeitung*, 15.2.1990.
54 *Radio Bukarest*, 11.2.1990.

Arbeitszeit[55] oder eine Regelung,[56] aufgrund derer die Armee fortan an der Seite der Polizei zur Bekämpfung politischer Unruhen eingesetzt werden kann.

Das neue Wahlgesetz – ein Verdienst der Opposition

Dennoch wurde bald deutlich, daß sich die Beteiligung der oppositionellen Parteien an der Regierungsarbeit im Rahmen des Provisorischen Rates der Nationalen Einheit in mehr als einer Hinsicht positiv auswirkte. So konnte das neue Wahlgesetz im Hinblick auf den geplanten Wahltermin rechtzeitig fertiggestellt werden. Zwar gelang es den Vertretern der drei wichtigsten Oppositionsparteien nicht, alle Einwände gegen den von der Führung der Front ausgearbeiteten Entwurf[57] des Wahlgesetztes durchzusetzen. In seiner veröffentlichten Form[58] stellt das Wahlgesetz dennoch eine wichtige und notwendige Voraussetzung für weitere Fortschritte auf dem Wege der Demokratisierung Rumäniens dar.

Das am 20. Mai neu zu wählende rumänische Parlament wird aus zwei Kammern bestehen: einer aus 387 Abgeordneten gebildeten Abgeordnetenversammlung (Adunarea Deputatilor) und einem Senat, der von der Bevölkerung der einzelnen Kreise gewählt wird. Die Zahl der die einzelnen Kreise vertretenden Senatoren richtet sich nach deren Einwohnerzahl: In Kreisen mit einer Bevölkerung bis zu 500000 Einwohnern werden zwei Senatoren gewählt, in Kreisen mit einer Bevölkerung zwischen 500001 bis 750000 drei Senatoren und in allen weiteren Kreisen vier Senatoren.

Das neue rumänische Wahlgesetz schreibt das Verhältniswahlrecht vor. Die Kandidaten werden auf Listen vorgeschlagen. Bei den Wahlen für die Abgeordnetenversammlung und

55 *Radio Bukarest*, 28. 2. 1990 und *Monitorul Oficial* Nr. 36, 15. 3. 1990.
56 *AFP*, 24. 2. 1990.
57 *Romania Libera*, 31. 1. 1990.
58 *Monitorul Oficial*, Nr. 35, 18. 3. 1990.

den Senat können auch unabhängige Kandidaten antreten, sofern ihre Kandidatur von 251 Bürgern unterstützt wird. Der Präsident, dessen Amt mit einer großen Machtfülle ähnlich der französischen Verfassung ausgestattet ist, wird unmittelbar vom Volk gewählt.

Ein Vergleich dieses Gesetzes mit dem veröffentlichten Gesetzesentwurf macht das Ausmaß der am Runden Tisch ausgehandelten Änderungen im Sinne einer Betonung demokratischer Prinzipien und Prozeduren deutlich. Das ursprünglich vorgesehene Mehrheitswahlrecht wurde durch das Verhältniswahlrecht, der namentliche Wahlmodus wurde durch das Listenverfahren ersetzt. Es wurde sichergestellt, daß auch jene nationalen Minderheiten mit mindestens einem Abgeordneten in der Deputiertenversammlung vertreten sind, die nicht die erforderliche Zahl von Wählerstimmen aufweisen können. Es wird dies derjenige Minderheitenvertreter sein, der bei den Wahlen auf der Liste seiner Minderheitenpartei die meisten Stimmen erhalten hat.

Der im Gesetzentwurf enthaltene Passus, daß dem Senat auch 15 Vertreter der Armee angehören sollen, die vom Militärrat oder von speziell dafür ausersehenen Senatoren ernannt werden, wurde im neuen Gesetz fallengelassen. Zugleich erhöhte sich die ursprünglich vorgesehene Zahl der in Bukarest zu wählenden Senatoren von acht auf 14.

Neu im veröffentlichten Wahlgesetz ist auch die Bedingung, daß der vom Volk direkt zu wählende Präsident, der von Parteien und Organisationen vorgeschlagen werden oder als unabhängiger Kandidat antreten kann, die Unterstützung von mindestens 100000 Anhängern nachweisen muß. Er muß seine Mitgliedschaft bei einer Partei oder einer anderen politischen Organisation nach seiner Wahl niederlegen – eine Bedingung, die nicht der Gesetzentwurf vorgesehen hatte.

Das überarbeitete Wahlgesetz stellt außerdem Bedingungen an die politische Vergangenheit der Kandidaten für einen Sitz im künftigen rumänischen Parlament. Sofern sie vor der Revolution eine Führungsposition in Politik, Justiz oder Verwaltung innehatten, dürfen sie sich keiner Übergriffe schuldig gemacht haben. Auch dürfen dem künftigen Parlament keine Personen angehören, die im Rahmen der Sicherheits- oder Polizeiorgane gegen die Menschenrechte verstoßen haben oder an Maßnahmen zur Unterdrückung der Bevölkerung beteiligt waren.

Im Verlauf der Debatten über den endgültigen Text des Wahlgesetzes war es den Vertretern der Opposition gelungen, einen im Entwurf enthaltenen Passus zu streichen, der den Parteien den Einsatz ausländischer Wahlkampfspenden verbot. Auch lehnte die Opposition den Vorschlag der Vertreter der regierenden Front ab, demzufolge Kandidaten, die die letzten zehn Jahre nicht in Rumänien gelebt haben, die Teilnahme an den Wahlen verboten sein sollte. Dieser Paragraph des Gesetzentwurfs hätte, wäre er beibehalten worden, die Teilnahme Radu Campeanus, des Spitzenkandidaten der Nationalliberalen Partei, an den Wahlen unmöglich gemacht.

Die Hauptaufgabe des neugewählten Parlaments wird darin bestehen, eine Verfassunggebende Versammlung zu bilden. Sie soll eine neue Verfassung ausarbeiten und spätestens ein Jahr nach deren Inkrafttreten Neuwahlen ausschreiben. Ein neu in das Gesetz aufgenommener Passus legt für den Fall, daß die Verfassung nicht innerhalb der ersten neun Monate nach dem Zusammentreffen der Verfassunggebenden Versammlung verabschiedet wird, fest, daß der Präsident diese dann auflösen kann. Ebenfalls neu ist die Verfügung, daß die Verfassunggebende Versammlung sich in jedem Fall auflösen muß, wenn sie innerhalb von 18 Monaten nach ihrer Konstituierung keine Verfassung verabschiedet hat. Damit ist der Möglichkeit, daß eine Partei oder Bewegung sich durch eine Verzögerungstaktik bei der Ausarbeitung einer neuen Verfassung an der Macht halten könnte, ein Riegel vorgeschoben worden. Im Vergleich zum Gesetzentwurf werden im endgültigen Text des Gesetzes außerdem die Möglichkeiten eines am 20. Mai gewählten Präsidenten, sich über den vorgesehenen provisorischen Rahmen hinaus an der Macht zu halten, drastisch eingeschränkt.

Die Wahlen – wie frei, wie fair?

Die Geschichte scheint sich zu wiederholen. Ähnlich wie bei den letzten freien (aber gefälschten) Wahlen im Jahre 1946 haben Nationale Bauernpartei, Nationalliberale und Sozialdemokraten auch jetzt die Bildung einer gemeinsamen antikommunistischen Plattform beschlossen. Und wie die Rumänische Kommunistische Partei vor 44 Jahren bedient sich die FNR bei der Bekämpfung ihres politischen Gegners der klassischen Kominform-Tricks Desinformation, Diversion und Gewalt. Für viele unabhängige politische Kommentatoren in Rumänien schien die in Aussicht gestellte Freiheit der kommenden Wahlen angesichts der fehlenden Chancengleichheit im Wahlkampf rein formal. Die Karikaturisten fanden immer neue Bilder für die Unausgewogenheit des politischen Kräfteverhältnisses zugunsten der Front. In einer Zeichnung marschiert ein üppiges, modisch gekleidetes und über mit Schmuck behängtes Schneewittchen vor sieben ausgezehrten Zwergen in geflickten Wämsen in Richtung Mai-Wahlen.[59] »Ich befürchte, daß die Wahlen gefälscht sein werden, auch wenn die Stimmen korrekt ausgezählt werden«, schrieb der Journalist Octavian Paler.[60] Und der Dichter Stefan Augustin Doinas prophezeite: »Wir werden freie Wahlen, aber gefälschte Ergebnisse haben.«[61]

Während die anderen Parteien ihre Infrastruktur und ihren Mitgliederstamm von Null aufbauen mußten und ihre Politiker im Lande unbekannt waren, hat die Front »vom ersten Tag an Wahlkampf geführt«.[62] Sie hat alles getan, um den Revolutionsbonus für sich zu beanspruchen, sich als Vorkämpferin gegen das verhaßte Ceausescu-Regime zu profilieren und international Prestigepunkte zu sammeln.

Die Ergebnisse der ersten Umfragen, die ein neugegründe-

59 *Romania Libera*, 30. 1. 1990.
60 *Romania Libera*, 25. 1. 1990.
61 *AFP*, 11. 1. 1990.
62 *Romania Literara* Nr. 3, 18. 1. 1990.

tes Meinungsforschungsinstitut und einige Tageszeitungen veranstaltet haben, schienen den Vorsprung der Front in der Wählergunst zu bestätigen. Einer von der Zeitung *Romania Libera*[63] veröffentlichten nicht repräsentativen Umfrage zufolge wollten Anfang Februar 67 % der Befragten für die Front stimmen und nur 10 % für die anderen Parteien, vor allem die Nationale Bauernpartei und die Nationalliberale Partei. Zwei Wochen später betrug der Anteil jener, die sich für die FNR aussprachen, nur noch 57,2 %, während 7,3 % für die Nationalliberalen, 3,3 % für die Nationale Bauernpartei und 2,3 % für die Sozialdemokraten stimmen wollten.[64] Die erste offiziell in Auftrag gegebene repräsentative Umfrage kommt zu folgendem Ergebnis: 57 % für die Front, 17 % für die Nationalliberale Partei, 5 % für die Umweltbewegung und 3 % für die Nationale Bauernpartei.[65] Ein erheblich verändertes Bild ergab jedoch die Umfrage der Zeitung *Romania Libera*[66], die die Beliebtheit einzelner Persönlichkeiten bei den Wählern zu ergründen suchte. Danach lag Ion Iliescu, der Vorsitzende der Front der Nationalen Rettung und interimistische Staatspräsident, mit 38 % nur knapp vor dem Vorsitzenden der Nationalliberalen Partei, Radu Campeanu, mit 31 % der abgegebenen Stimmen. Mehr noch: In mehrern Kreisen (Kronstadt, Braila, Hunedoara und Timis sowie in der Hauptstadt Bukarest) lag Campeanu vor Iliescu. Die neugewonnene Popularität Campeanus war zweifellos ein Resultat der vom Fernsehen übertragenen Sitzungen des knapp zwei Wochen vor der Befragung gegründeten Provisorischen Rates der Nationalen Einheit, die auch anderen Politikern neben den bisherigen Protagonisten der Tele-Revolution die Möglichkeit zur Selbstdarstellung im Medium Fernsehen gaben. Man kann im übrigen davon ausgehen, daß sich auch in Rumänien viele Wähler erst in den letzten

---

63 1.2.1990.
64 *Romania Libera*, 18.2.1990.
65 *Radio Bukarest*, 6.4.1990.
66 11. und 15.3.1990.

Tagen vor dem Wahltermin für eine Partei und insbesondere für einen Präsidentschaftskandidaten entscheiden werden: 63 Prozent der Befragten zeigten sich Ende März hinsichtlich ihrer Wahlentscheidung unentschlossen.[67]

67 *Romania Libera*, 23.3.1990.

8. Die unvollendete Revolution

Das wahre Gesicht gefällt nicht: Popularitätsschwund der Front

Seit Eintragung der FNR in das Parteienregister und dem Eintritt der Opposition in die Regierungsverantwortung setzte eine Entwicklung ein, die zu einem erheblichen Popularitätsschwund der Mannschaft um Ion Iliescu und zur Aufwertung der traditionellen Parteien geführt hat. Einen Teil der Verantwortung dafür muß die Führung der Front sich selbst zuschreiben. Die Spannungen innerhalb dieses Gremiums waren seit seiner öffentlichen Konstituierung im Dezember ständig gewachsen, was angesichts seiner heterogenen Zusammensetzung nicht ganz überraschend war. Die revolutionäre Fiktion einer auf den Barrikaden der Revolution zusammengeschmiedeten Gruppe fiel alsbald in sich zusammen. Der harte Kern der Verschwörer um Iliescu, Brucan und Roman mußte sich gegen Machtansprüche anderer Dissidenten wie Dumitru Mazilu verteidigen. Ein Mitverschwörer, Verteidigungsminister General Nicolae Militaru, mußte unter dem Druck der Armee geopfert werden. Unbequem gewordene »Revolutionsspontis« wie der Tourismusminister Lupoi wurden ausgegliedert. Vertreter der Ceausescu-Nomenklatura, gegen die die Presse allzu vehement protestiert hatte, wurden aus dem Verkehr gezogen. Daß die derart entmachteten »Revolutionäre« danach gegen ihre ehemaligen Verbündeten zu Felde zogen und mit Beschimpfungen und Enthüllungen in der Presse Schlagzeilen zu machen suchten, war dem Renommee der Führungsmannschaft nicht gerade zuträglich.

Schwerer traf die Führung der Front jedoch der Abfall jener Intellektuellen, die ihr Ansehen für die Sache der Revolution in die Waagschale geworfen hatten und von der Front als »Aushängeschilder«[1] gebraucht worden waren. Zwei ihrer prominentesten Vertreter, die Klausenburger Professorin Doina Cornea und die Schriftstellerin Ana Blandiana, die beide ohne ihr Wissen am 22. Dezember 1989 an vorderster Stelle als Mitglieder der FNR genannt worden waren, traten Ende Januar unter Protest zurück. Ana Blandiana gehörte auch zu jener Gruppe von 46 Intellektuellen, die sich in einem offenen Brief an den Provisorischen Rat der Nationalen Einheit gewandt hatten, um gegen den Fortbestand der Securitate zu protestieren.[2] Mit ihrem Brief wollten sie der wachsenden Empörung der Bevölkerung Ausdruck verleihen, die sich fortgesetzter Einschüchterung und Bedrohung durch den Staatssicherheitsdienst Securitate ausgesetzt fühlte. Die Menschen sehen sich durch die Führung der Front, deren Popularität nicht zuletzt auf dem Versprechen beruht hatte, die Securitate aufzulösen und die Schuldigen für Übergriffe und Menschenrechtsverletzungen unter Ceausescu zu bestrafen, absichtlich getäuscht.

Die Erkenntnis macht sich breit, daß der innere Führungszirkel der Front, dem auch so prominente Militärs wie der amtierende Verteidigungsminister Victor Stanculescu und Innenminister Mihai Chitac angehören, seit seinem Amtsantritt keine Anstrengung gescheut hat, um die Securitate zu rehabilitieren. Dies gilt nicht nur für die Rolle, die »die Organe« zur Zeit Ceausescus gespielt haben, sondern auch für ihren Einsatz gegen die revoltierende Bevölkerung und die Armee während des Umsturzes. Inzwischen fragt man sich in Rumänien, wer denn überhaupt die »Terroristen« gewesen waren, die im Dezember auf die Bevölkerung geschossen haben.[3] Sogar die berüchtigte Anti-Terror-Einheit des Diktators, die sogenannte USLA, über die in der Anfangsphase der Revolution in der Presse wahre Greuelmärchen verbreitet worden waren, soll nun – so behauptet Verteidigungsminister Stanculescu – »Seite

---

1 Der Philosoph Gabriel Liiceanu, selbst ein »Aushängeschild« der Front, in: *Frankfurter Allgemeine Zeitung*, 27. 1. 1990.
2 *Romania Libera*, 9. 2. 1990.
3 *Romania Libera*, 18. 2. 1990.

an Seite mit der Armee und dem Volk für den Sieg der Revolution gekämpft« haben.[4] Bisher ist aus der Führung von Ceausescus Sicherheitsapparat einzig dessen ehemaliger Innenminister Tudor Postelnicu vor Gericht gestellt und zu lebenslangem Zuchthaus verurteilt worden. Gegen das Urteil hat er Berufung eingelegt. Zwei seiner Stellvertreter, die Generale Constantin Nuta und Mihalea Velicu, wurden nach ihrem Einsatz in Temesvar auf dem Rückflug nach Bukarest von einer Einheit der Luftabwehr unter bisher ungeklärten Umständen abgeschossen. »Sie waren die Träger kapitaler Geheimnisse über den Einsatz bestimmter Kräfte und Personen bei der Unterdrükkung der revolutionären Erhebung«, schrieb ein Kommentator.[5] Oberst Gica Popescu, der Vorsitzende des Militärgerichts, das Nicolae und Elena Ceausescu zum Tode verurteilt hatte, sah sich durch die Enthüllung der Zusammensetzung des Richterkollegiums in der Front-Zeitung *Adevarul*[6] in den Selbstmord getrieben. Die Securitate-Offiziere, die zur Leibgarde Ceausescus gehört hatten, wurden freigesprochen.

Der Prozeß gegen eine Gruppe von Securitate-Offizieren, die in Temesvar eingesetzt worden waren, wird von Beobachtern schlichtweg als »Parodie«[7] bezeichnet angesichts der Tatsache, daß hier untergeordnete Chargen vor Gericht gestellt werden, während die eigentlichen Verantwortlichen nicht einmal im Zeugenstand erscheinen müssen. Zu ihnen gehört zweifellos der ehemalige ZK-Sekretär Ion Coman, dem von Ceausescu die Einsatzleitung der Militär- und Sicherheitskräfte in Temesvar übertragen worden war, aber auch Generale wie der derzeitige Verteidigungsminister Stanculescu und Innenminister Chitac.

---

4 *Rompres*, 8.3.1990.
5 *Adevarul*, 17.3.1990.
6 3.3.1990.
7 *Romania Libera*, 18.2.1990.

Die Armee fordert: Nie wieder gegen das Volk

In der Armee gärt es. Wenige Tage nach der Bildung des provisorischen Rates der Nationalen Einheit wandte sich am 12. Februar 1990 ein sogenanntes »Komitee für die Demokratisierung der Armee« mit einem Appell an die Führung des Runden Tisches.[8] Darin wurde die volle Aufklärung des Geschehens in Temesvar und die Entlassung der Kommandeure gefordert, die sich seit dem 16. Dezember 1989 der Niederschlagung des Volksaufstandes schuldig gemacht hatten. Jene Generale, die nach dem Umsturz in den aktiven Dienst zurückgeholt und in Führungspositionen berufen wurden, sollten in die Reserve zurückversetzt werden. Das Komitee fordert die Abberufung von Verteidigungsminister Nicolae Militaru und Innenminister Mihai Chitac und die Ernennung eines Zivilisten zum neuen Verteidigungsminister. Die Demokratisierung des öffentlichen Lebens, so der Appell, dürfe vor der Armee nicht haltmachen. Das Hauptanliegen des Komitees bestehe darin, sicherzustellen, daß die Armee nie mehr als Instrument der Repression gegen das Volk eingesetzt werden könne.[9] In der Politik der FNR sehe man Anzeichen dafür, daß »die eben erst gewonnene Demokratie und Freiheit in eine andere Form der Tyrannei« umfunktioniert werden könnte. Das erbetene Gespräch mit Präsident Iliescu wurde den protestierenden Armeevertretern nicht gewährt. Sie errangen dennoch einen Teilerfolg: Verteidigungsminister Nicolae Militaru mußte trotz der »besonderen Rolle«, die er nach Iliescus Ansicht im Verlauf der Dezemberrevolution[10] gespielt hatte, zurücktreten.

Erst am 12. März kam ein Treffen zwischen Ion Iliescu und Vertretern der Streitkräfte zustande. Dabei meldete sich erstmals wieder der ehemalige Generalstabschef Stefan Gusa zu Wort, dem ein Kommando außerhalb Bukarests zugeteilt worden sein soll. Er warnte vor einer von der Front und der Securi-

8 *Romania Libera*, 14. 2. 1990.
9 *Romania Libera*, 17. 2. 1990.
10 *Romania Libera*, 17. 2. 1990.

tate gesteuerten Desinformationskampagne, die der Armee die Schuld an der Gewaltanwendung während des Umsturzes anzulasten sucht und deren Ziel es ist, die Armee in eine Konfrontation mit der Bevölkerung zu treiben: »Es ist nicht gelungen, die Armee in ein Gemetzel hineinzuziehen. Es hat ein Krieg nach einem klaren Plan stattgefunden; der Krieg geht weiter und ist gegen die Armee gerichtet.«[11]

In einem Appell, den ein »Aktionskomitee für die Stabilität der Armee« dem Verteidigungsminister am 22. Februar zugeleitet und am Vorabend des Treffens publik gemacht hatte,[12] findet sich Gusas Warnung fast wortwörtlich wieder. »Im Schatten der Revolution«, so heißt es dort,[13] »sind von Anfang an Kräfte aktiv gewesen – und sie sind es immer noch –, die dem rumänischen Volk feindlich gesinnt sind und die eigenen Ziele verfolgt haben und immer noch verfolgen.« Ausdrücklich spricht sich der Appell gegen den Einsatz der Armee bei der Bewachung ziviler Einrichtungen und der Gewährleistung der öffentlichen Ordnung aus. Bisher hat es dic Armee sowohl bei Demonstrationen in Bukarest als auch bei dem gewaltsamen Minderheitenkonflikt in Tirgu-Mures vermeiden können, sich zum Eingreifen provozieren zu lassen. Einen Tag nach dem blutigen Nationalitätenkonflikt von Tirgu-Mures wandten sich die in Siebenbürgen stationierten Einheiten der rumänischen Armee mit einem Schreiben[14] an die Öffentlichkeit, in dem sie sich zu Forderungen bekannten, die in dem oben genannten Appell erhoben worden waren. Die rumänische Armee, so betonten sie, würde sich nicht wie nach dem Wiener Schiedsspruch von 1940 kampflos aus Siebenbürgen zurückziehen.[15] Man werde es nicht zulassen, daß »unter dem Deckmantel der

11 *Romania Libera*, 16.3.1990.

12 *Tribuna*, Nr. 10, 8.3.1990 und *Tineretul Liber*, 8., 9., und 10.3.1990.

13 *Tineretul Liber*, 10.3.1990.

14 *Adevarul*, 22.3.1990.

15 Als die Achsenmächte Nordsiebenbürgen an Ungarn vergaben und sich die rumänischen Truppen vor den heranrückenden ungarischen Armee-Einheiten zurückziehen mußten, führte dies zum Rücktritt König Carols II. und zur Errichtung eines Militärregimes unter General Ion Antonescu.

Demokratie und der Förderung des europäischen Geistes die Einheit der rumänischen Armee und die territoriale Unversehrtheit Rumäniens angegriffen werden.«

Während sich die Spannungen zwischen der Führung der Front und Teilen des Offizierskorps verstärkten, ist der neue Verteidigungsminister Victor Stanculescu darum bemüht, so schnell wie möglich einen neuen Sicherheitsapparat zu schaffen, der die Interessen der Front verteidigen und ein Gegengewicht zur Armee bilden soll. Am 20. Februar[16] kündigte Stanculescu die Bildung neuer »Strukturen« des Sicherheitsapparats an, dessen Aufgabe es sein werde, die Unabhängigkeit Rumäniens zu verteidigen, Destabilisierung zu verhindern die Fortführung des Demokratisierungsprozesses zu gewährleisten. Die neuen Sicherheitskräfte dürften nicht in den Dienst einer Partei oder Gruppierung gestellt werden. Die Führungspositionen würden »kompetenten«[17] Offizieren der Armee anvertraut, die ihre Loyalität gegenüber Volk, Vaterland und Revolution unter Beweis gestellt hätten. Nach den blutigen Auseinandersetzungen in Tirgu-Mures war es dann soweit: Das

---

16 *Romania Libera*, 21.2.1990. Siehe auch: *Frankfurter Allgemeine Zeitung*, 23.2.1990 und 3.3.1990.

17 Die Westberliner *Tageszeitung* druckte am 19.3.1990 ein Gespräch zwischen einem rumänischen Journalisten und einem Securitate-Experten der FNR, Mihail Montanu ab, das in einer Temesvarer Jugendzeitung veröffentlicht worden war:
»*Frage:* Ich sehe aber keinen Sinn darin, daß in einem demokratischen Staat eine derartige Organisation die Bevölkerung ausspioniert. Unter solchen Bedingungen kann von Demokratie keine Rede sein.
Antwort Montanu: Leute wie Sie dürften ihre Meinung über die Securitate nicht äußern. In der Securitate haben wir hochqualifizierte Fachleute, wahre Profis, die der Staat braucht...
Frage: Glauben Sie nicht, daß die Bevölkerung in den 25 Jahren Ceausismus genug ausgeharrt hat, um jetzt auch nur den Gedanken ertragen zu können, daß sie weiterhin beobachtet wird wie bisher?
Antwort Montanu: Was die Bevölkerung glaubt, spielt keine Rolle. Wichtig ist, daß wir unsere wertvollen Fachleute behalten, die wir später brauchen werden.«
(Mit »später« ist wohl die Zeit nach den Wahlen gemeint, die die FNR nach Ansicht Montanus offenbar sicher gewinnen wird.)

Exekutivbüro des Provisorischen Rates der Nationalen Einheit nahm eine Verordnung über die Bildung eines »geheimen Informationsdienstes« an, die vom Plenum allerdings noch gebilligt werden muß.[18]

Die Minderheiten als politische Manövriermasse

Das Problem der Minderheiten, insbesondere der in Siebenbürgen lebenden Ungarn, hat sich seit dem Dezember 1989 zu einem Konfliktpotential allererster Ordnung entwickelt. Der Grund für die nicht zu überschätzende Gefährlichkeit dieses Konflikts liegt nicht nur in den in der Geschichte angelegten Spannungen zwischen den einzelnen Bevölkerungsgruppen, sondern darin, daß die Minderheiten zur »politischen Manövriermasse«[19] in einer Auseinandersetzung gemacht wurden, die im nationalen Rahmen weiter eskalieren und möglicherweise auch zu internationalen Verwicklungen führen kann.

Die guten Vorsätze der neuen Führung haben die alten Spannungen im Verhältnis zwischen den Minderheiten nicht beseitigt, sondern sie noch weiter angeheizt. Der anfängliche Zustand grenzenloser Euphorie ist bei den Deutschen und Ungarn, den Juden und Zigeunern, ebenso wie auch beim Mehrheitsvolk der Rumänen verflogen; bei allen machen sich Mißtrauen, Zukunftsangst und Staatsverdrossenheit breit. In diesem Klima der Unsicherheit sind alle durch fahrlässige Gerüchte und eine gezielte Desinformationspolitik leicht zu beeinflussen. Und nicht zu vergessen: Gewalt hat in Rumänien seit dem Sieg der blutigen Revolution einen anderen politisch-psychologischen Stellenwert als dort, wo die Ablösung des alten Regimes friedlich verlief. Alle Menschen in Rumänien, Mehrheit wie Minderheiten, haben Gewalt unmittelbar erfahren oder im Medium Fernsehen miterlebt und sind eher bereit, diese natürliche Hemmschwelle zu überschreiten.

---

18 *AFP*, 25.3.1990.
19 Siehe dazu auch: *Die Zeit*, 2.3.1990.

Die Reaktion der einzelnen Minderheiten auf die neue Lage nach dem Sturz Ceausescus war sehr unterschiedlich. Die deutsche Minderheit, in deren traditionellen Siedlungsgebieten Banat und Siebenbürgen besonders heftige Kämpfe stattgefunden hatten, wurde durch die Ereignisse vom Dezember in ihrem Auswanderungswillen eher noch bestärkt. Die von der neuen Führung gewährte Freiheit der Ausreise wollen sie nutzen, solange es für sie noch eine Aussicht auf Einreise in die Bundesrepublik gibt. Ein Sturm auf die Paßämter setzte ein, der sich noch nicht gelegt hat.[20] Eine in der siebenbürgischen Stadt Schässburg (rumänisch: Sighisoara) und acht umliegenden Dörfern im Januar, wenige Tage vor dem Rumänienbesuch von Außenminister Genscher durchgeführte Meinungsumfrage ergab folgendes Bild: Von den insgesamt 2098 Deutschstämmigen über 18 Jahren antworteten auf die Frage, ob sie trotz der veränderten politischen Lage zur Auswanderung entschlossen seien, 71 % mit »Ja«; 23 % waren unentschlossen, nur 6 % waren zum Bleiben entschlossen.[21] Die Situation entbehrt nicht einer gewissen Tragik. Erstmals in der Geschichte der Nachkriegszeit verfügen die Deutschen in Rumänien mit dem Demokratischen Forum der Rumäniendeutschen über eine angemessene kollektive Interessenvertretung, erstmals bestehen günstige administrative und – dank bundesdeutscher Hilfe – auch gute finanzielle Voraussetzungen für das deutschsprachige Schulwesen und die Pflege der deutschen Kultur in Rumänien. Aus der Sicht der Betroffenen kommt dies alles jedoch um Jahrzehnte zu spät.

Der Wille zur Emigration ist übrigens nicht auf die Deutschen beschränkt. Wie sie versuchen seit der Liberalisierung der Reise- und Ausreisebestimmungen Tausende ethnischer Rumänen, die in den Besitz von Pässen gelangt sind, das Land auf dem Umweg über Ungarn und Österreich beziehungsweise über Bulgarien und die Türkei zu verlassen. Dies hat dazu geführt, daß Österreich den Visumszwang für Rumänien

20 *Süddeutsche Zeitung*, 22. 1. 1990.
21 *Neuer Weg*, 26. 1. 1990.

wieder eingeführt hat[22] und daß Bulgarien sowie die Türkei Maßnahmen ergriffen haben, um die Einreiseflut emigrationswilliger Rumänen einzudämmen.[23]

Anders die ungarische Minderheit. Mehrere ihrer prominenten Vertreter waren, ähnlich wie führende rumänische Mitglieder der FNR, nach anfänglichen Karriereerfolgen in Ceausescus Nomenklatura auf Distanz zum Diktator gegangen. Unter Berufung auf die Rolle, die der ungarische Pastor Laszlo Tökes beim Ausbruch der Revolution gespielt hat, und unter Hinweis auf ihre eigenen Verdienste als Dissidenten versuchten prominente ungarische Funktionäre wie der Vizepräsident des Rates der Front, Karoly Kiraly, und der nach kurzer Amtsdauer versetzte stellvertretende Erziehungsminister Attila Palfalvi, unmittelbar nach dem Sturz Ceausescus Fakten im Interesse der ungarischen Minderheit zu schaffen. Ihr Augenmerk galt insbesondere dem Schulbereich, wo Vertreter der ungarischen Minderheit darangegangen waren, die Trennung der unter Ceausescu zusammengelegten rumänisch-ungarischen Schulen auch gegen den Willen der betroffenen Rumänen in die Tat umzusetzen. Mit Vorlesungsstreiks und Hörsaalbesetzungen versuchte man die sofortige Wiederzulassung der 1959 mit der rumänischen Universität zwangsvereinigten ungarischen »Bolyai«-Universität in Klausenburg sowie der ungarisch-sprachigen Hochschulinstitute in Tirgu-Mures durchzusetzen. Die rumänische Bevölkerung Siebenbürgens fühlte sich herausgefordert und von der Regierung vernachlässigt.[24] Siebenbürger Rumänen gründeten am 14. Januar 1990 eine Vereinigung namens »Vatra Romaneasca« (Rumänische Heimstatt), die sich bald auch auf Gebiete außerhalb Siebenbürgens ausdehnte. In einem Zeitungsinterview forderte der Vorsitzende der »Vatra«,

22 *Neue Zürcher Zeitung*, 16.3.1990.

23 *Adevarul*, 23.3.1990.

24 Eine Umfrage unter der ungarischen und rumänischen Bevölkerung der Stadt Tirgu-Mures zur Schuldfrage veröffentlichten Redakteure der rumänischen Zeitung *Adevarul* und der rumänien-ungarischen Tageszeitung *Romaniai Magyar Szo* am 27.2.1990.

Radu Ceontea, die Einhaltung der während der Übergangszeit geltenden Gesetze und die Achtung der Regierung trotz ihres Übergangscharakters.[25] Aus rumänien-ungarischer und Budapester Sicht sind nicht nur Vertreter der »Vatra Romaneasca«, sondern auch Teile der Armee und der Parteien »Faschisten und Halbfaschisten«[26]

Bislang war eine endgültige Klärung der blutigen Zusammenstöße zwischen Ungarn und Rumänen, die am 19. und 20. März 1990 in der siebenbürgischen Stadt Tirgu-Mures mehrere Todesopfer und Hunderte von Verletzten forderten, nicht möglich. Es deutet jedoch einiges darauf hin, daß diese entsetzliche Gewalt sich nicht spontan entfesselte und auch nicht nur von demonstrativen Auftritten tausender ungarischer Bürger ausgelöst wurde, die anläßlich des Gedenktages der Revolution von 1848 nach Siebenbürgen geströmt waren. Der vom Vorsitzenden der Nationalliberalen Partei, Radu Campeanu, geäußerte Verdacht, »die gewaltsamen Konflikte in Tirgu-Mures seien weitgehend manipuliert« worden, wird von vielen Kommentatoren geteilt.[27] Die Front macht hingegen die historischen Parteien für die Eskalation der Gewalt in Siebenbürgen verantwortlich und setzt Berichte über rassistische, antisemitische und nationalistische Ausschreitungen faschistischer und neofaschistischer Organisationen in Umlauf.[28] Es hätte wohl von Anfang an einer außerordentlich taktvollen Politik der neuen Führung bedurft, um die neugewährte Rede- und Pressefreiheit, die Geschichts- und Minderheitenfragen nicht aussparen konnte, in ein zwar schwieriges, dennoch aber mögliches demokratisches Nebeneinander zu führen. Solange es nicht zu einem Umdenken kommt, können die Minderheiten auch in Zukunft als politische Manövriermasse mißbraucht werden.

---

25 Der Vorsitzende der *Vatra Romaneasca*, in: *Flacara* Nr. 11, 14. 3. 1990.
26 Attila Ara-Kovacs, in: *Die Tageszeitung*, 26. 3. 1990.
27 *Romania Libera*, 27. 3. 1990.
28 *Reuter*, 10. 3. 1990, *New York Times*, 11. 3. 1990 und *Die Tageszeitung*, 26. 3. 1990.

Die Front beschwört das Chaos und schürt die Angst vor einer »Libanisierung«[29] Rumäniens. Getreu dem Wahlspruch »divide et impera« hatte die FNR bald nach dem Sturz Ceausescus damit begonnen, die während der heißen Phase der Revolution geschmiedete Solidargemeinschaft aller Bürger Rumäniens wieder aufzubrechen. Inzwischen wurde die Verbrüderung des Volksaufstandes von den alten Spannungen wieder eingeholt, und es brechen neue Konflikte wie jene zwischen den Arbeitern und den Intellektuellen auf. Zwar ließ man die Studenten innerhalb des Hochschulbereichs gewähren und machte ihnen eine Reihe von Zugeständnissen. Zugleich wurden jedoch die Arbeiter mit Transparenten wie »Wir arbeiten, wir denken nicht« gegen die Studenten in Marsch gesetzt, sobald diese Anstalten machten, sich für nichtakademische, d. h. politische Belange einzusetzen.[30] Auch innerhalb der Arbeiterschaft schürte die neue Führung Spannungen, indem sie bestimmte Berufsgruppen wie die Bergarbeiter bevorzugte und ihnen Verbesserungen ihrer Einkünfte und ihrer Lebens- und Arbeitsbedingungen gewährte.

Durch ihre Politik der Verschleppung latenter Konflikte beschwor die Front, ähnlich wie im Falle der Minderheiten, eine Verschärfung des inzwischen offen ausgebrochenen Konflikts zwischen der orthodoxen Kirche und den wiederzugelassenen katholischen Unierten herauf.[31] In einem Klima, in dem Partikularinteressen immer mehr das Gemeinwohl dominieren, sind Streiks das übliche Mittel geworden, durch das einzelne Gesellschafts- und Berufsgruppen ihre Forderungen durchzusetzen versuchen. Die Gesetze sind als Autoritätsinstanz seit Ceausescu diskreditiert. Im Schatten der verfallenen staatlichen Autorität floriert deshalb die Kriminalität. Infolge der von der Führung der Front nach dem Sturz Ceausescus verfügten Amnestie für 18000 Häftlinge ist die Zahl der Verbrechen in Ru-

---

29 Ion Iliescu in: *Radio Bukarest*, 18.2.1990.

30 *Convorbiri Literare*, Nr. 3, 1.3.1990.

31 *AFP*, 28.3.1990; Der Konflikt stand am 6.4.1990 auf der Tagesordnung einer Beratung des Provisorischen Rates der Nationalen Einheit.

mänien steil angestiegen.[32] Sollte jemand – so die Frage eines Journalisten – ein Interesse daran haben, daß die Menschen »mit einem Gefühl des Bedauerns an die kommunistische Ceausescu-Diktatur zurückdenken, nur weil diese die Unversehrtheit des Territoriums, eine scheinbare interethnische Eintracht« bewahrt hatte?[33]

Die unvollendete Revolution

Nach einer kurzen Phase allgemeiner Euphorie hat in Rumänien ein Prozeß revolutionärer Entropie begonnen. Die Tele-Revolution entpuppt sich zunehmend als gegenrevolutionäres Spektakel. Die Fernsehberichterstattung ist sichtlich tendenziös, die Skandale dabei sind Legion. So wurde bereits in den ersten Januartagen ein Interview der alten und neuen Regimekritikerin Doina Cornea ohne Ton gesendet.[34] Videobänder wie jenes, das die protestierenden Offiziere dem Fernsehen am 12. Februar übergeben hatten, gingen ebenso »verloren« wie die Videoaufzeichnungen von Studentenprotesten. Der private Fernsehsender, den der Oppositionspolitiker und Präsidentschaftskandidat Ion Ratiu auf eigene Kosten in Rumänien installieren möchte, konnte bisher nicht in Betrieb genommen werden. Mit Beginn des Wahlkampfes wurde die Papierzuteilung an die Presse reduziert und so die Freiheit der Berichterstattung weiter eingeschränkt.[35] Der Anti-Ceausescu Kult der ersten Tage wurde schrittweise zurückgeschraubt, der vollmundig verkündete Baustop für Großprojekte der Ceausescu-Ära mehr oder weniger stillschweigend zurückgenommen. Der Donau-Schwarzmeer-Kanal, so wird nun gesagt, habe gute Aussichten,

32 *Romania Libera*, 26. 1. 1990 berichtet, daß innerhalb weniger Tage nach ihrer Haftentlassung 136 ehemalige Gefangene wieder straffällig wurden.

33 *Romania Libera*, 22. 3. 1990.

34 *AFP*, 9. 1. 1990.

35 *Reuter*, 2. 4. 1990.

Gewinne abzuwerfen,[36] und auch der Ausbau des Hafens Constanta geht weiter.[37] Das angeblich unrentable Rombac-Passagierflugzeug wird ebenfalls weitergebaut – schließlich gilt: Die vorhandenen »Kapazitäten müssen genutzt werden«.[38] Sogar im Hinblick auf Ceausescus monströs-pompöses »Haus der Republik« kündigt sich ein Stimmungswandel an, seit der Bau für die Besichtigung durch die Bevölkerung freigegeben wurde. Wie die rumänische Presse[39] berichtet, bezeichnet nur 1% der Besucher das Gebäude als »großspurig« und »architektonisches Machwerk«, während es die restlichen 99% »großartig«, »wunderbar« und »eindrucksvoll« finden und darin »die Verkörperung rumänischer Handwerkskunst und des rumänischen Genius«, »ein rumänisches Wunder« und »ein Werk von europäischer, wenn nicht gar weltweiter Bedeutung« erblicken. Das »Haus der Republik« müsse unbedingt fertiggestellt und zu »einem der prächtigsten Paläste der Welt« ausgebaut werden.

Am 11. März 1990 veröffentlichten mehrere gesellschaftliche Gruppen zusammen mit dem (von einem Angehörigen der Armee, General Gheorghe Popescu geführten) Stadtrat von Temesvar die sogenannte »Proklamation von Temesvar«.[40] Im Namen der Bevölkerung dieser Stadt, die die Initialzündung für die rumänische Revolution gab und der geballten Repressionsmacht des Ceausescu-Regimes vier Tage lang die Stirn geboten hat, wird das neue Regime offen herausgefordert. Die Revolution von Temesvar, so der Text der Proklamation, sei von Anfang an nicht nur gegen Ceausescu, sondern eindeutig auch gegen den Kommunismus gerichtet gewesen. Es sei eine »echte Revolution und kein Staatsstreich« gewesen. Die Bewohner Temesvars hätten ihr Leben nicht riskiert, um einer »Gruppe Ceausescu-feindlicher Dissidenten innerhalb der RKP zum politischen Aufstieg zu verhelfen«. Die Revolution

36 *Radio Bukarest*, 4.2.1990.
37 *Rompres*, 13.3.1990.
38 *Rompres*, 19.3.1990.
39 *Rompres*, 14.3.1990, *Adevarul*, 20., 21., 22.3.1990.
40 *Romania Libera*, 20.3.1990.

von Temesvar stelle das Ergebnis des einigen Kampfes aller sozialen Schichten, Altersklassen und Volksgruppen der Stadt dar. Man sei von Anfang an für freie Wahlen eingetreten; daher habe man die Drohungen und Angriffe gegen die Vertreter der politischen Parteien als Affront empfunden.

Die Autoren der Proklamation fordern, allen ehemaligen kommunistischen Funktionären oder Securitate-Offizieren das Recht abzusprechen, während dreier Wahlperioden für einen Parlamentssitz oder für das Präsidentenamt zu kandidieren. Und: Politischer Pluralismus sei ohne wirtschaftlichen Pluralismus nicht möglich; Temesvar sei »entschlossen, das Prinzip der wirtschaftlichen und verwaltungsmäßigen Dezentralisierung ernst zu nehmen und in die Tat umzusetzen.« Die Proklamation schließt mit den Worten:

»Für uns, die Autoren dieser Proklamation, die Teilnehmer an den Ereignissen zwischen dem 16. und dem 22. Dezember 1989, ist die Revolution nicht zu Ende. Wir werden sie friedlich, aber entschlossen fortführen. Nachdem wir ohne jede Hilfe eines der stärksten Unterdrückungssysteme der Welt herausgefordert und besiegt haben, kann uns niemand und nichts mehr einschüchtern.«

Damit ist die rumänische Revolution an ihren Ausgangspunkt zurückgekehrt und zugleich in eine neue Phase eingetreten. Sollen die Opfer der Revolution nicht umsonst gewesen sein, dann darf der eingeleitete Übergang von der Diktatur zu Pluralismus, Demokratie und Marktwirtschaft nicht auf halbem Wege gestoppt werden. Dies ist eine klare politische Botschaft, an der Regierung und Opposition in Rumänien fortan nicht mehr vorbeigehen können.

Notiz zur Schreibweise der rumänischen Namen

Aus technischen Gründen wurde auf den Einsatz von diakritischen Zeichen bei den rumänischen Namen verzichtet.

Serie Piper aktuell

Serie Piper aktuell

Michael Stürmer
Deutsche Fragen oder Die Suche nach der Staatsräson
Historisch-politische Kolumnen. 211 Seiten. Serie Piper 957

Roland Tichy
Ausländer rein!
Warum es kein »Ausländerproblem« gibt
165 Seiten. Serie Piper 908

»Was ist des Deutschen Vaterland?«
Dokumente zur Frage der deutschen Einheit 1800–1990
Hrsg. von Peter Longerich.
285 Seiten. Serie Piper 1269

Michael Wolffsohn
Ewige Schuld?
40 Jahre deutsch-jüdisch-israelische Beziehungen
187 Seiten. Serie Piper 985

Bücher zur Zeitgeschichte

Uwe Backes / Karl-Heinz Janßen / Eckhard Jesse
Henning Köhler / Hans Mommsen / Fritz Tobias
Reichstagsbrand – Aufklärung einer historischen Legende
Mit einem Vorwort von Louis de Jong und einem Nachwort
zur Taschenbuchausgabe. 332 Seiten. Serie Piper 785

Karl Dietrich Bracher
Die totalitäre Erfahrung
274 Seiten. Kt.

Karl Dietrich Bracher
Zeitgeschichtliche Kontroversen
Um Faschismus, Totalitarismus, Demokratie. 159 Seiten. Serie Piper 142

Martin Broszat / Elke Fröhlich
Alltag und Widerstand – Bayern im Nationalsozialismus
702 Seiten. Serie Piper 678

Raymond Cartier
Vom Ersten zum Zweiten Weltkrieg
1918–1939. Aus dem Franz. von Ulrich F. Müller.
652 Seiten mit 205 Abbildungen und 15 Karten. Geb. im Schuber

Raymond Cartier
Der Zweite Weltkrieg
Aus dem Franz. von Max Harries-Kester, Wolf D. Bach und Wilhelm Thaler,
unter wissenschaftlicher Beratung von Hellmuth Dahms, Hermann Weiss
und Wolfgang Kneip. 1322 Seiten, 462 Abbildungen und 55 Karten.
Serie Piper 280

Piper 30/93

PIPER

S. 17 Radio Moskau

S. 54, 55, Doppelgesichter (Janusköpfe
Wendehälse,

S. 55 Ortodoxe Kirche

S. 70 Elena Ceaușescu 4 Klassen

S 73 Paläste u. Villen

S. 55

S. 138-140 Ceausescu - U.R.S.S.

S. 167 Hilfe der BRD für Rum 50 Mill [illegible]
30 Mill. med. Hilfe

S216. 2 Generale wurden auf dem Rückflug von ihrem Einsatz in Temeswar abgeschossen.

Vorsitzender des Militärgerichts das Ehepaar Ceaușescu zu Tode verurteilt in Selbstmord getrieben,

Securitate Offiziere, Leibgarde Ceaușescu, wurden freigesprochen